KB206941

영의통로가 뚫려야 성공한다

강요셉 지음

이 책을 읽으면 영의통로의 중요성을 체험하게 될 것이다.

이 책은 영의통로를 뚫어 하늘의 복을 받도록 인도한다.

이 책은 영의통로로 하나님과 친밀한 관계를 유지하게 한다.

성령

영의통로가 뚫려야 성공한다.

성령

들어가는 말

영의통로가 열린다고 하면 많은 성도님들이 하늘나라에 계신 하나님과 영의 통로가 열리는 것으로 생각을 합니다. 그러나 하나님과 영의 통로가 열린다는 것은 예수를 믿을 때 내 영안 들어와 좌정하고 계신 하나님과 영의 통로가 열리는 것입니다. 필자도 성도였을 때에는 하늘에 계신 하나님에게 기도해야 되는 줄 알고 있었습니다. 한참 목사가 되지 않겠다고 버틸 때 산 기도를 많이 갔습니다. 다른 분들은 능력을 받아서 하나님의 일을 잘해보겠다고 산에서 기도를 하시는데, 저는 반대로 목사를 하지 않겠다고 항변하며 산에서 기도를 했습니다. 그때는 혈기 왕성하고 젊고 힘이 좋아서 산에 올라가 통성으로 기도하면 산이 쩌렁쩌렁 울렸습니다. 저는 그렇게 기도해야 하늘에 계신 하나님께서 들으시고 응답해주신다고 믿었기 때문입니다. 그러다 내 안에 하나님이 임재 하여 계신다는 것을 목사가 된 다음에야 깨달았습니다. 깨달은 다음에도 영의 통로에 대해서는 알지 못하고 그저 열심히 기도하면 되는 줄 알았습니다. 지금 옛날 필자가 생각하는 것과 같이 내 안에 하나님이 계시는데 영의 통로를 열 필요가 있는가 하고 이렇게 단순하게 생각하시는 성도님들도 계실 것입니다. 제가 지금까지 성령치유 사역을 하다가 체험적으로 느낀 것은 기도를 많이 하시는 분들도 심령에 계시는 성령하나님과 영의 통로가 제대로 열리지 않은 분들이 다수였습니다. 그래서 나름대로 기도를 많이 하고 치유도 받고 했는데 영의 통로가 막혀서 성령으로 기도를 하지 못하니 기도를 해도 하나님의 응답을 체험하지 못합니다. 성령의 은사도 나타나지 않습니다. 그리고 심령이 막혀 있으므로 심령에서 성령의 권능(불)이 나오지를 않으니 예수를 믿노라 하면서도 마귀에게 당하면서 살아가는 것입니다. 영의 통로가 열리면 먼저 기도의 응답이 잘된다는 것입니다. 성령의 감동과 음성을 들을 수가 있습니다. 기도할 때 성령의 권능(불)이 올라옵니다. 성령님과 인격적인 관계가 되니 피 사역자를 안수기도 할 때 성령께서 역사하셔서 사역이 쉬워지는 것입니다. 성도님들은 심령에서 성령의 권능(불)이 나오므로 가정의 문제가 떠나갑니다. 가정의 재정적인 문제가 해결되는 것을 체험을 합니다. 그러므로 내 안에 계신 성령하나님과 영의 통로가 열리면 영육으로 많은 유익이 있습니다. 우선 기도가 영으로 깊게 하게 된다는 것입니다. 기도가 깊어지니 영성이 회복되어 영안이 열리고 분별력이 생깁니다. 성경말씀을 영으로 보니 말씀의 비밀이 많이 깨달아집니다. 제가 지금까지 성령사역하면서 영의 통로에 대하여 체험하며 깨달은 것을 정립하여 책으로 내게 되었습니다. 아직 미흡한 부분이 있는 것은 사실입니다. 부족하더라도 이해하시고 읽어서 영의통로가 열리기를 바랍니다.

주후 2012년   7월 30일

충만한 교회 성전에서

저자 강요셉목사.

세부목차

1부 영의통로를 뚫는 비결

1장 왜 영의통로가 뚫려야 하나

(왕상18:37-39)"여호와여 내게 응답하옵소서! 내게 응답하옵소서! 이 백성에게 주 여호와는 하나님이신 것과 주는 그들의 마음을 되 돌이키심을 알게 하옵소서, 하매 이에 여호와의 불이 내려서 번제물과 나무와 돌과 흙을 태우고 또 도랑의 물을 핥은지라. 모든 백성이 보고 엎드려 말하되 여호와 그는 하나님이시로다 여호와 그는 하나님이시로다 하니"

하나님은 우리가 영의통로가 열려 하나님과 교통하며 지내시기를 원하십니다. 하나님과 교통하며, 하나님의 권능을 받고, 하나님의 인도를 받으려면 영의 통로를 열어야합니다. 하나님과 영의 통로가 열린 성도는 무슨 문제를 만나더라도 예수 안에서 할 수 있다 입니다. 하나님은 하실 수 있다는 믿음이 있기 때문에 긍정인 것입니다. 모세가 이스라엘 사람들을 광야로 이끌고 나와서 온갖 어려움이 있었지만 하나님은 하실 수 있다는 믿음이 있기 때문에 하나님에게 기도하여 해결한 것입니다. 하나님과 영의 통로가 열리면 하나님의 인도를 받으면서 하나님의 보호 가운데에 지내므로 모든 것이 형통해집니다. 형통이라는 것은 이런 것입니다. 아무리 어렵고 고통스러운 일이 닥치더라도 하나님의 은혜로 일이 잘 해결 된다는 것입니다. 골리앗과 같은 태산 같은 문제가 닥치더라도 하나님께 기도하면 문제를 풀 수 있는 지혜의 말씀을 주셔서 해결하게 하는 것이 형통입니다. 그래서 하나님은 형통입니다. 그런데 아무나 예수 믿는다고 형통한 것이 아니고 성령으로 세례 받아 성령의 인도를 받는 성도가 되어야 한다는 것입니다.

그러므로 우리가 하나님의 축복을 받기 위해서는 말씀과 성령으로 모든 것을 사로잡아 하나님과 영의 통로를 열어야합니다. 영의 통로라고 하면은 거창하게 생각하는 성도님들이 많은데 그렇지 않습니다. 영의 통로가 열린다는 것은 하나님과의 관계가 열리는 것입니다. 내안에 계신 성령하나님과 교통이 되는 것입니다. 성령하나님과 인격적인 관계가 되는 것입니다. 그러나 하나님은 영이시기 때문에 우리가 성령으로 세례 받고 성령으로 충만하여 성령의 인도를 받아 영적이 되어야 인격적인 관계가 되어 영이신 하나님과 교통할 수가 있는 것입니다.

모두 말씀과 성령으로 치유되어 심령에 좌정하고 계시는 성령하나님과 영의 통로가 열리시기를 바랍니다. 하나님과 영의 통로가 열리면 하나님이 당신의 삶을 인도하십니다. 하나님이 자신의 삶을 인도하니 모든 것이 협력하여 선을 이루는 형통의 복이 오는 것입니다. 하나님과 영의 통로가 열리면 이런 축복이 따라옵니다.

·

1. 하나님의 인도와 보호를 받는다.

에덴동산에서 아담과 하와는 참으로 행복했습니다. 하나님의 보호가 있고 하나님과 대화하며 무엇 하나 부족함이 없었습니다. 우리가 하나님의 보호가운데 있으면 아담과 하와 같이 참 평안과 은혜를 누릴 수가 있습니다.

> (창2:7-9)"여호와 하나님이 땅의 흙으로 사람을 지으시고 생기를 그 코에 불어넣으시니 사람이 생령이 되니라. 여호와 하나님이 동방의 에덴에 동산을 창설하시고 그 지으신 사람을 거기 두시니라. 여호와 하나님이 그 땅에서 보기에 아름답고 먹기에 좋은 나무가 나게 하시니 동산 가운데에는 생명나무와 선악을 알게 하는 나무도 있더라."
>
> (창2:25)"아담과 그의 아내 두 사람이 벌거벗었으나 부끄러워하지 아니하니라."

아담과 그의 아내 두 사람이 벌거벗었으나 부끄러워하지 않았다고 합니다. 벌거벗었으나 부끄러워하지 않았다는 것은 순수했다는 것입니다. 악이 끼어들지 않았다는 것입니다.

아담과 하와의 에덴동산에서의 삶은 정말 평안했습니다. 하나님과 직접 대면하여 대화하며 지냈습니다.

하나님과 대면하며 지내려면 하나님의 말씀에 순종해야 합니다. 하나님은 아담에게 말씀을 주시고 순종하라고 합니다. 이 말씀을 듣고 지켜야 하나님과 같이 지낼 수가 있습니다.

하나님은 아담이 지켜야 할 법을 주셨습니다. 그 말씀이 창세기 2장 15-17절입니다. "여호와 하나님이 그 사람을 이끌어 에덴동산에 두어 그것을 경작하며 지키게 하시고, 여호와 하나님이 그 사람에게 명하여 이르시되 동산 각종 나무의 열매는 네가 임의로 먹되 선악을 알게 하는 나무의 열매는 먹지 말라 네가 먹는 날에는 반드시 죽으리라 하시니라." 이 말씀을 하나님의 명령입니다. 반드시 지켜야 하나님과 살수가 있는 것입니다. 우리 성령으로 영의 통로를 열어 에덴동산에서의 아담과 같이 하나님의 교통하며 평안한 삶을 살아가시기를 바랍니다. 그리고 하나님의 명령을 듣고 고향 친척 아버지의 집을 떠난 아브라함이 심한 기근을 견디지 못하여 애굽으로 내려갔습니다. 아브라함은 거기서 아내 사래를 누이라고 하여 애굽의 왕에게 빼앗겼습니다. 그러나 하나님은 애굽의 왕으로부터 사래를 구해주십니다. 하나님은 하나님의 말씀에 순종하는 자를 망하게 두지를 않습니다.

(창12:17-19)"여호와께서 아브람의 아내 사래의 일로 바로와 그 집에 큰 재앙을 내리신지라. 바로가 아브람을 불러서 이르되 네가 어찌하여 나에게 이렇게 행하였느냐 네가 어찌하여 그를 네 아내라고 내게 말하지 아니하였느냐, 네가 어찌 그를 누이라 하여 내가 그를 데려다가 아내를 삼게 하였느냐 네 아내가 여기 있으니 이제 데려가라 하고."

그래서 하나님의 도우심으로 아내를 다시 찾고 애굽을 나오는데 아브라함에게 가축과 은금이 풍부했다고 했습니다(창13:2). 이스라엘 민족이 애굽을 떠나 광야 길을 40년 이상을 걸었지만 부족함이 없도록 입히시고 먹이시고 신을 신기셨습니다.

> (신8:2-4)"네 하나님 여호와께서 이 사십 년 동안에 네게 광야 길을 걷게 하신 것을 기억하라 이는 너를 낮추시며 너를 시험하사 네 마음이 어떠한지 그 명령을 지키는지 지키지 않는지 알려 하심이라. 너를 낮추시며 너를 주리게 하시며 또 너도 알지 못하며 네 조상들도 알지 못하던 만나를 네게 먹이신 것은 사람이 떡으로만 사는 것이 아니요 여호와의 입에서 나오는 모든 말씀으로 사는 줄을 네가 알게 하려 하심이니라. 이 사십 년 동안에 네 의복이 해어지지 아니하였고 네 발이 부르트지 아니하였느니라."

광야로 나온 이스라엘 백성을 하나님은 낮에는 구름기둥으로 밤에는 불기둥으로 인도하시어 추위와 더위를 이기게 하셨습니다. "이 땅 거주민에게 전하리이다. 주 여호와께서 이 백성 중에 계심을 그들도 들었으니 곧 주 여호와께서 대면하여 보이시며 주의 구름이 그들 위에 섰으며 주께서 낮에는 구름 기둥 가운데에서, 밤에는 불기둥 가운데에서 그들 앞에 행하시는 것이니이다."(민14:14). 하나님과 영의 통로가 열리면 이와 같이 우리를 보호하고 인도하여 주십니다.

2. 성령의 인도함을 받는다.

영의통로가 열리면 성령의 인도를 받게 됩니다. 예수님은 성령의 사람을 요한복음 3장 8절에서 이렇게 표현하셨습니다. "바람이 임의로 불매 네가 그 소리는 들어도 어디서 와서 어디로 가는지 알지 못하나니 성령으로 난 사람도 다 그러하니라." 우리는 이렇게 성령의 인도를 받아야합니다. 하나님과 영의 통로가 열린 사람은 이제 하나님이 인생을 살아주시는 것입니다. 이것을 믿어야 합니다. 그래서 성령 요한일서 2장 27절에 "너희는 주께 받은바 기름부음이 너희 안에 거하나니 아무도 너희를 가르칠 필요가 없고 오직 그의 기름 부음이 모든 것을 너희에게 가르치며 또 참되고 거짓이 없으니 너희를 가르치신 그대로 주 안에 거하라." 하나님과 영의 통로가 열려서 인격적인 관계가 맺어진 성도는 이제 성령의 인도를 받으며 성령의 가르침을 받으며 살아가야 합니다. 우리 안에 계신 성령의 기름부음이 우리를 인도하면서 가르치고 훈련하여 성도를 만들어가는 것입니다. 그래서 이스라엘 민족의 광야 훈련은 성령의 인도를 받는 순종 훈련입니다. 언약궤가 광야에서 이스라엘 민족을 인도합니다.

(민10:33-36)"그들이 여호와의 산에서 떠나 삼 일 길을 갈 때에 여호와의 언약궤가 그 삼 일 길에 앞서 가며 그들의 쉴 곳을 찾았고 그들이 진영을 떠날 때에 낮에는 여호와의 구름이 그 위에 덮였었더라. 궤가 떠날 때에는 모세가 말하되 여호와여 일어

나사 주의 대적들을 흩으시고 주를 미워하는 자가 주 앞에서 도
망하게 하소서 하였고 궤가 쉴 때에는 말하되 여호와여 이스라
엘 종족들에게로 돌아오소서 하였더라."

광야에 나오니 이스라엘 백성들에게 없던 언약궤가 앞서 가기
시작했습니다. 언약궤는 3일을 앞서 갔습니다. 3일이라는 것은
영적인 거리입니다. 따라가는 이스라엘 민족은 언약궤를 앞서 가
지도 말고, 뒤쳐지지도 말라는 것입니다. 언약궤가 삼일 길을 앞
서가서 그들의 쉴 곳을 찾았다고 했습니다. 우리는 모세와 언약궤
를 지고 가는 레위인들의 믿음을 본받고 생각할 수 있습니다. 그
러나 언약궤 행진의 법칙은 불기둥과 구름기둥의 진행유무입니
다. 그러므로 이 표현은 말씀 그대로 언약궤가 이스라엘 민족의
쉴 곳을 찾았다고 봐야 합니다. 그러므로 지금 우리는 성령을 따
라가야 합니다. 언약궤는 우리가 아는 것처럼 하나님의 영광이 임
재 하는 장소입니다. 그러므로 언약궤 위에 시은과 법궤 뚜껑 속
죄소는 하나님의 영광이 임재 하는 장소입니다.

그러므로 예수를 믿고 성령으로 세례를 받아 성령의 사람이 되
면 마음 안에 성령이 우리의 삶을 끌어가시게 되어 있습니다.

그러므로 우리는 성령을 주인으로 모시고 어디를 가더라도 성
령의 인도를 받아야 합니다. 무슨 일을 하더라도 성령님과 의논해
야 합니다.

그러므로 우리는 늘 성령님의 임재를 유지해야 합니다. 성령의
임재 가운데 들어와 보시기를 바랍니다. 성령하나님의 임재와 인

도에 따라야 합니다. 성령님이 작은 것으로 인도한다고 무시하지 말고 성령의 인도에 순종해야 합니다. 그래야 성령님은 더 깊은 것으로 우리를 인도하게 되는 것입니다. 우리는 자꾸 성령의 인도 안으로 들어가고, 그 안에서 더 깊은 것을 구하는 것이 중요합니다. 왜냐하면 성령님의 임재가 우리를 끌고 가시는 것이기 때문입니다. 하나님은 로마서 8장 14절에서 "무릇 하나님의 영으로 인도함을 받는 사람은 곧 하나님의 아들이라." 하나님의 자녀는 성령의 인도를 받아야 합니다. 성령의 인도를 받으며 하나님이 주시는 것을 먹고 살아야 합니다. 하나님은 갈라디아서 5장 18절에서 "너희가 만일 성령의 인도하시는 바가 되면 율법 아래 있지 아니하리라" 성령의 인도를 받아야 비로소 자유를 누리면서 살아가게 되는 것입니다. 우리가 성령의 인도를 따라가는 순종하는 성도가 되면 하나님이 우리를 인도하십니다. 내가 쉬려고 하지 않아도 쉬게 해 주시고, 우리를 양으로 생명을 얻게 하시되 풍성히 얻게 하시는 하나님의 은혜로 우리를 인도하시는 것입니다. 한 마디로 하나님이 우리의 전반적인 삶을 인도하신다는 것입니다.

성령의 역사는 사람이 하는 것 같지만, 사실은 성령께 순종하는 하나님의 사람들이 하나님의 임재의 언약궤를 보고, 구름기둥을 보고, 움직이는 것과 같습니다. 하나님은 성령께 순종하는 사람들을 통하여 일을 하십니다. 언약궤가 이스라엘 백성 삼일 먼저 앞서 가서 쉴 곳을 찾았다는 것이 아닌가! 성령의 인도를 받으면 모든 것이 형통하게 풀립니다.

3. 하나님에게 하는 기도가 응답된다.

하나님과 영의통로가 열린 성도의 기도에 즉각적으로 응답하여 주십니다. 갈멜산에서 온 이스라엘과 이세벨의 상에서 먹는 바알의 선지자 사백 오십인과 아세라의 선지자 사백인과 갈멜산에서 능력대결을 할 때 하나님은 엘리야의 기도를 응답하여 불이 하늘에서 내려와 제물을 태우게 했습니다(왕상18:36-40).

솔로몬이 이스라엘 하나님 여호와의 이름을 위하여 성전을 건축하고 하나님에게 기도할 때 불로 응답하여 번제물과 제물들을 사르십니다(대하 7:1-3). 이는 성전을 하나님이 기뻐 받으셨다는 표징으로 불로 응답하신 것입니다. 불로 번제물과 제물들을 살랐다는 것은 하나님의 임재를 상징하는 것입니다. 하나님은 소멸하는 불이라고 하십니다(히12:29). 고넬료가 기도하니 하나님이 천사를 통하여 응답하여 줍니다(행10:2-6). 베드로가 고넬료의 집에서 예배를 드릴 때 말씀 듣는 모든 사람에게 성령으로 응답하여 주십니다(행10:44-48). 필자가 심방을 가서 말씀을 전하고 기도할 때 성령으로 역사하여 주십니다. 필자는 재정의 문제를 치유하는 심방, 대물림 치유하는 심방, 질병 치유하는 심방. 귀신 축귀하는 심방을 가서 담대하게 찬양 하고 통성으로 기도하여 성령의 임재를 요청하고 말씀 증거하고 기도할 때 아주 강한 성령의 역사가 일어납니다. 아주 대단한 성령의 역사로 가정에 역사하던 악한 세력들이 떠나갑니다. 믿음을 가지시기를 바랍니다. 절대로 안 된다고 생각하지말기를 바랍니다. 하나님은 안 된다고 하는 성도와 절대로 같이 하지 않습니다. 안 된다고 하면 기도할 필요도 없고 답도 없기 때문입니다. 하나님은 성령님의 도움을 받는 성도를 절대로 혼자 두지 아니하시고 강하게 역사하시면서 도우신다는 것을 믿으시기를 바랍니다.

4. 보증(표징)의 역사가 나타난다.

동방의 의인 욥이 이렇게 말합니다."내가 주께 대하여 귀로 듣기만 하였사오나 이제는 눈으로 주를 뵈옵나이다."(욥42:5). 영의 통로가 열리며 주님의 음성을 귀로만 듣는 것이 아니라 눈으로 하나님의 역사가 보이게 됩니다. 기드온이 하나님의 소명을 확인하기 위해서 기도할 때 환경의 나타남으로 응답을 하여 주셨습니다(삿6:36-39). 엘리야가 죽은 아이를 살리기 위하여 믿음으로 기도할 때 하나님은 죽은 아이를 살려주셨습니다(왕상17:21-23) 하나님의 살아있는 역사를 체험한 여인이 엘리야에게 이르되 내가 이제야 당신은 하나님의 사람이시오. 당신의 입에 있는 여호와의 말씀이 진실한 줄 아노라고 합니다(왕상17:24). 그리고 갈멜산에서 영적 대결을 승리로 이끈 다음 비가 오기를 기도할 때 사람의 손만한 작은 구름이 일어나게 하여 환경으로 보증하여 주셨습니다.

(왕상18:41-45)"엘리야가 아합에게 이르되 올라가서 먹고 마시소서, 큰 비 소리가 있나이다. 아합이 먹고 마시러 올라가니라

엘리야가 갈멜 산꼭대기로 올라가서 땅에 꿇어 엎드려 그의 얼굴을 무릎 사이에 넣고 그의 사환에게 이르되 올라가 바다쪽을 바라보라 그가 올라가 바라보고 말하되 아무것도 없나이다. 이르되 일곱 번까지 다시 가라 일곱 번째 이르러서는 그가 말하되 바다에서 사람의 손 만한 작은 구름이 일어나나이다. 이르되 올라가 아합에게 말하기를 비에 막히지 아니하도록 마차를 갖추고 내려가소서 하라 하니라. 조금 후에 구름과 바람이 일어나서 하늘이 캄캄해지며 큰 비가 내리는지라 아합이 마차를 타고 이스르엘로 가니.”

우리는 기도하고 응답이 왔다고 행동에 옮길 것에 아니라 환경에 나타나는 보증의 역사를 확인하여야 합니다. 불을 받았다고 다 된 것도 아니고 반드시 하나님의 음성이 들리고 환경에 보증의 역사가 나타나야 합니다.

5. 지혜로운 자가 되어 형통하게 된다.

하나님은 요셉에게 형통의 축복을 주셨습니다. 하나님이 함께 하니 요셉이 하는 일마다 형통했다는 것입니다. 하나님과 영의 통로가 열리면 성령이 우리를 인도하므로 우리가 성령의 인도를 받으면 형통하게 되는 것입니다. 만사가 형통하려면 무슨 일이든지 성령님을 주인으로 모시고 물어보아야 합니다. 우리는 무엇보다도 하나님과 영의 통로를 열어 형통의 축복을 받아야합니다. 창세기 39장 2-3절에 보면 "여호와께서 요셉과 함께 하시므로 그가 형통한 자가 되어 그의 주인 애굽 사람의 집에 있으니, 그의 주인이 여호와께서 그와 함께 하심을 보며 또 여호와께서 그의 범사에 형통하게 하심을 보았더라." 했으며, 창세기 39장 23절에는 "간수장은 그의 손에 맡긴 것을 무엇이든지 살펴보지 아니하였으니 이는 여호와께서 요셉과 함께 하심이라 여호와께서 그를 범사에 형통하게 하셨더라."했습니다. 그리고 창세기 41장 39절에 보면 바로 왕이 "요셉에게 이르되 하나님이 이 모든 것을 네게 보이셨으니 너와 같이 명철하고 지혜 있는 자가 없도다." 라고 인정하는 사람이 됩니다.

6. 천사가 돕는다.

다니엘이 사자 굴에 던져졌을 때 천사들이 사자들의 입을 봉하여 꼼짝 못하게 했습니다. 다니엘 6장 22절에 "나의 하나님이 이미 그의 천사를 보내어 사자들의 입을 봉하셨으므로 사자들이 나를 상해하지 못하였사오니 이는 나의 무죄함이 그 앞에 명백함이오며 또 왕이여 나는 왕에게도 해를 끼치지 아니하였나이다 하니라."했습니다. 사도행전 12장 7-9절에 보면 베드로가 감옥에 있을 때에도 천사가 베드로를 구출하여 줍니다. "홀연히 주의 사자가 나타나매 옥중에 광채가 빛나며 또 베드로의 옆구리를 쳐 깨워 이르되 급히 일어나라 하니 쇠사슬이 그 손에서 벗어지더라. 천사가 이르되 띠를 띠고 신을 신으라 하거늘 베드로가 그대로 하니 천사가 또 이르되 겉옷을 입고 따라오라 한대 베드로가 나와서 따라 갈새 천사가 하는 것이 생시인 줄 알지 못하고 환상을 보는가 하니라." 지금도 하나님의 천사는 천상을 오르락, 내리락 하면서 믿음의 성도를 돕습니다. 믿으면 천사의 도움을 받습니다.

7. 전인적인 복을 받는다.

하나님과 영의 통로가 열리면 전인적인 복을 받게 됩니다.

첫째, 풍랑이 잔잔해집니다. 풍랑을 일으키는 배후에는 마귀가 있습니다. 영의 통로가 열려 성령의 권세로 명령하니 가정의 환란과 풍파가 잔잔하여 집니다. 가정이 평안하여 지는 것입니다(마 8:24-27).

둘째, 마음의 상처가 치유됩니다. 영의 통로가 열려 성령이 장악을 하면 무의식에 있던 상처들이 드러나게 되니 내적치유가 되는 것입니다. 그래서 내적치유는 성령의 임재가운데 하는 것입니다(사61:1). 우리 모두 영의 통로를 열어 성령으로 무의식의 상처를 드러내어 내면을 치유 받고 참 평안과 불같은 성령을 다 체험하시기를 바랍니다.

그리고 영안도 열려서 자신의 심령을 잘 분별하는 모두가 되시기를 바랍니다. 영안은 자신을 볼 수 있는 눈이 영안입니다. 자신을 먼저 보고 다른 사람들을 보려고 하시기를 바랍니다.

셋째, 귀신이 떠나갑니다. 영의통로가 열리면 성령님과 인격적인 관계가 되므로 성령의 감동을 받아 선포하는 말에는 권세가 나타납니다. 그래서 담대하게 명령하니 귀신들이 떠나가는 것입니다(막9:25-27).

　필자가 이런 일이 있었습니다. 저희 교회에 오셔서 치유를 자주 받던 여 목사님이 계셨습니다. 그런데 그 여 목사님하고 필자의 사모하고 잘 압니다. 그런데 자기네 집 심방을 해 달라는 것입니다. 이유는 아파트를 입주 했는데 한 번도 예배를 드리지 못해서 목사님을 초청해 심방을 해야 하겠다는 것입니다. 그런데 나중에 안 사실인데 진정한 문제는 다른 곳에 있었습니다.

　그래서 우리 사모가 한 번 가서 심방을 해주자고 권해서 집회가 없는 금요일 날 가기로 하고 봉고차를 몰고 수원 옆에 있는 신도시로 심방을 갔습니다. 그런데 마귀는 영적전쟁을 하러가는 사역자를 편안하게 가게 하지 않습니다. 가다가 길을 잘못 찾아 몇 바퀴를 헤 맺습니다. 그래서 제가 마음으로 아 마귀가 영적전쟁을 하러 가니까, 필자의 마음에 스트레스를 가하려고 길을 잘못 찾게 하는 것이구나 하고, 마음으로 방언 기도를 계속하면서 갔습니다.

　다행히 잘 찾아서 아파트에 도착을 했습니다. 도착을 하니 생리현상이 급했습니다. 그래서 아파트로 들어가 화장실을 찾는데 화장실 문 앞에 건장한 청년이 딱 버티고 서있는 것입니다. 눈을 딱 보니까, 영락없이 뱀눈입니다. 눈을 보니 직관적으로 영적으로 좋지 못한 상태에 있다는 것이 분명했습니다. 제가 화장실을 갈 것이라는 것을 미리 알고 마귀가 청년을 세워놓고 일단 겁을 주려고 한 것입니다. 영적인 전쟁은 깨닫고 보면 별별 일이 다 일어납니다. 그러나 저도 특수부대에서 십년이상 훈련된 목사입니다. 그렇게 호락호락하지 않습니다. 제가 그 청년의 눈을 똑바로 딱 쳐다보니까, 순간 고개를 숙이는 것이었습니다. 그래서 화장실에서 볼일을 보면서 생각을 하니까, 이집에 아들이 둘이 있다고 했는데 저 아이가 누구인가 생각하며 볼일을 마치고 예배를 드리려고 거실에 식구들을 모았습니다. 남편 집사님도 필자가 잘 압니다.

남편 집사님이 인사를 시키는데 그 영적으로 좋지 못한 청년이 둘째 아들 이었습니다. 그런데 영적인 문제가 있었습니다. 그집의 큰아들은 성령 충만하고 믿음이 있습니다. 그래서 동생을 성령의 역사가 있는 청년 수련회에 데리고 갔는데 동생이 악한 영의 역사가 들어나서 발작을 하고 악을 쓰고 하니까, 거기 여러 목사님들이 축사를 하려고 하다가 워낙 악한 영의 역사가 강해서 축사를 못하고 그냥 온 것입니다. 형의 이야기를 빌리자면 워낙 등치가 크고 힘이 강해서 목사님들이 축사를 하려고 옆에 오기만 하면 일어나서 너 누구야 하며 덤비니까, 모두다 도망을 갔다고 합니다.

그러다가 시간이 경과되어 발작이 멈추어서 데리고 왔는데 집에 와서 그렇게 사람들을 힘이 들게 한답니다. 특히 형을 죽이려고 한다는 것입니다. 거기에 데리고 갔다고 말입니다. 그래서 저에게 자세한 이야기를 하지 않고 숨기고 그냥 와서 심방을 해달라고 한 것입니다. 식구들을 거실에 모아 놓고 찬송을 시작으로 하여 통성으로 기도를 하고, 기도 시간에 머리에 한사람, 한사람 안수를 했습니다.

그리고 순서에 따라 진행하여 말씀을 전하고 마침 기도를 했습니다. 일단 일부 예배를 마치고 2부에 영적인 전쟁을 하기 위해서 그렇게 한 것입니다. 2부에 들어가서 찬송을 부르고 통성기도를 하게하고 한 사람, 한 사람 안수기도를 하기 시작했습니다. 당시 네 명이 모였습니다. 당시 성령의 불의 역사가 대단했습니다.

모두 방언으로 뜨겁게 기도를 했습니다. 아버지 어머니를 안수하고, 큰 아들을 안수하고, 문제의 작은 아들을 안수하니 성령의 역사에 악한 영이 정체를 드러내고 악을 쓰다가 뒤로 넘어져 굴렀습니다. 그래서 제가 집중적으로 그 청년을 잡고 성령의 불이 들어가서 장악하고 강하게 역사하도록 불 안수를 하면서 축사를 했습니다. 나머지 사람들은 우리 사모에게 맡기고 제가 그 청년을 집중적으로 안수하고 성령의 불의 역사를 일으키면서 축사를 했습니다. 그러자 악귀들이 떠나는데 말도 못할 정도로 많은 악귀들이 떠나는 것입니다. 약 두 시간 반을 축사를 했습니다.

몸을 뱀같이 꼬기도 하고 오그라들기도 하고, 괴성도 지르고, 욕도 하고, 기침을 해대고, 악을 쓰고 하면서 악귀들이 떠나갔습니다. 그러자 서서히 안정을 찾기 시작하고 눈을 보니 정상으로 돌아왔습니다. 본인에게 상태를 물어보니 마음이 편안해 졌다는 것입니다. 조금 전만해도 분노가 올라와 정말 무슨 일을 저지를 것만 같았는데 이제 그런 기분이 다 사라졌다는 것입니다.

그러니까 분노나 혈기 등, 악의 배후에는 악한 영의 역사가 있다는 것입니다. 배후를 찾아서 해결해야 완전치유가 되는 것입니다. 대화를 하다가 안 사실인데 군대에 다녀왔는데 군대에서 상급자들로부터 여러 가지 얼차려와 체벌을 당하면서 두렵고 불안해 할 때 들어온 귀신들이었습니다. 부모들이 이야기 하는데 군대에 가서 많은 상급 병사들로부터 많은 고통을 당했다고 하더랍니다. 그때 어찌할 수 없이 당하기만 하다가 들어온 분노의 영들이 이 청년에게 그렇게 고통을 준 것입니다. 그렇게 치유와 축사를 받고 우리교회에 와서 몇 번 치유 받고 정상적인 청년으로 생활을 잘했습니다. 영적인 사역은 할 때는 좀 힘이 들기는 해도 하고 나면 보람이 있습니다. 이런 앞길이 구만리 같은 청년이 치유 받고 정상적인 사람이 되는 것을 보면 힘이 납니다.

부디 하나님과 영의 통로를 열어 하늘의 권세를 받으시기를 바랍니다. 그리하여 하나님에게 기도응답도 받으며 하나님에게 쓰임을 받으시기를 바랍니다. 하나님과 영의 통로만 열리면 성령하나님은 성령 사역자와 함께 하십니다. 영의 통로를 열어 강하고 담대하시기를 바랍니다.

넷째, 질병이 치유됩니다. 영의 통로가 열리면 성령이 전인격을 장악하게 됩니다. 생명인 성령이 전인격을 장악하니 사망이 떠나가야 하는 것입니다. 질병은 사망입니다.

사람을 죽이는 것입니다. 영의통로가 열리면 많은 질병들이 치유되어 영과 육이 건강하게 됩니다. 건강하게 사는 것이 하나님의 뜻입니다. 필자에게도 성령께서 신유의 은사를 주셔서 많은 병자들을 치유하고 있습니다.

다섯째, 하나님이 주인 되시므로 능력과 역사가 나타납니다. 능력은 내 영 안에 있는 성령으로부터 나오는 것입니다. 모두 영의 통로가 열려 성령으로 심령들이 장악되어 성령의 권능이 나오는 성도들이 되시기를 바랍니다. 그리하여 하나님의 나라확장에 모두들 쓰임 받으시기를 바랍니다.

　여섯째, 나와 가정과 교회가 하나 됩니다. 예수님은 화평이십니다.　예수님이 둘로 하나를 만드사 중간에 막힌 담을 허시고 하나 되게 하십니다(엡2:14~17). 하나님은 노아의 가정같이 하나 된 가정을 축복하십니다. 모두 영의 통로가 열려 심령에서 올라오는 성령의 권능으로 가정에 역사하는 악한 영을 몰아내고 성령으로 하나 되어 하늘의 복을 받으시기를 바랍니다. 그리하여 주변에 있는 사람들과 친척들의 본보기가 되어 예수를 전하는 계기가 되시기를 바랍니다.

　일곱째, 재정적인 축복이 옵니다. 하나님이 물질의 주인이 되시니 물질이 새어나가지 않게 됩니다. 하나님이 물질을 공급하시니 마귀가 역사하지 못하는 것입니다. 하나님은 하나님의 자녀들이 재정의 복을 받아 풍성하게 살아가기를 원하시는 하나님이십니다. 절대로 가난한 것은 하나님의 뜻이 아닙니다.

　예수님도 고린도후서 8장 9절에 이렇게 말씀하셨습니다. "우리 주 예수 그리스도의 은혜를 너희가 알거니와 부요하신 이로서 너희를 위하여 가난하게 되심은 그의 가난함으로 말미암아 너희를 부요하게 하려 하심이라." 가난한 것은 절대로 하나님의 뜻이 아닙니다. 영의 통로를 열어 하나님의 역사를 눈으로 보면서 세상을 살아가기를 바랍니다.

2장 영의통로를 뚫은 체험사례

(왕상18:37-39)"여호와여 내게 응답하옵소서. 내게 응답하옵 소서, 이 백성에게 주 여호와는 하나님이신 것과 주는 그들의 마음을 되돌이키심을 알게 하옵소서. 하매, 이에 여호와의 불이 내려서 번제물과 나무와 돌과 흙을 태우고 또 도랑의 물을 핥은지라. 모든 백성이 보고 엎드려 말하되 여호와 그는 하나님이시로다 여호와 그는 하나님이시로다 하니"

하나님과 영의 통로가 열려야 축복의 길에 들어갈 수 있습니다. 영의 통로라 함은 하나님과 나와의 관계를 말합니다. 영의 통로를 연다는 것은 하늘나라에 계신 하나님과 영의 통로가 열리는 것이 아니라, 내 마음 안에 와 계신 하나님과 영의 통로가 열리는 것을 말합니다. 그러면 왜 영의 통로가 막히는 가? 그것은 마음의 상처와 자신의 자아, 버릇, 가문의 문제로 막히는 것입니다. 말씀과 성령으로 자신의 심령을 치유하여 하나님과 영의 통로를 여는 시간이 되시기를 바랍니다.

영의 통로가 열리면 말로 표현할 수 없는 은혜가 마음 안에서 올라옵니다. 정말 저에게는 마음의 상처와 죄 성으로 영의 통로가 막혀 영육의 고통을 당하는 분들이 많이 찾아옵니다. 이분들이 성령의 세례를 체험하고 마음의 상처를 치유하니 영의 통로가 뚫립니다. 깊은 영의기도가 열립니다. 기도할 때 심령에서 불이 올라옵니다. 마음에서 평안이 올라옵니다. 성격이 유순하게 변합니다. 여러 가지 성령의 은사들이 나타납니다. 한 마디로 영의 사람으로 변한다는 것입니다. 저는 힘이 드는 사역이지만 오시는 분들마다 변화되니 힘든 줄 모르고 사역을 감당하고 있습니다. 다음은 영의 통로가 막혀서 고생하던 분들이 성령의 세례를 체험하고 치유를 받아 변화된 사례입니다.

1. 심령이 갈급해진다.

저는 강북에 있는 믿음교회 김 권사입니다. 저는 영적으로 갈급하여 참으로 방황을 많이 했습니다. 교회에서 목사님은 열심히 하면 형통해진다고 하여 무조건 열심히 신앙생활을 했습니다. 열심히 하면 하나님이 다 해주실 줄 믿었습니다. 새벽기도를 빠뜨리지 않고 열심히 다녔습니다. 예배는 모두 빠지지 않고 열심히 참석을 했습니다. 십일조 한번을 거르지 않고 했습니다. 교회 행사를 하면 앞장서서 봉사를 했습니다. 구역장을 10년 넘게 봉사를 했고, 여전도회장을 2년을 했습니다. 교회를 건축 할 때 건축헌금도 드렸습니다. 누구든지 밖으로 보면 정말로 모범적인 성도였습니다. 이렇게 열심히 하는데 문제 하나가 있었습니다. 저의 심령이 날마다 갈급한 것입니다. 무엇인지 모르게 항상 갈급했습니다. 마음에 채워지지 않은 그 무엇이 있었습니다. 그래서 교회에 가서 기도를 하면 조금 나아지는가 싶다가 조금 지나면 다시 갈급한 것입니다. 그래서 국민일보를 보고 성령과 영성 집회를 한다고 광고만 보면 찾아가서 은혜를 받았습니다. 그런데 문제는 그때 뿐 이었다는 것입니다. 다시 갈급해지는 것입니다. 어느 영성원에는 거의 2년을 다녔습니다. 그래도 해소가 되지를 않았습니다. 사람들은 성령의 불을 받아야 한다고 해서 성령의 불을 받으려고 성령의 불의 역사가 있다는 곳은 다 다녔습니다. 그래서 심령이 갈급한 것은 마찬가지 이였습니다. 우연하게 서점에 갔다가 "영안 열림의 혼돈과 분별 법"는 책을 보니 마음에 감동이 와서 사다가 읽었습니다. 읽어 보니, 한번 가보고 싶은 생각이 들었습니다. 전화를 해보니 매주 집회가 있다는 것입니다. 사모함으로 집회에 참석해서인지 첫날부터 말씀과 성령의 역사에 은혜를 받았습니다.

집회에 참석한지 이틀이 지난 후였습니다. 오후 시간이었습니다. 사모님이 찬양을 인도하셨습니다. 마음을 열고 영으로 찬양을 불렀습니다. 찬양을 부르는 중에 마음속에서 뜨거운 기운이 올라오는 것을 느꼈습니다. 연이어 강요셉 목사님이 전하시는 영성과 성령세례에 관한 말씀을 들을 때 너무나 은혜를 받았습니다. 말씀 속에 제가 끌려들어가는 체험을 했습니다. 말씀에 은혜를 받으니 마음이 열렸습니다. 말씀을 마치시고 일어서서 자신의 의자 앞에 서서 찬양을 하라고 했습니다.

그래서 일어서서 찬송을 불렀습니다. 같은 찬송을 반복해서 부르게 하셨습니다. 찬송을 반복해서 부르는데 여기저기서 소리를 지르고 흐느끼면서 울부짖었습니다. 저 역시 몸을 가누지 못할 정도로 몸이 앞뒤로 흔들렸습니다. 가슴이 답답해졌습니다. 가슴에서 불덩어리가 올라오는 느낌을 받았습니다. 눈에서는 계속 눈물이 흘러 내렸습니다. 그러면서 서러움이 속에서 올라왔습니다. 그래서 울음을 참지 못하고 터트렸습니다. 막 울었습니다. 몸은 가누지 못할 정도로 흔들렸습니다.

도저히 서서 찬송을 부르지 못할 지경에 이르렀습니다. 그래서 의자에 앉아서 찬송을 불렀습니다. 이제 몸에 진동이 오기 시작을 했습니다. 막 떨리는 것 이였습니다. 나도 모르게 막 팔을 흔들면서 소리를 질렀습니다. 그러면서 방언이 터졌습니다. 방언을 하면서 진동이 더 강하게 일어났습니다. 의자에서 30cm 정도 뛰면서 기도를 했습니다. 그러다가 중심을 잃고 의자 아래로 떨어졌습니다. 그러자 강요셉 목사님이 오셔서 안수를 해주셨습니다. 안수를 하면서 더 강하게 역사하여 주시옵소서. 하고 기도하니까, 제 속에서 비명이 나왔습니다.

그러면서 몸이 뒤틀리기 시작을 했습니다. 정말 내가 감당할 수 없었습니다. 몸이 뒤틀리면서 속에서 괴성이 계속 나왔습니다. 그러니까 강 목사님은 성령님 더 강하게 역사하여 주시옵소서. 하시면서 안수를 하셨습니다. 그러자 제 다리가 머리위로 올라오면서 발작을 했습니다. 자연히 그런 현상이 일어나니 제가 의자를 모두 차고 다니면서 발작을 했습니다. 아마 그때 충만한 교회 의자를 모두 차고 다녔을 것입니다. 어느 정도 시간이 경과 되니 몸이 안정이 되는 것을 체험하게 되었습니다. 그러자 강 목사님이 "지금까지 이렇게 진동하게 한 더러운 영은 기침으로 떠나갈지어다" 하며 명령을 하시는 것이었습니다.

그러자 기침을 멈출 수가 없을 정도로 기침이 많이 나왔습니다. 기침을 하는데 가슴이 뻥하고 뚫리는 기분이 들었습니다. 정말로 시원했습니다. 십년 묵은 체증이 내려가는 기분이었습니다. 한참 기침을 하고 나니 이제 속에서 방언이 나오는 것입니다. 제가 그 때까지 하던 방언소리와 다른 방언이 터져 나왔습니다. 방언을 한참 했습니다. 그러자 온몸이 뜨거워지는 것입니다. 내 몸이 불덩어리가 되는 것 같은 기분이 들었습니다. 너무 뜨거워서 성령님 너무 뜨겁습니다. 하며 소리를 질렀습니다. 한참을 그렇게 지내다가 잠잠해졌습니다. 그러나 몸은 여전히 뜨거운 것이었습니다. 그 때 강 목사님이 저에게 이게 성령의 불세례라는 것입니다. 오늘이야 성령의 불세례를 받았습니다. 오늘 드디어 영의 통로가 열렸습니다. 그러시는 것입니다. 정말 생전 처음 그런 신비한 현상을 체험했습니다.

기도를 하는데 정말로 은혜롭게 술술 나왔습니다. 그 이후로 말씀을 보면 너무나 꿀맛입니다. 기도가 저절로 되었습니다. 항상 입술에는 찬양이 넘치고 있습니다. 혈기가 사라지고 있습니다. 마음이 너무나 평안해 졌습니다. 십년동안 기도하던 소원이 성취되었습니다. 지금 삼 개월을 다니고 있습니다. 너무나 평안합니다. 강 목사님이 하시는 말씀이 무조건 열심히 하는 신앙은 사람을 변화시키지 못합니다. 기독교는 머리로 아는 종교가 아니고 알고 느끼고 나타나는 생명의 종교라는 것입니다. 알고 있는 만큼 변하는 것이 눈으로 보이고 몸으로 느껴야 한다는 것입니다. 그래서 성령으로 충만하여 영의 통로가 열려야 한다는 것입니다. 그 다음에 성령의 인도를 받으며 열심히 해야 심령이 변하고 환경이 변하면서 영적으로 깊어집니다. 사람은 영적인 존재이기 때문에 영의 통로가 열려 영의 만족을 누려야 방황을 멈춘다는 것입니다. 지금 저는 뼈에 사무치게 느끼고 있습니다. 마음이 편안해지니 정말로 마음의 천국을 누리고 있습니다. 모두 말씀과 성령으로 영의통로를 뚫어야 영의 만족을 느낍니다.

2. 기도하기가 힘이 든다.

저는 항상 믿음 생활하기가 너무나 힘들다고 불평하며 지낸 집사입니다. 제일 힘이 드는 것이 기도였습니다. 좀처럼 기도하기가 쉽지가 않았습니다. 다른 성도들은 몇 시간씩 기도를 한다고 자랑을 하는데 저는 십 분을 하지 못했습니다. 집안에 일이 있어서 새벽기도에 가도 기도가 되지를 않아 그냥오기 일쑤였습니다. 기도를 하지 못하니 자연히 마음이 답답해지고 조그마한 소리에도 혈기를 잘 내는 것입니다. 남편이 한 마디 하면 저는 세 마디로 대꾸를 합니다. 남편은 교회 다니는 집사가 어떻게 그렇게 혈기가 심하냐고 할 정도입니다. 저도 혈기를 내지 말아야 하겠다고 생각은 합니다. 그러나 막상 사람과의 관계에서는 절제가 되지 않았습니다. 그래서 왜 제가 기도가 되지 않고 마음이 답답하고 혈기가 심할까! 혼자 고민을 하는데 구역 예배에 갔다가 구역장이 저의 이야기를 듣고 충만한 교회를 소개하여 주었습니다. 그래서 홈페이지에 들어가서 프로그램을 보고 집회에 참석을 했습니다. 집회에 하루 참석하여 말씀을 듣고 기도하니 조금 나아지는 것 같았습니다. 다음날 상담을 신청하여 저의 상태를 강 목사님에게 말씀을 드렸습니다. 강 목사님이 하시는 말씀이 마음의 상처로 인하여 영의 통로가 막혀서 기도도 안 되고 혈기도 심하다는 것입니다. 이런 상태로 계속 살아가다가 갱년기에 들어서면 육체의 질병과 우울증으로 고생을 할 것이라고 했습니다. 육신의 건강을 위해서라도 영의 통로를 뚫고 상처를 치유해야 한다는 것입니다. 어떻게 하면 영의 통로가 뚫리느냐고 질문을 했더니 계속 참석하면서 말씀을 듣고 기도를 하면 된다고 하시면서 기도 방법을 바꾸어 보라고 하셨습니다. 그냥 호흡을 들이쉬고 내쉬면서 배에서 나오는 소리로 주여! 주여! 주여! 를 계속하면 성령의 역사가 일어나 영의 통로가 자연스럽게 뚫리게 된다는 것입니다. 절대로 욕심을 부린다고 빨리 뚫리는 것이 아니니 성령께서 하라는 대로 따라가라는 것입니다. 그렇게 순종하고 기도하면 목사님이 돌아다니면서 안수하여 영의 통로가 뚫리도록 해준다는 것입니다. 그래서 순종하기로 했습니다. 무엇보다 두려운 것은 갱년기에 질병과 우울증으로 고통 당할 수도 있다는 말 이였습니다.

집회에 참석하여 전하는 말씀을 열심히 들었습니다. 말씀을 들을 때 저의 가슴이 답답해지는 것을 느꼈습니다. 그래서 나는 이상했지만 성령의 역사로 인하여 나타나는 현상이라는 것을 알았습니다. 말씀을 듣고 찬양을 부르고 기도 시간이 되었습니다. 강 목사님이 알려주신 대로 숨을 들이쉬고 내쉬면서 배에서 나오는 소리를 열심히 했습니다. 숨을 들이쉬면서 배에서 나오는 소리로 주여! 주여! 주여! 를 계속했습니다.

이렇게 기도에 몰입을 했습니다. 그러자 저에게 진동이 오기 시작을 했습니다. 손이 떨리기 시작을 하더니 온몸이 떨리는 것입니다. 그래도 기도에 몰입을 했습니다. 그러자 이제 손가락이 움추려들고, 오그라드는 것입니다. 그러면서 제 몸이 뒤틀리는 현상이 일어나는 것입니다. 가슴이 답답해 오는 것입니다. 이제 제의지로 무엇을 할 수가 없었습니다. 성령이 역사하는 대로 따라서 기도를 했습니다. 그러니까 제 안에서 불이 올라오는 것입니다.

아주 뜨거운 불이 올라옵니다. 온몸이 뜨거워집니다. 얼굴이 뜨거워집니다. 몸은 뒤틀립니다. 아주 정신을 차릴 수가 없이 성령이 역사를 하는 것입니다. 그러기를 한 30분 한 것 같습니다. 이제 제가 잠잠해지기 시작을 했습니다. 그러자 강 목사님이 오셔서 안수해 주셨습니다. "이렇게 뒤틀리게 했던 더러운 영은 물러갈지어다." "기침을 통해서 떠나갈지어다." 하며 명령을 했습니다. 그러자 기침이 사정없이 나오는 것입니다. 그러면서 내 속에서 방언기도가 터져 나오는 것입니다.

그때 나에게 감동이 오기를 이제 성령의 불세례를 체험하고 영에서 나오는 방언을 하는 것이라는 것입니다. 영의 통로가 뚫렸다는 생각이 나를 주장했습니다. 너무나 감사했습니다. 그래서 계속 방언기도를 하니 몸이 가벼워지며 머리가 상쾌해졌습니다. 너무나 좋아서 지금 두 달째 다니고 있습니다. 말로 표현 못하는 평안을 느끼고 있습니다. 성격이 유순해졌습니다. 혈기가 없어졌습니다. 기도 시간이 즐거워집니다. 저의 남편이 이제 집사 같다는 것입니다. 제가 지금 느끼는 것은 바른 신앙지도를 받으면 좀 더 빨리 깊이 있고 변화된 성도가 될 수 있다는 것입니다. 정말 하나님의 평안을 몸으로 느끼면서 삶을 살아가고 있습니다.

3. 영육의 문제가 치유되지 않는다.

저는 지금 나이가 오십 셋입니다. 그리고 교회에서는 권사입니다. 권사 직분을 받고 그렇게 믿음 생활을 열심히 했어도 저의 질병은 치유 되지 않았습니다. 지금 깨닫고 보니 마음에 계시는 하나님과 영의통로가 열리지 않은 이유였습니다. 저는 류마치스 관절염과 심장병이 있어서 전철을 타려면 계단을 오르내리는 것이 꼭 죽는 것만 같은 고통을 당하면서 살았습니다. 그 이유는 제가 한창 전쟁이 심했던 1951년에 태어났습니다. 저의 어머니가 하시는 말씀이 저를 낳고 보니 딸이더랍니다. 그러니까, 저의 할머니가 이 전쟁 통에 딸을 키워서 무엇 하겠느냐, 버리라고 해서 버렸답니다.

삼일이 지난 다음에 저의 어머니가 가보니, 그때까지 제가 죽지 않고 울고 있더랍니다. 그래서 너무나 불쌍한 마음이 들고, 너무나도 명이 긴 아이라고 생각하고 데려다 길렀답니다. 나중에 내적치유를 받으면서 깨닫고 보니, 그때 들어온 상처로 인하여 제가 류마치스 관절염과 심장병으로 그렇게 오랜 세월을 고생하며 살아온 것입니다. 마음의 상처로 하나님과 영의 통로가 막혀서 당한 불필요한 고통입니다. 저를 잘 아는 분들이 충만한 교회를 소개해 주었습니다. 그래서 열심히 다니면서 치유의 은혜를 받았습니다. 내적치유를 받으면서 세상에 처음 태어나서 죽음의 두려움으로 고통하고 있는 저의 모습을 환상으로 보면서 수없이 울었습니다. 할머니를 용서했습니다. 저에게서 수많은 상처들이 떠나갔습니다. 너무나 상처가 오래되어 그렇게 쉽게 치유되지를 않았습니다. 그러나 하루하루 상태가 좋아지는 것을 느꼈습니다. 그래서 하루도 빠짐없이 다니면서 치유를 받았습니다. 삼 개월쯤 다니니까, 류마치스 관절염도 없어지고 심장병도 떠났습니다. 이젠 전철을 타려고 계단을 올라가도 숨이 차지 않습니다. 치유를 받기 전에는 세계단을 올라가서 쉬고 또 올라가고 했는데 이제 오십 계단을 거뜬히 올라갑니다. 정말 내적치유는 필요합니다. 제가 영적으로 무지해서 그렇게 오랜 세월을 생으로 고생하며 지냈습니다.

무조건 열심히 하면 질병이 고쳐지는 줄 알았는데 그것이 아니었습니다. 지금 생각하면 정말 후회스럽습니다. 그래서 저는 이렇게 생각합니다. 예수를 믿는 다고 다되는 것이 아니고 예수를 삶에서 누려야 한다고 생각합니다. 그런데 문제는 목사님들도 내적치유에 대하여 잘 이해하지 못한다는 것입니다.

그냥 신구약 말씀이면 다된다고 하시면서 설교를 하십니다. 그러니 지금 교회에 얼마나 많은 성도들이 상처로 저 같이 생고생을 하면서 지내는지 모를 일입니다. 강 목사님이 강조하시는 말씀이 성도가 영육으로 고통당하는 것은 하나님과 영의 통로가 열리지 않고 영적으로 무지해서 당한다는 말이 맞는 말입니다. 앞으로는 항상 깊은 영의기도를 하여 성령충만한 성도가 되어 예수님의 마음을 시원하게 할 것입니다. 영적전쟁을 하는 군사가 되어 하나님에게 쓰임을 받도록 하겠습니다.

4. 사람과의 관계가 원활하지 못한다.

저는 어렸을 때의 환경이 아주 좋지 못했던 안수 집사입니다. 상처로 인하여 마음 안에 계신 하나님과 영의통로가 막혀서 예수를 믿어도 변화되지 못하고 못된 짓만 했습니다. 제 안에 자리하고 있던 치유되지 않은 분노로 인하여 교회에서 목사님을 몰아내는 일등공신을 하는 집사였습니다. 그러다가 현재의 목사님을 쫓아내려고 목사님을 괴롭히다가 목사님의 조언을 듣고 내적 치유받고 이제야 성도가 된 안수집사입니다. 정말 안수 집사라는 직분이 아까운 집사였습니다. 그래도 공무원으로 시청에서 과장급으로 근무를 하는 사람입니다.

그런데 이상하게 저에게 윗사람을 보거나 대화를 하다 보면 가슴이 답답하고 분노가 올라오는 것입니다. 그래서 직장에서는 어떻게 할 수가 없고 교회에서 목사님들의 약점을 물고 늘어져 목사님들에게 화풀이를 했습니다. 이제 저의 성장 과정을 이야기 하겠습니다. 이 이야기는 저의 집사람도 잘 모르는 이야기입니다. 저는 고아원에서 자랐습니다. 제가 초등학교 오학년 때 저의 어머니가 돌아 가셨습니다. 아버지는 가끔 술을 드시고 집에 들어와서 어머니를 괴롭히는 것입니다. 그리고 어머니가 힘들게 벌어놓은 돈을 모두 가지고 나가는 것입니다. 이런 모습을 볼 때 마다 아버지를 죽이고 싶을 때도 있었습니다.

그런데 어머니가 아버지에게 심한 고통을 당하다가 중병이 걸려 돌아가신 것입니다. 그당시 제 아래로 동생들이 넷이나 있었습니다. 아버지는 집을 나가신지 오래 되었는데 나타나지를 않고 어떻게 할 수가 없으니까, 동네 사람들이 저희들을 고아원에 데려다 주었습니다. 그래서 여러 고아원으로 흩어져서 자랐습니다. 저는 고아원에서 고등학교까지 공부를 시켜주어서 공무원 시험에 합격하여 공무원이 되었습니다. 그러다가 예수를 믿는 지금 집사람을 만나 결혼을 했습니다. 집사람을 따라서 열심히 신앙생활을 해서 안수집사로서 안수도 받았습니다.

그런데 지금 저의 아버지가 저를 찾아와서 저의 집에 함께 기거하고 계십니다. 그런데 건강한 상태에서 오신 것이 아니고 중풍이 걸려서 오신 것입니다. 제가 시청에서 일을 마치고 아파트를 열고 들어가면 소파에 아버지가 계실 때도 있습니다. 그런데 그 때마다 저에게서 분노가 치솟아 올라, 아버지를 들어서 베란다 밖으로 던져 버리고 싶은 적이 한두 번이 아닙니다. 이렇게 분노가 많으니까, 기도도 잘 되지 않고 목사님들의 설교도 들리지를 않는 것입니다. 그러니까 죄 없는 목사님들의 흠집을 잡아가지고 교회를 나가시게 한 것이 한두 번이 아닙니다.

그러다가 지금 목사님도 나가시도록 하려고 대화하다가 분위기가 반전되어 저의 이야기를 들은 목사님이 저에게 휴가를 내어 내적치유를 한번 받아보라고 권면하셨습니다. 그래서 내적치유를 받게 된 것입니다. 내적치유를 받으면서 수없이 울었습니다. 저의 잘못을 회개 했습니다. 수없는 상처들이 떠나갔습니다. 그러면서 분노의 영들이 소리를 지르면서 떠나갔습니다. 그러면서 내면세계에 대하여 깨닫게 되었습니다. 예수를 믿는 성도라도 상처 뒤에 귀신이 있다는 것도 인정하게 되었습니다. 제가 지금까지 마귀의 하수인 노릇을 많이 했다는 것도 알게 되었습니다. 내적치유의 중요성을 알았습니다. 지금까지 목사님들이 문제가 아니었고 전부 저에게 문제가 있었다는 것을 깨달아 알았습니다. 이렇게 3박 4일 이지만 내적치유를 통하여 저의 인생에 많은 변화를 느꼈습니다. 제일 중요한 것은 내 안에 계신 하나님과 영의 통로가 뚫렸다는 것입니다. 그래서 지금은 우리 교회 성도들에게 내적치유 받을 것을 권면합니다. 정말 하나님께 감사를 드립니다. 내적치유를 알게 하신 목사님께도 감사를 드립니다. 그리고 용서를 빕니다. 영적인 세계와 내면세계를 모르고 저지른 죄악을 회개합니다.

5. 환경이 어려워진다.

저는 개척교회 사모입니다. 교회 개척한지는 벌써 칠년이 넘었지만 교회가 부흥되지 않아 재정이 자립되지 못하여 물질로 항상 고통을 당합니다. 물질이 어려워서 사람 구실을 제대로 하지 못하고 살았습니다. 친척들이 모이면 얼굴을 제대로 들지 못하고 지금까지 살았습니다. 저는 개척 목회 스트레스로 말미암아 이 년 전부터 악성두통으로 힘든 삶을 살아왔습니다. 119 구급차도 세 번이나 탔습니다. 서울대 병원에 가서 M.R.I도 두 번이나 찍었으나 아무런 이상이 없었습니다. 그래서 심한 두통으로 사모 노릇을 거의 하지를 못하면서 지냈습니다. 그러니 남편 목사님이 저를 치유 받게 하려고 여러 곳을 다 데리고 다녔습니다. 그러나 치유 되지를 않았습니다.

　그러다가 어느 기도원 목회자 치유 세미나에 참석하여 강요셉 목사님을 만났습니다. 목사님을 만나서 저의 남편목사님도 내적 치유를 받아야 한다는 것을 알게 되었습니다. 저도 남편 목사님도 그때까지 내적치유가 무엇인지 몰랐습니다. 강요셉 목사님이 기도원에서 제가 고생하는 것을 보시고 남편목사와 저를 안수하여 주시면서 내적치유에 대하여 알려주셔서 알게 되었습니다. 알고 보니 저뿐만이 아니고 남편에게도 상처가 말로 표현 못하게 많다는 것을 알았습니다. 솔직하게 말씀드리면 저는 남편과 결혼한 이후로 한 번도 마음이 편안하게 살아본 경험이 없습니다.

　행위를 강조하시는 율법주의 목사라 이것저것을 가지고 저를 힘들게 했습니다. 개척교회를 하는데 성도가 주일날 오지 않으면 저에게 화풀이를 다합니다. 왜 오지 않았는지 전화해 보았느냐, 무슨 일이 있느냐, 오늘은 왜 이렇게 성도들이 오지를 않았느냐 하면서 저를 힘들게 하고 상처를 받게 했습니다. 그 스트레스가 쌓이고 쌓이다가 보니까, 저에게 우울증이 왔습니다. 악성 두통이 생겼습니다. 밤에 잠을 제대로 자지를 못했습니다. 그래서 치유 받으러 갔다가 강요셉 목사님을 만난 것입니다.

　강요셉 목사님의 이야기를 듣고 매주 충만한 교회에 가서 치유를 받았습니다. 치유를 받다가 보니까, 저보다도 남편 목사님이 영적으로 변하는 것입니다. 목사님이 마음에 상처가 치유되니 영의 통로가 열려서 성령의 은혜가 나타나는 것입니다. 저의 교회 성도들이 저보고 하는 말이 목사님의 찬송소리가 달라졌다는 것입니다. 너무나 은혜로워졌다는 것입니다. 말씀도 너무나 은혜롭고 옛날 하고는 딴판으로 목사님이 달라지셨다는 것입니다. 그러면서 제가 자꾸 마음에 평안이 찾아오는 것입니다. 머리 아픈 것이 사라졌습니다. 우울증이 사라졌습니다. 이제 잠도 잘 잡니다. 그래서 참 평안을 찾았습니다. 이제 마음에 여유가 생겼습니다. 기도도 몇 시간을 할 수 있게 되었습니다. 사람을 보면 심령이 읽어집니다. 지금 생각하면 목사님이 상처가 정말 많았습니다. 부교역자로 가면 일 년을 채우지 못하고 나옵니다. 그래서 여덟 곳을 다니면서 부교역자를 했습니다. 그러니 마음에 얼마나 많은 분노가 쌓여 있었겠습니까? 그 분노 때문에 그렇게 저를 힘들게 하고 다른 사람에게 은혜를 전하지 못한 것입니다.

먼저 강요셉 목사님을 만나게 하신 성령님에게 감사를 드립니다. 그리고 치유하여 주신 성령하나님께도 감사를 드립니다. 제가 지금 치유 받아 영의 통로가 열리고 보니 목회자는 내적치유와 내면세계를 알아야 합니다. 말씀도 중요하지만 영적인 눈을 열어 내면세계, 영의 통로에도 관심을 가지시기를 바랍니다. 우리 목사님은 치유에 관심을 갖다가 영의 통로가 뚫리니 지금은 너무도 많이 영적으로 변했습니다. 하나님에게 영광을 돌립니다.

6. 혈기나 분이 많아진다.

저는 무조건 열심히 하는 행위중심의 신앙생활을 했습니다. 성령 체험도 몰랐습니다. 그렇게 열심히 신앙생활을 했는데 남은 것은 혈기와 무릎 관절통증과 아랫배 통증, 두통, 비염, 좌우지간 여러 가지 질병으로 고생을 하며 지냈습니다. 그러던 어느날 남편 목사님께서 내적치유에 대한 책을 한권 사다주면서 읽어보라고 해서 읽어보는데 왠지 모르게 속에서 서러움이 올라오는 것입니다. 그래서 남편에게 이야기를 했더니 다시 내적치유 테이프를 구입하여 들으라고 하는 것입니다. 테이프를 들으면서 수 없이 울었습니다. 아랫배가 아프고 머리가 어지러운 현상이 일어났습니다. 그래서 남편에게 이야기를 했더니 자신하고 같이 서울에 있는 충만한 교회에 가서 치유를 받자고 했습니다. 그래서 남편 따라서 치유를 받게 되었습니다.

그런데 하루가 지나고 이틀이 지나는데 정말 머리가 아프고 괴로워서 가지 못할 정도까지 되었습니다. 그래서 남편보고 못가겠다고 했더니, 지금 포기하면 영영 치유 받지 못하니 괴로워도 같이 가자고 했습니다. 그래서 남편의 부축을 받고 충만한 교회에 가서 치유를 받았습니다. 그런데 그날은 오후 시간에 태중의 상처를 치유 받는 시간 이였습니다. 강 목사님으로부터 태중의 상처에 대한 강의를 듣고 안수기도를 받으니까, 갑자기 두려움이 찾아오는 것입니다. 그리고 사람들의 싸우는 소리가 들리는 것입니다.

그러면서 제가 무의식적으로 귀를 막으면서 시끄러워하면서 조용히 하지 않으면 찔러죽일 거야 하는 것입니다. 그러면서 환상이 보이는 데 남자가 여자를 때리면서 싸우는 모습을 보여주시는 것입니다. 너무나 큰 두려움이 저를 장악하면서 제가 목이 다리 사이로 들어가면서 움추려드는 것입니다. 그러면서 소리를 막 지르는 것입니다. 그러니까 사모님이 오셔서 안수를 해주시면서 지금 태중에서 일어나는 현상을 치유하면서 나타나는 현상이니 두려워하지 말고 성령의 역사에 따르라고 했습니다. 그러면서 안수를 해주셨습니다. 그러자 제 속에서 큰 소리를 지르면서 상처들이 막 떠나갔습니다. 기침을 한 시간 정도 했을 것입니다. 그러고 나니 머리 아픈 것과 어지러운 현상이 없어지고, 마음이 평안하고, 정말 날아갈 정도로 몸이 가벼워지는 것입니다. 한마디로 성령을 체험하여 영의통로가 열린 것입니다. 그런데 남편은 왠지는 몰라도 금식을 하면서 다니는 것입니다. 나중에 안 사실인데 남편역시 상처가 드러나서 괴로우니까, 금식을 한 것이라고 했습니다.

그러면서 저보고 좀 더 다니면서 치유를 받자고 했습니다. 그래서 저도 태중의 상처를 치유 받고 너무나 좋아서 한 십 개월 정도 다니면서 강요셉 목사님이 집회에 사용하시는 세미나 교재를 다 배우고, 분노와 혈기도 치유 받고, 질병도 완전하게 치유 받고, 여러 가지 성령의 은사와 능력도 받았습니다. 이제 저도 사람을 보면 심령이 읽어지고 손을 얹으면 치유가 일어납니다. 그러니 우리 교회 여성 성도들이 얼마나 저에게 안수를 받으려고 하는지 모릅니다. 그래서 제가 늘 마음으로 하는 말이 사모도 능력이 있어야 성도들에게 대접을 받는 것이구나 하면서 주님에게 쓰임 받고 있습니다. 그러면서 역시 영적인 일은 시간과 물질을 투자해야 된다고 느끼면서 남편 목사님의 목회를 돕고 있습니다. 정말로 감사할 일입니다. 제가 이렇게 되리라고는 생각을 하지 못했습니다.

7. 쉽게 상처받고, 상처를 준다.

저는 20년이 넘도록 악성 빈혈과 심장병, 우울증으로 고통을 당하면서 지냈습니다. 그러다 성령님의 인도로 충만한 교회 강요섭 목사님을 만나 치유 받고 새로운 삶을 살고 있는 여 목회자입니다. 제가 목회자가 된 것도 이 질병 때문에 된 것입니다. 어느 분이 예언을 하는데 목회자의 사명이 있는데 사명을 감당하지 않으니 그런 질병으로 고통을 당한다는 것입니다. 만약 순종하면 질병은 금방 치유가 된다는 말을 믿고 신학을 하여 목회자가 된 것입니다. 그런데 목회자가 되니까 몸이 더 심하게 아픈 것입니다.

만약 이 간증을 읽는 분도 저 같은 경우라면 절대 속지 말고 내적치유를 받으시기를 바랍니다. 그리고 성령으로 세례를 받고 영의 통로를 뚫으시기 바랍니다. 저의 체험으로 목회자가 된다고 질병이 치유되는 것이 아닙니다. 또한 여러 문제도 해결되는 것이 절대로 아닙니다. 직접 치유를 받아야 해결되는 것이라는 것을 저는 뼈저리게 체험했습니다. 좌우지간 저는 국민일보 광고를 보니 제가 사는 근처에서 강요섭 목사님이 오셔서 치유집회를 한다는 광고를 보고 참석하여 첫날부터 많은 은혜를 받았습니다. 그때까지 체험하지 못한 여러 가지 체험을 했습니다.

수많은 상처들이 떠나갔습니다. 귀신들도 많이 떠나갔습니다. 점점 몸이 가벼워지고 우울한 기분이 사라지는 것을 체험적으로 느꼈습니다. 그래서 집중 치유를 받겠다는 욕심을 가지고 충만한 교회에 등록을 하여 치유를 받았습니다. 특히 충만한 교회는 주일

오후 예배에 집중 치유하는 시간이 있는데 이때 성령의 역사가 강하게 일어납니다. 그 시간에 더 많은 상처를 치유 받은 것 같습니다. 정말 말로 표현 못하는 현상을 하면서 상처가 치유되었습니다. 점점 빈혈이 없어지고 가슴이 답답한 것도 사라지는 것입니다. 제가 이렇게 몸이 건강해지니 남편도 너무나 좋아하는 것입니다. 그래서 몇 개월간 치유를 받다가 병원에 가서 검진을 받아보니 모두 정상으로 나오는 것입니다. 그래서 참 신기하기도하다, 그렇게 많은 세월 약을 먹고, 나름대로 치유를 받겠다고 여기저기 다녔는데도 해결 받지 못했는데, 충만한 교회에 와서 집중적으로 내적치유를 받고 건강하게 되니 얼마나 감사한지 모릅니다. 그런데 제가 치유 받으면서 여러 환상을 보았습니다.

엄마가 저를 임신하고 괴로우니까, 저를 지우려고 하는 것입니다. 그때 충격으로 상처가 되어 우울증과 심장병에 혈액의 문제까지 당하고 세상을 산 것입니다. 그런데 치유를 받으면서 부모님을 용서하고, 그 때 생긴 태중의 상처를 치유하고, 두려워할 때 들어온 귀신들을 축사하고 나니, 난치의 질병들이 치유가 된 것입니다. 태중에서 상처가 있으니까, 계속 연속적으로 두려워하고 놀라는 일만 생기는 것입니다. 아버지와 어머니가 사고로 한꺼번에 돌아가셨습니다. 그때 얼마나 큰 충격을 받았는지 모릅니다. 그래서 저의 나이 스물에 소녀 가장이 된 것입니다. 그 모든 상처들을 하나님이 치유하여 주셨습니다. 앞으로 저같이 상처로 고생하는 사람들을 치유하는 사역자가 되겠습니다.

8. 하나님보다 사람을 의지하게 된다.

저는 지방에서 목회하는 정 목사입니다. 저는 4대독자로 태어날 때부터 마귀의 저주아래 있었습니다. 날 때부터 약한 체질로 태어나 평생 아프면서 살았습니다. 지금 건강한 사람에 비해 폐가 1/3밖에 안 되는 기능으로 살고 있습니다. 폐병으로 폐가 다 썩어 긁어내고 남은 폐로 숨을 쉬기도 힘들고 허리디스크로 집회 시간에 오래 앉아있기가 힘이 들었습니다. 위장, 대장, 심장 오른쪽 콩팥이 약한 상태입니다. 우울증으로 몸이 무지하게 무기력하고 의욕 상실 등 지금 겉만 멀쩡하지 너무 힘들게 살았습니다.

몸이 하도 힘이 들어서 하나님의 은혜로 나아보려고 여기저기 다 다녔습니다. 빨리, 단번에 고쳐보려고 능력 있다는 사람을 찾아다닌 것입니다. 집중적인 지도를 받으며 영의통로를 뚫어야 하는데 제가 영적으로 무지한 결과입니다. 강요섭 목사님이 예수를 믿는 사람들이 당하는 고통은 영적으로 무지해서 당하는 고통이라고 하시는데 맞습니다. 제가 무지해서 지금까지 고통을 당했습니다.

단번에 치유를 받으려고 〈금이빨 금가루사역〉〈눈 눌러 안수하는 곳〉〈대한 수도원에서 안찰 받다가 제 명에 못살고 죽을 것 같아서 그만두고〉〈김기동 귀신론〉〈예수왕권〉〈주종철〉〈하이디영성〉〈쓰러뜨리는 안수〉〈각종예언사역〉〈입신사역〉등등 수없이 다녔습니다. 국내서 모자라 캐나다 토론토 빈야드까지 갔다 왔습니다. 더 이상 다닐 곳이 없어 교회에서 성경을 보며 기도하며 죽기 살기로 기도하다가 더 힘들게 되었습니다.

즈음에 모 부흥강사 모시고 집회를 했는데 자신 있게 고쳐 준다고 천만 원을 헌금하라고 하여 평생 안 먹고 안 쓰고 모은 피 같은 천만 원을 바쳤는데 오히려 더 중해졌습니다. 병원 약으로 생명을 연장하다가 왔습니다. 그러다가 충만한 교회 강요섭 목사님이 기도할 때마다 생각이 나서 반신반의 하며 서울에 찾아 왔다가 첫날부터 성령으로 불세례를 받고 귀신이 떠나가고 몸이 가뿐 해지는 것입니다. 강 목사님이 영의 통로가 막혀서 생긴 일이니 영의 통로가 열려야 한다고 하셔서 가르쳐주신 대로 기도를 하니 기도가 열렸습니다. 기도가 열려 성령으로 기도하고 속에서 상처들이 말로 표현할 수 없게 나갑니다. 상처가 떠나가니 마음이 평안해지는데 생전처음 느끼는 평안이 찾아왔습니다. 기도할 때 마음속에서 뜨거운 불이 훅훅하고 올라옵니다. 말씀을 읽으면 은혜가 넘칩니다. 말씀에 비밀들이 깨달아 집니다.

강요섭 목사님의 말씀을 들어보니 〈신학적으로 성경적으로 영적으로〉 3박자가 맞아 떨어지는 강의와 안수를 받고 성령의 능력이 있음을 발견했습니다. 제가 8년 동안 영적인 눌림과 질병으로 고생하면서 이곳저곳 안다닌 곳이 없이 다 다녀서 박사가 다되어 말씀만 들으면 수준을 평가할 정도가 되었습니다. 정말 제가 이곳에 온 것은 성령님의 은혜입니다. 제가 살 곳은 여기다 생각하고 계속 다니다 보니 몸이 점점 좋아지고 건강이 회복되고 기도도 잘됩니다. 영의 통로가 열리니 이렇게 사람이 달라질 수가 없습니다. 몸으로 느낍니다. 역시 하나님은 지금도 살아서 역사하십니다. 정말 감사합니다. 하나님은 살아계십니다.

9.가정불화가 많아진다.

저를 변하게 하신 하나님께 영광을 돌립니다. 제대로 성령을 체험하지 못하고 입만 가지고 믿음 생활을 했습니다. 한 마디로 교회는 다니지만 하나님과 영의통로는 꽉 막힌 것입니다. 영의통로가 막히니 심령이 치유되지 못한 것입니다. 치유 되지 못한 마음 깊은 곳의 저도 잘 모르는 응어리 분노의 상처가 미움이란 탈을 쓰고 나타나 남편을 사랑하지 못했습니다. 미움만 주고받아 늘 평안함 보다 부부의 불화가 더 많았습니다. 강요셉 목사님이 상처치유를 위하여 안수하실 때 가슴을 뜯어내는 성령의 강하고 깊은 불세례를 체험하였습니다.

생전처음 그렇게 뜨거운 불의 역사를 체험 했습니다. 성령의 불이 임하니 기침을 하면서 분노의 영들이 떠나갔습니다. 손과 발, 사지가 꼬이면서 귀신들이 떠나가는 체험을 했습니다. 괴성을 얼마나 질렀는지 모릅니다. 정말 창피한 줄도 모르고 괴성을 사정없이 질렀습니다. 이것이 다 내 안에 잠재해있는 분노의 상처들일 것입니다. 강 목사님의 강한 치유 안수기도 중 가슴이 뜯기는 아픔과 함께 기침으로 어떤 뭉치 같은 것이 쏟아졌습니다. 그다음부터 제가 스스로 축귀를 했습니다.

목사님이 알려 준대로 호흡을 들이쉬고 내쉬면서 성령의 임재를 요청하여 성령의 임재가 충만해지면 옛날 상처를 받던 모습을 영상기도를 했습니다. 영상기도를 하면서 회개와 용서를 했습니다. 그러면서 마음으로 명령을 했습니다. 나에게 들어와 혈기를 발하게 하는 귀신은 예수 이름으로 명하노니 떠나가라. 명령을 했습니다. 그러니 아랫배가 아프면서 하품이 말도 못하게 나왔습니다. 또 성령께서 분노의 영을 축귀하라고 하셨습니다. 나에게 들어와 분노하게 하는 귀신은 예수 이름으로 명하노니 떠나가라. 명령을 했습니다. 그러니 기침이 사정없이 나오면서 귀신들이 떠나갔습니다. 속에서 악을 쓰는 소리가 나면서 귀신들이 기침으로 떠나갔습니다. 갑자기 우리 부부관계가 나빠진 것도 귀신의 역사라는 생각이 들었습니다.

그래서 나에게 들어와 부부관계를 파괴하는 귀신은 예수 이름으로 명하노니 떠나가라. 명령을 했습니다. 가슴이 터지듯이 아프더니 재채기를 통하여 귀신이 떠나가는 것입니다. 이렇게 날마다 기도를 하면서 축귀를 하고 나니 남편을 향한 미움이 없어지는 것이였습니다. 차츰 하나님의 사랑이 차면서 다툼도 거의 없으며, 똑같은 상황인데도 전에는 말대꾸하고 마음이 상했는데, 이제는 저도 모르게 속에서 온유의 마음으로 대하게 되니 집안에 다시 평안이 감돌고 있습니다. 예수님을 믿고 나서 용서와 사랑을 배웠지만 실천이 되지 않아 늘 갈등했는데 성령님의 강한 역사로 귀신들이 떠나간 날부터 남편을 대하는 저의 마음이 눈에 띄게 변해 갔습니다. 확실한 체험으로 몸의 증거를 주시면서 미움을 몰아내니 미워하려야 미워 할 수가 없으니 참으로 신기하고 감사합니다.

이젠 마음이 부드러운 사람으로 변하게 해달라는 말씀으로 목사님이 기도해 주실 때 그 말씀 붙잡고 몸부림치는 저를 하나님께서 불쌍히 여기사 치료해 주실 줄 믿습니다. 마음이 넉넉해지고 하나님의 사랑이 가득하게 되면 모든 일에 자신감 있고 누구든지 감쌀 수 있는 넉넉한 사람이 되고 싶은 것이 저의 소망이었는데 이제야 이루어지고 있습니다. "예수님의 새 계명 내가 너희를 사랑한 것같이 너희도 서로 사랑하라"를 지킬 수 있으니 얼마나 감사한지요. 가장 힘든 가까운 남편을 도구로 사용하신 하나님 내가 얼마나 부족했으면 남편하나 용납하고 섬기지 못하였으니 끝까지 참으시고 나를 훈련시키시고 사랑의 사람이 되게 하신 하나님께 감사드립니다. 영의통로가 열려 마음에 평안을 느끼게 하신 하나님에게 영광을 돌립니다.

10. 이해할 수 없는 일이 일어난다.

영의통로가 막혀있으면 이해할 수가 없는 이상한 일들이 일어납니다. 문제가 자꾸 꼬이고 금방 될 것 같은데 마지막에 사람의 방해로 일이 틀어지고 맙니다. 제가 이제 영적인 것을 깨닫고 지난날을 되돌아보면 이상하게 일이 결정적인 순간에 꼬였다는 것입니다. 그것도 한번이 아니고 여러 번 그런 경험을 했습니다. 제가 하나님과 영의통로가 막혀서 당한 고통은 이렇습니다.

1)방해하는 사람만 만난다. 제가 영의통로가 막혀있던 지난날을 회상하여 보면 조상이 우상숭배 할 때 인하여 들어온 귀신의 영향으로 저에게 손해를 끼치는 사람만 만났다는 것입니다. 앞길을 방해하는 사람을 만나게 합니다. 그래서 내가 군대생활을 접었다는 것이 아닙니까? 이상하게 결정적인 순간에 방해를 하게 합니다. 친척들이 방해를 합니다. 말을 악하게 합니다. 정말 지금 생각하면 저를 쓰러지게 하려고 주변 사람들을 동원하여 방해를 했습

니다. 그런데 신기한 것은 제가 말씀과 성령, 깊은 기도로 영의통로를 뚫고 치유를 받으니까, 그동안 방해하던 사람들이 모두 잘못되거나 세상을 떠나더라는 것입니다. 봄에 눈이 녹아서 없어지듯이 하나하나 사라지더라는 것입니다. 이모든 것을 영적으로 보면 하나님과 영의통로가 막히니 악한 영들이 방해를 한 것입니다.

3년 동안 성령을 체험하며 영의통로를 뚫고 조상의 우상숭배를 회개하며 대물림의 줄을 끊고 귀신을 쫓아내자 주변에 저를 도와주려는 사람들이 찾아오더라는 것입니다. 그 성도들이 헌금을 하여 사택이 밖으로 나가게 되었습니다. 서울로 교회를 이전하게 되었습니다. 참으로 기적 같은 역사입니다. 저희 아이들이 지금 우리가 서울에 올라온 것은 기적이라는 것입니다. 자신들이 우리 가정의 상태를 볼 때 도저히 사람의 힘으로는 해결할 수 없는 상황이었습니다. 하나님은 어린아이들이 이렇게 간증하게 한 것입니다.

이렇게 하나님의 기적을 체험한 아이들이 둘 다 서울에 있는 대학에 들어갔습니다. 남들은 한 시간 이상씩 차를 타고 학교에 가는데 이 아이들은 30분 만에 학교를 갔습니다. 하나님이 필요한 시기에 역사하셔서 둘 다 대학을 졸업했습니다. 한 아이는 과 수석으로 졸업하여 대학원에 장학생으로 들어가서 조교를 두 개나 감당했습니다. 또 한 아이는 취직을 하여 직장생활을 잘하고 있습니다. 하나님과 영의통로를 뚫으세요. 하나님은 축복의 하나님이십니다. 하나님은 기적의 하나님이십니다.

2)결정적인 순간에 일이 틀어진다. 저는 하나님과 영의통로가

막혔던 지난날은 설명하기 힘이 드는 일을 많이 당했습니다. 잘 되어 가다가 결정적인 때가 되면 사람의 방해로 일을 그르쳤다는 것입니다. 그것도 한번이 아니고 네 번이나 당했습니다. 다 되었다고 마음을 놓고 결과를 보면 틀어져버린 것입니다. 제가 강남에 갔다가 택시를 타고 교회에 오면서 택시 기사가 하는 말이 자기는 일이 결정적인 순간에 틀어져 버린다는 것입니다. 경매를 받아서 이사를 가려고 있던 집을 팔았는데 경매한 집의 주인이 돈을 갚아 버려서 진퇴양난에 빠졌다는 것입니다. 그러면서 하는 말이 이것이 자신의 운명인 것 같다는 것입니다. 그래서 제가 그것은 운명이 아니고 악한 영의 역사입니다. 반드시 예수를 믿어야 이런 일을 다시 당하지 않습니다. 하고 조언을 한 경우가 있었는데 제가 지난 세월 이분과 같이 결정적인 순간이 일이 틀어져 버렸다는 것입니다. 그런데 말씀과 성령의 역사로 3년이란 세월동안 하나님과 막혔던 영의통로를 뚫고 혈통에 역사 하던 악한 영의 역사를 몰아내고 나니 이런 일이 봄에 눈이 없어지는 것과 같이 사라지더라는 것입니다.

3)충격적인 일들을 당한다. 저는 첫아이를 교통사고로 천국에 보냈습니다. 그것도 교회 앞에서 말입니다. 하나님과 영의통로가 막혀있던 지난날을 생각하면 정말로 이해하지 못할 일들만 당했습니다. 정말 생각하면 도저히 일어날 수 없는 일이 일어났습니다. 차가 다니는 큰길도 아닌데 그것도 버스에 아이가 사고를 당한단 말입니까? 조상의 우상숭배로 인하여 하나님과 영의통로가 막히니 악한 영의 역사로 충격적인 일들을 많이 당합니다. 이해할

수 없는 일들을 당합니다. 어느 여 목사님은 화재가 발생하여 부모님이 모두 돌아가셨다는 것입니다. 그때 충격을 받아서 우울증에다가 심장병으로 고생을 하다가 오셔서 성령을 체험하고 영의 통로를 뚫고 내적치유를 하고 혈통에 역사하던 귀신을 축사했습니다. 그러니 우울증과 심장병이 치유가 되었습니다. 일년 동안 우리 교회에 상주하다 시피하면서 은혜를 체험하고 25년 동안 고통당하던 질병과 환경을 치유 받았습니다.

4)항상 물질이 곤고하다. 군대에서 상당한 계급을 가지고 있었기 때문에 봉급이 적은 것이 아닌데 항상 마이너스가 되더라는 것입니다. 이상하게 물질이 새어나갑니다. 멀쩡한 곳에서 교통사고가 납니다. 그래서 물질이 나가게 합니다. 돈이 모여지지를 않는 것입니다. 하나님과 영의통로가 막혀서 마귀가 역사하니 항상 가난한 것입니다. 마귀가 역사하여 사고나 질병이 발생토록 하면서 물질이 새게 하는 것입니다. 원인이 없는 문제는 없습니다. 하나님과 영의 통로가 열려 원인을 말씀과 성령으로 치유해야 합니다.

필자는 이렇게 하나님과 영의통로가 막혀서 영육으로 고통을 당하며 기도하다가 성령의 음성을 들었습니다. 앞으로는 영성이다. 영성! 21세기는 영성이다. 영성! 영성! 이라는 음성을 듣고 영성에 관심을 갖게 되었습니다. 영성원이라는 곳에서 가서 말씀도 들었습니다. 영성이 깊어지려면 내적치유를 받아야 한다는 것을 알게 되었습니다. 그래서 성령 사역과 내적 치유하는 곳에 찾아가서 1년 동안 내적치유를 받았습니다. 가계치유도 4번이나 받았습니다. 치유를 받으면서 기도하다가 성령의 감동으로 영의통로가 뚫려야 한다는 감동을 받았습니다. 영의통로를 뚫어 보려고 굉장한 노력을 했습니다. 내적치유 1년을 받아도 영육의 문제가 해결되지를 않았습니다. 환경이 변화가 없고 되는 것이 없었습니다. 마음에 참 평안을 찾지 못했습니다. 항상 마음이 허전했습니다. 그래서 하나님께 기도하다가 깨달은 것이 깊은 영의기도를 통하여 영의통로를 뚫는 것 이었습니다. 하나님과 막힌 관계를 뚫어야 문제가 해결된다는 것입니다. 그런데 깊은 영의기도를 하여 영의통로를 뚫는 그것도 한참 고생한 후에 깨달은 것입니다.

계속 타성에 젖은 무식한 기도를 목이 터지라고 하는데 깊은 영의기도를 해야 영의통로가 완전하게 뚫린다는 감동을 받은 것입니다. 그래서 깊은 영의기도 세미나에 3번이나 참석하여 기본을 숙지하고, 실제 체험하려고 7개월 동안 교회 강단에서 의자 위에서 자면서 기도를 숙달했습니다. 의자 위에서 자는 것은 의자 위에서 잠을 자면 깊은 잠을 자지 못하기 때문에 의자 위에서 잠을 잔 것입니다. 그러다가 의자에서 떨어지기도 몇 번 했습니다. 그러나 포기하지 않고 꼭 깊은 영의 기도를 숙달하고 말겠다는 의지를 가지고 계속 기도했습니다.

그러던 어느날 영의통로가 뚫렸습니다. 깊은 영의기도에 돌입하면 말로 표현하기 어려운 평안과 기쁨을 맞보게 됩니다. 온몸을 성령께서 만져주시고 마음속에서 입을 통하여 성령의 불이 올라오는 경험을 하게 되고, 얼굴이 성령의 불의 역사로 화끈거리고, 상처와 질병이 치유되고, 영안과 영계가 열리는 것입니다. 중요한 것은 깊은 영의기도를 하면 하품과 호흡을 통해서 귀신들이 떠나갔습니다. 스스로 귀신을 몰아낼 수 있는 영적 수준이 된 것입니다. 그리고 차츰 성격도 변하여 온유한 성품으로 변화되는 것이 느껴졌습니다. 옛날에는 조그마한 일에도 혈기를 냈는데 혈기가 없어졌습니다. 깊은 영의기도로 영의통로가 뚫리니 비로소 환경이 변하기 시작을 했습니다. 영의통로가 열려 성령의 역사로 방해하던 악한 영들이 물러가기 시작을 한 것입니다. 제가 체험한 바로는 영의통로가 뚫려서 제 안에서 성령의 권능이 나타나니 환경이 좋아지기 시작하더라는 것입니다. 그래서 우리는 자신의 영적인 수준을 높여 하나님과 영의통로가 뚫려야 된다는 것입니다. 영의통로가 열려 하나님의 역사가 일어나니 환경에 보이는 축복의 역사가 나타나기 시작을 했습니다. 우리는 문제를 해결해 달라고 애걸복걸 할 것이 아니라, 깊은 영의기도로 하나님과 영의통로를 뚫어야 한다는 것입니다. 이렇게 영의 통로가 열리는 깊은 영의기도에 들어가려면 무엇보다 중요한 것이 침묵입니다. 오로지 하나님의 음성에만 귀를 기우리는 것입니다. 외부에서 들리는 소음이나 자신의 내면에서 올라오는 잡념에 관심을 갖지 말고, 오로지 하나님의 음성에만 집중해야 합니다. 깊은 영의기도는 하나님에게 집중하는 것입니다. 기도 역시 하나님에게 집중하는 것입니다. 하나님에게 집중이 잘되면 깊은 경지에 들어가기 쉽습니다.

하나님과 영의통로가 뚫려야 인생전반의 모든 문제가 봄에 눈이 녹는 것과 같이 사라지고 하나님의 복을 받으면서 믿음생활을 하게 됩니다. 영의통로가 뚫려서 내 안에서 성령의 권능이 올라와야 모든 방해세력이 떠나갑니다. 영의통로를 뚫기를 바랍니다.

3장 영의통로가 막히는 원인

(벧전 5:8)"근신하라 깨어라 너희 대적 마귀가 우는 사자 같이
두루 다니며 삼킬 자를 찾나니"

영의 통로가 열리면 성도에게 축복입니다. 기도가 응답이 됩니
다. 기도할 때 하나님으로부터 지혜의 말씀과 지식의 말씀을 받을
수가 있습니다. 기도할 때 성령의 불이 영 안에 있는 성령으로부
터 올라옵니다. 말씀과 성령으로 영안이 열려 자신의 심령 상태를
정확하게 볼 수 있는 성도가 됩니다.

그리하여 자신의 상처와 자아를 치유하고 혈통으로 대물림되는
영육의 문제를 진단하고 회개하며 마귀가 저주하는 저주의 줄을
끊고 마귀의 몰아내고 축복으로 채우므로 심령에 하나님의 나라
가 이루어지게 됩니다. 영의 통로가 막히면 반대가 됩니다. 영의
통로가 막히는 원인은 이렇습니다.

1. 마음이 세상을 향할 때

성도가 마음을 하나님에게 두지 않고 세상을 바라볼 때 악한 마
귀의 미혹을 받아서 영의통로가 막힙니다. 하와는 하나님만을 바
라보지 않고 세상을 바라보았습니다. 그리고 하나님이 먹지 말라

는 선악과를 한번 보고 두 번 보고 자꾸만 바라보았습니다. 그러자 마귀가 하와에게 다가와 하와를 속입니다. 사단은 하와를 꾀어내어 이렇게 말했습니다. "하와. 이리 와서 하나님의 금하신 저 나무에 달린 열매를 좀 보렴. 그것을 보는 것쯤은 아무런 해가 되지 않아. 이리 와서 그냥 보기만 하렴." 하와는 뱀의 말에 이끌리어 그 나무 아래로 가서 열매를 쳐다보았습니다. 한 번만 본 것이 아니라, 몇 번을 계속해서 쳐다보았을 것입니다.

(창3:6)"여자가 그 나무를 본즉 먹음직도 하고 보암직도 하고
지혜롭게 할 만큼 탐스럽기도 한 나무인지라 여자가 그 열매를
따먹고 자기와 함께 있는 남편에게도 주매 그도 먹은지라"

하와는 선악을 알게 하는 나무의 실과를 따먹기 전에 그 나무를 눈으로 보았고, 또 이 열매를 바라보며 상상을 했습니다. 하와는 생각으로 그 실과를 먹는 모습을 그려보며, 영적 세계로 상상을 옮겨갔습니다. 4차원의 이상의 영적 세계에서는 선한 것뿐 아니라, 악한 것도 만들어집니다. 4차원 이상의 영적세계에서 성령의 음성을 따라가면 선한 것이 만들어 지고, 악한 영의 말을 따라가면 악한 것이 만들어지는 것입니다. 하와는 나무와 거기에 달린 실과의 영상을 마음에 품고 상상의 나래를 펴고 깊이 들어가 선명하게 바라보면서, 그 실과가 자신을 하나님만큼 지혜롭게 만들 수 있다는 것을 그려보았습니다. 자꾸 상상하며 생각했습니다. 그러자 그 나무의 실과는 너무도 매혹적으로 보였고 자신을 끌어당기

는 것 같았습니다. 하와는 상상에 사로잡혀 마침내 손을 뻗어 그 실과를 따먹게 되었고, 남편에게도 건네주어 남편 역시 하와의 말을 믿고 먹고 말았던 것입니다. 이렇게 하여 아담과 하와가 하나님께서 금하신 실과를 따먹고 타락하게 되었습니다. 우리에게 있어 '바라본다.'는 것은 이처럼 중요합니다. 당신은 하나님의 나라 천국을 바라보시기를 소원합니다. 하와는 하나님이 금한 선악과를 바라보다가 마귀의 속임에 넘어가 하나님이 주신 축복과 에덴동산에서 행복한 생활을 마감하고 말았습니다.

> (창3:9-14)"여호와 하나님이 아담을 부르시며 그에게 이르시되 네가 어디 있느냐 이르되 내가 동산에서 하나님의 소리를 듣고 내가 벗었으므로 두려워하여 숨었나이다. 이르시되 누가 너의 벗었음을 네게 알렸느냐 내가 네게 먹지 말라 명한 그 나무 열매를 네가 먹었느냐 아담이 이르되 하나님이 주셔서 나와 함께 있게 하신 여자 그가 그 나무 열매를 내게 주므로 내가 먹었나이다. 여호와 하나님이 여자에게 이르시되 네가 어찌하여 이렇게 하였느냐 여자가 이르되 뱀이 나를 꾀므로 내가 먹었나이다. 여호와 하나님이 뱀에게 이르시되 네가 이렇게 하였으니 네가 모든 가축과 들의 모든 짐승보다 더욱 저주를 받아 배로 다니고 살아 있는 동안 흙을 먹을지니라."

우리는 하나님의 형상으로 지음을 받았고 하나님의 영을 받은 영적이면서 육적인 존재입니다. 그러므로 우리는 항상 하나님과 교통하며 살아야 합니다. 그런데 하나님에게 쫓겨나니 마귀의 종이 되어 버리고 말았습니다. 자연히 하나님과 교통도 끊어지고 말은 것입니다. 하나님에게 집중하시기를 바랍니다.

2. 하나님의 말씀 밖에 있을 때

하나님의 말씀은 성도를 보호하는 울타리입니다. 하나님은 이스라엘 백성을 애굽에서 이끌어내어 광야를 걸어갈 때 낮에는 구름기둥, 밤에는 불기둥으로 인도를 했습니다. 구름기둥과 불기둥 안에서 있어야 하나님의 보호가 있다는 것입니다. 우리도 마찬가지입니다. 하나님의 말씀 안에서 생활할 때 하나님의 보호가 있는 것입니다. 그러므로 성도가 하나님의 말씀 계명을 무시할 때 영의 통로가 막힙니다.

하나님은 요한복은 14장 21절에서 "나의 계명을 지키는 자라야 나를 사랑하는 자니 나를 사랑하는 자는 내 아버지께 사랑을 받을 것이요 나도 그를 사랑하여 그에게 나를 나타내리라." 말씀하십니다. 하나님을 사랑하면 하나님의 말씀을 듣고 지킨다는 것입니다. 이는 하나님은 영이시기 때문에 성도가 하나님과 동일한 영적인 상태이면 하나님의 음성을 듣고 순종하는 것입니다. 반대로 육적이면 영이신 하나님의 말씀이 들리지 않으므로 순종할 수가 없는 것입니다.

사울 왕의 경우를 생각해 보겠습니다. 사울왕은 교만하여 하나님의 말씀을 번번이 어겼습니다. 왜냐하면 사울왕은 육신에 속한 자 이기 때문에 하나님보다 사람들을 더 의식했습니다. 왜냐하면, 사울왕은 육신적인 사람 이였기 때문에 하나님의 말씀보다도 사람의 말이 잘 들리므로 사람의 말에 신경을 쓴 것입니다.

　　　(삼상15:24)"사울이 사무엘에게 이르되 내가 범죄하였나이다 내가 여호와의 명령과 당신의 말씀을 어긴 것은 내가 백성을 두려워하여 그들의 말을 청종하였음이니이다."

　　성도는 하나님만을 두려워해야 합니다. 아니 영적인 성도는 하나님을 두려워하게 되어 있습니다. 하나님은 예레미야 17장 5절에서 사람을 의식하는 성도는 하나님이 저주를 받는다고 하셨습니다. "여호와께서 이와 같이 말씀하시니라 무릇 사람을 믿으며 육신으로 그의 힘을 삼고 마음이 여호와에게서 떠난 그 사람은 저주를 받을 것이라." 절대로 사람을 의식하거나 의지하지 마시기를 바랍니다. 영적인 사람이 사람을 의식하거나 믿는 것은 하나님과의 영의통로가 막히는 일등공신이 되는 것입니다. 오로지 하나님만을 의지하시기를 바랍니다. 결국 사울은 사람을 의식하고 하나님의 계명을 지키지 않아 하나님으로부터 버림을 받고 맙니다.

　　　(삼상15:22-23)"사무엘이 이르되 여호와께서 번제와 다른 제사를 그의 목소리를 청종하는 것을 좋아하심 같이 좋아하시겠나이까 순종이 제사보다 낫고 듣는 것이 숫양의 기름보다 나으니, 이는 거역하는 것은 점치는 죄와 같고 완고한 것은 사신 우상에

게 절하는 죄와 같음이라 왕이 여호와의 말씀을 버렸으므로 여
호와께서도 왕을 버려 왕이 되지 못하게 하셨나이다 하니."

3. 하나님보다 더 사랑하는 것이 있어서

사람은 하나님 중심으로 살아야 합니다. 오로지 하나님 한분만
을 사랑해야 합니다. 하나님보다 더 사랑하는 것이 있다면 우상입
니다. 우상을 숭배할 때 하나님과 영의 통로가 막힙니다. 일부 성
도들이 우상이라고 하면 잡신을 섬기는 것만이 우상인줄로 착각
하는 분들이 있습니다. 그러나 우상은 하나님 보다 더 사랑하는
것이 우상입니다. 요즈음 보면 자식이 우상인 성도님들이 많습니
다. 물질이 우상인 분들도 있습니다. 게다가 애완견이 우상인 성
도도 있습니다. 우리는 하나님 한분으로 만족함을 갖아야 합니다.
오로지 하나님에게만 소망을 두고 세상을 살아야 합니다. 하나님
은 우상을 숭배하는 여로보암의 가문을 멸망하게 하셨습니다.

(왕상14:9-13)"네 이전 사람들보다도 더 악을 행하고 가서 너
를 위하여 다른 신을 만들며 우상을 부어 만들어 나를 노엽게 하
고 나를 네 등 뒤에 버렸도다. 그러므로 내가 여로보암의 집에 재
앙을 내려 여로보암에게 속한 사내는 이스라엘 가운데 매인 자
나 놓인 자나 다 끊어 버리되 거름 더미를 쓸어버림 같이 여로보
암의 집을 말갛게 쓸어버릴지라. 여로보암에게 속한 자가 성읍
에서 죽은즉 개가 먹고 들에서 죽은즉 공중의 새가 먹으리니 이

는 여호와께서 말씀하셨음이니라 하셨나니 너는 일어나 네 집으로 가라 네 발이 성읍에 들어갈 때에 그 아이가 죽을지라. 온 이스라엘이 그를 위하여 슬퍼하며 장사하려니와 여로보암에게 속한 자는 오직 이 아이만 묘실에 들어가리니 이는 여로보암의 집 가운데에서 그가 이스라엘의 하나님 여호와를 향하여 선한 뜻을 품었음이니라."

말씀과 성령으로 자신을 성찰하여 보시기를 바랍니다. 하나님보다 더 사랑하는 것이 없는지 말씀과 성령으로 찾아보시고 버리시기를 바랍니다. 그리고 회개 하시기를 바랍니다. 그래야 하나님과 막힌 영의 통로가 열려 하나님으로부터 각종 계시를 받을 수가 있습니다. 하나님은 골로새서 3장 5절에서 "그러므로 땅에 있는 지체를 죽이라 곧 음란과 부정과 사욕과 악한 정욕과 탐심이니 탐심은 우상 숭배니라." 말씀하십니다. 하나님보다 더 좋아하는 욕심이 우상숭배입니다. 자신에게 있는 우상을 말씀과 성령으로 찾아서 버리시기를 바랍니다.

4. 마음의 상처로 인하여

마음의 상처는 인생의 만 가지 문제의 원인입니다. 상처가 있으면 하나님과 영의 통로가 막힙니다. 개인의 욕심과 상처로 인해 영안이 닫혀 세상 욕심을 추구하기 때문입니다. 우리는 하나님의 영광을 위하여 살아야 합니다. 하나님은 마태복음 6장 33절에서

"그런즉 너희는 먼저 그의 나라와 그의 의를 구하라 그리하면 이모든 것을 너희에게 더하시리라" 말씀 하십니다. 하나님의 나라를 위하여 기도하고 헌신하니 영의 통로가 열려 축복을 받는 것입니다. 그러나 상처와 자아가 있으면 영적인 하나님의 말씀을 듣지도 못하고 깨닫지도 못하기 때문에 하나님과 영의 통로가 막힙니다.

(마20:21-27)"예수께서 이르시되 무엇을 원하느냐 이르되 나의 이 두 아들을 주의 나라에서 하나는 주의 우편에, 하나는 주의 좌편에 앉게 명하소서, 예수께서 대답하여 이르시되 너희는 너희가 구하는 것을 알지 못하는도다. 내가 마시려는 잔을 너희가 마실 수 있느냐 그들이 말하되 할 수 있나이다. 이르시되 너희가 과연 내 잔을 마시려니와 내 좌우편에 앉는 것은 내가 주는 것이 아니라 내 아버지께서 누구를 위하여 예비하셨든지 그들이 얻을 것이니라. 열 제자가 듣고 그 두 형제에 대하여 분히 여기거늘 예수께서 제자들을 불러다가 이르시되 이방인의 집권자들이 그들을 임의로 주관하고 그 고관들이 그들에게 권세를 부리는 줄을 너희가 알거니와 너희 중에는 그렇지 않아야 하나니 너희 중에 누구든지 크고자 하는 자는 너희를 섬기는 자가 되고, 너희 중에 누구든지 으뜸이 되고자 하는 자는 너희의 종이 되어야 하리라."

오로지 하나님 한분으로 만족함을 누리시기를 바랍니다. 우리는 하나님 만 우리 편이 되면 무엇을 못합니까? 세상 것을 다 가질 수 있습니다. 당신은 보이는 세상을 바라보고 욕심을 갖지 마시기 바랍니다. 세상의 부귀영화와 권력은 길게 가지 못합니다. 마치 아침 안개와 같은 것입니다. 불필요한 욕심을 갖지 말고 오직 하나님 한분만으로 만족할 줄 아는 성도가 될 때 하나님과 영의 통로가 열리고 기도가 응답이 됩니다.

상처로 인하여 부부 관계의 불화가 있을 때 하나님과 영의 통로가 막힙니다. 그래서 하나님은 베드로전서 3장 7절에서 "남편들아 이와 같이 지식을 따라 너희 아내와 동거하고 그를 더 연약한 그릇이요 또 생명의 은혜를 함께 이어받을 자로 알아 귀히 여기라 이는 너희 기도가 막히지 아니하게 하려 함이라 또는 그 아내를 더 연약한 그릇 같이 여겨 지식을 따라 동거하고." 라고 강조하시는 것입니다. 부부간에 불화가 있으면 기도가 막힌다는 것입니다. 기도가 막힌다는 것은 영의통로가 막힌다는 뜻입니다. 그리고 기도를 못하게 하는 악한 영이 역사 한다는 것입니다. 그래서 혈기 분을 내면 자기만 손해입니다. 왜냐하면, 하나님과 영의 통로가 막히기 때문입니다. 성도는 혈기나 분이 나오더라도 자신을 위해서 참아야 합니다. 인내하시고 서로 변화되기를 기도하면서 기다려 보시기 바랍니다. 그러면 하나님이 변하게 하십니다. 그리고 자신에게 잘못된 혈기나 분노가 있거든 인정하고 내적치유를 하고 성령의 불로 녹여야 합니다. 언제까지 참아야 합니까? 성령의 능력이 심령에서 올라 올 때까지 참아야 합니다. 성령의 능력이 내 안에서 밖으로 나타나면 마귀는 역사하지 못합니다.

5. 혈통의 죄악으로

조상들의 죄는 3-4대까지 이릅니다. 하나님과의 관계에 치명적입니다. 많은 분들이 조상들의 죄악으로 하나님과 영의 통로가 막힙니다. 이는 아합의 아들들을 보면 이해가 됩니다(삼상2:18). 무자비한 왕 아하시야를 생각해 보기 바랍니다.

> (왕상22:51-53)"유다의 여호사밧 왕 제십칠년에 아합의 아들 아하시야가 사마리아에서 이스라엘의 왕이 되어 이 년 동안 이스라엘을 다스리니라. 그가 여호와 앞에서 악을 행하여 그의 아버지의 길과 그의 어머니의 길과 이스라엘에게 범죄하게 한 느밧의 아들 여로보암의 길로 행하며, 바알을 섬겨 그에게 예배하여 이스라엘의 하나님 여호와를 노하시게 하기를 그의 아버지의 온갖 행위 같이 하였더라 "

어느날 아하시야는 사마리아의 큰 궁전을 거닐고 있다가 "역시 나는 위대한 왕이야, 그야말로 나는 모든 것의 모든 것이다."고 중얼거리다가 창문 난간에 기대어 내다보다가 떨어져 심히 다쳤을 때 하나님께 먼저 가서 치유하여 달라고 기도하지 않고 에그론의 신 바알세붑(파리의 신)에게 물으러 갑습니다. 그러니 하나님이 엘리야를 통해서 이렇게 말씀하십니다. "여호와의 사자가 디셉 사람 엘리야에게 이르되 너는 일어나 올라가서 사마리아 왕의 사자를 만나 그에게 이르기를 이스라엘에 하나님이 없어서 너희가 에

그론의 신 바알세붑(파리의 신)에게 물으러 가느냐."(왕하1:3). 이 말을 하고 엘리야는 "왕이여 당신은 반드시 죽을 것이다."아하시야는 죽었습니다. 우상을 숭배하는 종말은 이렇습니다.

6. 세상 풍속을 쫓아 갈 때

세상 풍속에는 마귀가 있습니다. 성도가 세상 풍속을 따라가면 하나님과 영의 통로가 막힙니다. 우리는 세상의 풍속을 따르지 말고 하나님의 말씀을 따라야 합니다. 성도는 환경에 적응하는 성도가 아니라, 환경을 장악하는 성도가 되어야 합니다. 왜냐하면, 풍속과 환경에는 마귀가 있기 때문입니다. 아담과 하와가 세상을 바라보다가 마귀에게 미혹당해 선악과를 따먹으니 세상 보는 눈이 밝아졌습니다. 세상 풍속에는 우상숭배가 있습니다. 그래서 하나님은 이렇게 말씀하십니다.

(레18:3-4)"너희는 너희가 거주하던 애굽 땅의 풍속을 따르지 말며 내가 너희를 인도할 가나안 땅의 풍속과 규례도 행하지 말고, 너희는 내 법도를 따르며 내 규례를 지켜 그대로 행하라 나는 너희의 하나님 여호와이니라."

그래서 불신 결혼은 위험합니다. 제가 "기독교인의 연애와 결혼"이라는 책에서 강조했지만 결혼은 대단히 중요합니다. 성도는 사람을 잘 만나야 합니다. 사람 잘 만나게 해달라고 기도하시기를 바랍니다. 저는 우리교회 유아를 포함한 자녀들(미혼인 형제, 자매포함)에게 매주일 마다 안수기도를 하는데 꼭 포함하는 것이 사람을 잘 만나게 해달라고 하는 기도합니다. 특히 배우자를 잘 만나게 해달라고 기도합니다.

(레18:30)"그러므로 너희는 내 명령을 지키고 너희가 들어가기 전에 행하던 가증한 풍속을 하나라도 따름으로 스스로 더럽히지 말라 나는 너희의 하나님 여호와이니라."

(레20:23)"너희는 내가 너희 앞에서 쫓아내는 족속의 풍속을 따르지 말라 그들이 이 모든 일을 행하므로 내가 그들을 가증히 여기노라."

그래서 하나님은 아브라함에게 이렇게 말씀하시고 세상에서 불러내어 구별된 삶을 살아가게 하신 것입니다. 하나님은 아브라함에게 이렇게 명령합니다. "여호와께서 아브람에게 이르시되 너는 너의 고향과 친척과 아버지의 집을 떠나 내가 네게 보여 줄 땅으로 가라. 내가 너로 큰 민족을 이루고 네게 복을 주어 네 이름을 창대하게 하리니 너는 복이 될지라. 너를 축복하는 자에게는 내가 복을 내리고 너를 저주하는 자에게는 내가 저주하리니 땅의 모든 족속이 너로 말미암아 복을 얻을 것이라 하신지라. 이에 아브람이 여호와의 말씀을 따라갔고 롯도 그와 함께 갔으며 아브람이 하란을 떠날 때에 칠십오 세였더라."(창12:1-4). 아브라함이 순종하고 하나님의 말씀을 따랐기 때문에 믿음의 조상이 된 것입니다.

우리는 세상에서 살아가되 세상을 멀리해야 합니다. 그리고 예수 믿고 하나님에게 나왔으면 세상 풍속은 끊으시기를 바랍니다.

7. 영의 통로가 막히면 어떻게 되는가.

1) 마귀의 도구가 됩니다. 유다는 예수님을 3년이나 따라 다녔지만 예수님보다 돈을 더 사랑하여 하나님과의 영의 통로가 막혀서 예수님을 은 삼십에 팔고 목메달아 배가 터져 죽었습니다.

(행 1:18-20)"(이 사람이 불의의 삯으로 밭을 사고 후에 몸이 곤두박질하여 배가 터져 창자가 다 흘러나온지라. 이 일이 예루살렘에 사는 모든 사람에게 알리어져 그들의 말로는 그 밭을 아겔다마라 하니 이는 피밭이라는 뜻이라), 시편에 기록하였으되 그의 거처를 황폐하게 하시며 거기 거하는 자가 없게 하소서 하였고 또 일렀으되 그의 직분을 타인이 취하게 하소서 하였도다."

2) 하나님과 멀어 집니다. 사울 왕은 하나님의 계명을 번번히 어김으로 하나님과 영의 통로가 닫혀서 결국 자살을 하는 불행을 당합니다.

(삼상15:22-23)"사무엘이 이르되 여호와께서 번제와 다른 제사를 그의 목소리를 청종하는 것을 좋아하심 같이 좋아하시겠나이까 순종이 제사보다 낫고 듣는 것이 숫양의 기름보다 나으니,

이는 거역하는 것은 점치는 죄와 같고 완고한 것은 사신 우상에게 절하는 죄와 같음이라 왕이 여호와의 말씀을 버렸으므로 여호와께서도 왕을 버려 왕이 되지 못하게 하셨나이다 하니."

3) 기도 응답이 안 됩니다. 영의 통로가 막히면 육적인 활동이 강화되어 마귀가 역사하므로 하나님이 기뻐하시는 것이 보이지를 않고 세상만 보이고 심령이 답답하기 때문에 기도가 되지 않고 응답도 되지를 않습니다. 성령 하나님은 우리의 마음 안에 있는 영 안에 임재하여 계십니다. 마음이 막혀 있으니 아무리 기도를 해도 기도가 하나님에게 상달 되지를 않습니다. 왜냐하면, 하나님은 영이십니다. 영이신 하나님에게 기도를 하려면 영적인 상태가 되어야 하는데 영의 통로가 막혀 육의상태가 되어 기도하니 영이신 하나님이 들으실 수가 없는 것입니다. 그래서 예수님은 이렇게 말씀하시는 것입니다. "살리는 것은 영이니 육은 무익하니라 내가 너희에게 이른 말은 영이요 생명이라"(요6:63). 기도는 영의 활동입니다. 반드시 영적인 상태에서 기도해야 합니다. 이는 다니엘의 기도를 보면 알 수가 있습니다. 사단은 다니엘의 기도 응답을 지연시켰습니다.

(단10:12-14)"그가 내게 이르되 다니엘아 두려워하지 말라 네가 깨달으려 하여 네 하나님 앞에 스스로 겸비하게 하기로 결심하던 첫날부터 네 말이 응답 받았으므로 내가 네 말로 말미암아 왔느니라. 그런데 바사 왕국의 군주가 이십일 일 동안 나를 막

았으므로 내가 거기 바사 왕국의 왕들과 함께 머물러 있더니 가
장 높은 군주 중 하나인 미가엘이 와서 나를 도와주므로 이제 내
가 마지막 날에 네 백성이 당할 일을 네게 깨닫게 하러 왔노라 이
는 이 환상이 오랜 후의 일임이라 하더라."

4) 영안이 닫혀서 성령보다 세속의 욕심을 쫓아갑니다. 롯은
영안이 닫혀 천국인지 지옥인지를 구분 못하여 결국 보이는 소돔
과 고모라 땅을 선택하여 불행을 당합니다. "이에 롯이 눈을 들어
요단 지역을 바라본즉 소알까지 온 땅에 물이 넉넉하니 여호와께
서 소돔과 고모라를 멸하시기 전이었으므로 여호와의 동산 같고
애굽 땅과 같았더라."(창13:10). 그러나 하나님과 영의통로가 열
려 영안이 열린 아브라함은 하나님의 복을 받습니다. "롯이 아브
람을 떠난 후에 여호와께서 아브람에게 이르시되 너는 눈을 들어
너 있는 곳에서 북쪽과 남쪽 그리고 동쪽과 서쪽을 바라보라. 보
이는 땅을 내가 너와 네 자손에게 주리니 영원히 이르리라. 내가
네 자손이 땅의 티끌 같게 하리니 사람이 땅의 티끌을 능히 셀 수
있을진대 네 자손도 세리라. 너는 일어나 그 땅을 종과 횡으로 두
루 다녀 보라 내가 그것을 네게 주리라."(창13:14-17).

5) 영육이 멸망을 받게 됩니다. 엘리 제사장은 영의 통로가 닫
혀 하나님의 것을 도적질하고 하나님의 전을 더럽힌 자녀들을 훈
계로 양육하지 않고 방치하여 가문이 멸망하는 불행을 당합니다.

(삼상3:13-14)"내가 그의 집을 영원토록 심판하겠다고 그에

게 말한 것은 그가 아는 죄악 때문이니 이는 그가 자기의 아들들이 저주를 자청하되 금하지 아니하였음이니라. 그러므로 내가 엘리의 집에 대하여 맹세하기를 엘리집의 죄악은 제물로나 예물로나 영원히 속죄함을 받지 못하리라 하였노라 하셨더라."

우리 열심을 내어 주님과 영의 통로를 엽시다. 그리하여 권능을 가지고 막힌 환경을 열고 하나님이 예비하신 축복을 받는 모두가 됩시다. 영의 통로가 열리면 성도에게 축복입니다. 기도가 응답이 됩니다. 기도할 때 하나님으로부터 지혜의 말씀과 지식의 말씀을 받을 수가 있습니다. 기도할 때 성령의 불이 영 안에 있는 성령으로부터 올라옵니다. 말씀과 성령으로 영안이 열려 자신의 심령 상태를 정확하게 볼 수 있는 성도가 됩니다.

그리하여 자신의 상처와 자아를 치유하고 혈통으로 대물림되는 영육의 문제를 진단하고 회개하며 마귀가 저주하는 저주의 줄을 끊고 마귀의 몰아내고 축복으로 채우므로 심령에 하나님의 나라가 이루어지게 됩니다. 모두 말씀과 성령으로 영의 통로를 열어 하늘의 복을 받고 하나님에게 쓰임을 받으시기를 바랍니다.

4장 영의통로를 뚫는 비결

(행 4:28-31)"하나님의 권능과 뜻대로 이루려고 예정하신 그 것을 행하려고 이 성에 모였나이다. 주여 이제도 그들의 위협함을 굽어보시옵고, 또 종들로 하여금 담대히 하나님의 말씀을 전하게 하여 주시오며, 손을 내밀어 병을 낫게 하시옵고, 표적과 기사가 거룩한 종 예수의 이름으로 이루어지게 하옵소서 하더라. 빌기를 다하매 모인 곳이 진동하더니 무리가 다 성령이 충만하여 담대히 하나님의 말씀을 전하니라."

성도는 무엇보다 하나님과 영의 통로가 뚫려야 합니다. 무엇보다도 중요한 것이 하나님과 영의 통로를 뚫는 것입니다. 하나님은 영이십니다. 하나님과 영의 통로가 열리려면 하나님과 같은 영적인 상태가 되어야 가능한 것입니다. 그래서 하나님은 성령으로 충만함을 받으라고 하시는 것입니다. 오로지 성령으로만 하나님과 통할 수 있기 때문입니다. 많은 분들이 예수를 믿고 교회에 들어오면 다되는 줄 착각하는 분들이 많습니다. 우리가 바르게 알아야 할 것은 성령으로 충만함이 아니고는 하나님과 통할 수 없는 것입니다. 하나님과 막힌 영의 통로가 뚫리려면 의지적인 노력을 해야 합니다. 성령님의 역사는 본인의 의지가 결부될 때 더 강하게 역사하여 주시기 때문입니다.

1.자신을 정확하게 바라보아라.

많은 성도들이 자신을 정확하게 보지를 못합니다. 말씀을 많이 알면 믿음이 있고 다 되는 줄로 착각합니다. 기독교는 지식으로 아는 종교가 아니고, 알고 체험하는 종교입니다. 알고 있는 말씀을 몸으로 느껴야 한다는 말입니다. 또, 교회에서 열심히 하면 믿음이 좋은 것으로 믿어버립니다. 성령으로 열심히 한다면 영의통로가 열린 것입니다. 자신의 욕심으로 열심히 한다면 자아로 인하여 영의 통로가 막혀있을 수도 있는 것입니다.

영의 통로는 엄연하게 성령으로 열리는 것입니다. 그래서 하나님은 성령으로 봉사하라고 하십니다(빌3:3). 고린도전서 8장 2절에서는 "만일 누구든지 무엇을 아는 줄로 생각하면 아직도 마땅히 알 것을 알지 못하는 것이요"라고 말씀하십니다.

말씀과 성령으로 영안을 열어 자신을 정확하게 바라봐야 합니다. 하나님이 요한계시록 3장 17-19절에서 강조한 것과 같이 영안을 열고 자신을 바라보아야 합니다. "네가 말하기를 나는 부자라 부요하여 부족한 것이 없다 하나 네 곤고한 것과 가련한 것과 가난한 것과 눈 먼 것과 벌거벗은 것을 알지 못하는 도다. 내가 너를 권하노니 내게서 불로 연단한 금을 사서 부요하게 하고 흰 옷을 사서 입어 벌거벗은 수치를 보이지 않게 하고 안약을 사서 눈에 발라 보게 하라. 무릇 내가 사랑하는 자를 책망하여 징계하노니 그러므로 네가 열심을 내라 회개하라." 사람은 누구나 완벽하지 못합니다. 다 부족하고 인간의 혼자 힘으로는 아무것도 못하는 나약한 존재입니다. 옛 사람 육체가 있기 때문입니다. 육은 미완성입니다. 반드시 하나인 하나님이 함께 해야 합니다. 그래야 완성이되는 것입니다. 남을 보려고 하지 말고 자신을 모습을 말씀과 성령으로 정확하게 볼 수 있으시기를 바랍니다. 영 안을 열어 자신의 나약함을 보시고 말씀과 성령으로 충만하게 지내시기를 바랍니다. 우리 마태복음7장 5절의 "외식하는 자여 먼저 네 눈 속에서 들보를 빼어라 그 후에야 밝히 보고 형제의 눈 속에서 티를 빼리라."는 말씀을 가슴에 새기어야 할 것입니다.

2. 영육을 말씀과 성령으로 치유 받아라.

주님을 세 번이나 부인하고 갈릴리로 고기 잡으러간 베드로는 주님을 만나 주님의 치유로 새사람이 되어 영적인 축복을 받았습니다(요21:14-18). 한번 잘못은 있을 수 있습니다. 그러나 그것을 회개하고 돌아서면 주님은 과거를 묻지를 않으십니다. 누구나할 것 없이 모든 성도는 치유 대상입니다. 치유는 자신의 나약함을 보고 인정할 때 치유를 받을 수 있는 것입니다. 자신의 나약함을 볼 수 있는 눈이 열리기를 사모합시다. 예수를 믿고 성령으로 거듭난 우리는 부족한 자신을 바라보고 말씀과 성령으로 치유 받으려고 노력하시기를 바랍니다. 많은 분들이 치유라고 하면 꼭 병이 있어야 치유 받는 줄로 생각합니다. 그러나 치유는 영성을 회복하는 것을 치유라고 하는 것입니다. 아담과 하와가 에덴동산에서 죄를 범하기 전의 상태로 돌아가는 것입니다. 아담과 하와가 죄를 범하기 전에는 에덴동산에서 하나님과 같이 거닐면서 대화를 했습니다. 치유는 영성의 회복으로 에덴동산에서 아담과 하와가 하나님과 같이 거닐면서 대화를 하던 그 시절로 돌아가는 것을 말합니다. 그래서 치유는 회복이라고도 할 수 있습니다. 영성을 회복한다는 뜻입니다. 치유를 받아야 아담 안에 역사하던 세상 것들이 없어집니다. 치유가 되어야 비로소 하나님과 교통할 수 있는 영의 통로가 뚫리는 것입니다. 우리 치유받기를 사모합시다.

성령치유에 대하여는 "기독교인의 인생문제 치유하기1.2권"을 읽어보시면 영의통로가 쉽게 뚫리려면 어떻게 해야 하는지 자세하게 인도하여 줄 것입니다.

3. 회개하여 자아가 깨져야한다.

야곱은 속고 속이는 사기꾼으로 살다가 얍복강에서 주님을 만나 회개하고 새 사람이 되어 하나님의 축복을 받는 믿음의 조상이 되었습니다. 창세기 32장 24-29절에 보면 "야곱은 홀로 남았더니 어떤 사람이 날이 새도록 야곱과 씨름하다가 자기가 야곱을 이기지 못함을 보고 그가 야곱의 허벅지 관절을 치매 야곱의 허벅지 관절이 그 사람과 씨름할 때에 어긋났더라. 그가 이르되 날이 새려하니 나로 가게 하라 야곱이 이르되 당신이 내게 축복하지 아니하면 가게 하지 아니하겠나이다. 그 사람이 그에게 이르되 네 이름이 무엇이냐 그가 이르되 야곱이니이다. 그가 이르되 네 이름을 다시는 야곱이라 부를 것이 아니요 이스라엘이라 부를 것이니 이는 네가 하나님과 및 사람들과 겨루어 이겼음이니라. 야곱이 청하여 이르되 당신의 이름을 알려주소서, 그 사람이 이르되 어찌하여 내 이름을 묻느냐 하고 거기서 야곱에게 축복한지라.” 야곱이 허벅지 관절이 어긋나니 비로소 영의 사람으로 바뀝니다. 이름도 야곱에서 이스라엘로 바꾸어 부르게 됩니다. 이는 육신을 쳐서 불구가 되니 육신을 의지하지 않고 하나님을 의지하며 사는 사람이 되었다는 것입니다. 한마디로 하나님과 비로소 영의 통로가 열렸다는 것입니다.

자신의 자아가 깨어져서 하나님의 도구가 되시기를 바랍니다. 절대로 하나님은 자신의 자아가 살아있는 성도를 사용하지 않습니다. 자아가 부서지고 없어져서 하나님의 자아와 화합을 하게 될 때 사용하십니다. 그래서 성경 골로새서 3장 10절에서 “새 사람을 입었으니 이는 자기를 창조하신 이의 형상을 따라 지식에까지 새롭게 하심을 입은 자니라.” 라고 말씀하시는 것입니다. 모세가 광야 40년 생활을 하게 한 것은 세상의 때가 완전히 빠지고 자신의 자아가 완전히 없어지게 하는 기간입니다. 우리도 세상을 이물질이 말씀과 성령으로 완전하게 빠져야 하나님이 사용하십니다. 자신을 의지하지 않고 하나님만을 의지해야 영의 통로가 열리는 것입니다.

4. 성령 세례와 충만을 받아야 한다.

사람은 육이 있습니다. 육이 있는 이상 언제라도 육체가 될 수

가 있습니다. 그래서 사람이 약하다는 것입니다. 성경에 보면 아
사 왕이 처음에는 믿음이 너무나 좋았습니다. 그런데 태평성대가
이십 년이 되니 그만 하나님을 잊었습니다. 결국 아사 왕은 망합
니다. 우리도 그렇게 되지 말라는 법이 없습니다. 그래서 하나님
은 에베소서 5장 18절에서 "술 취하지 말라 이는 방탕한 것이니
오직 성령으로 충만함을 받으라."고 경고하시는 것입니다. 그런
데 많은 성도님들이 저에게 이렇게 말합니다. 목사님! 저는 이 년
전에 성령의 불을 받았습니다. 한마디로 이 년 전에 성령의 불을
받았으니 지금도 성령으로 충만하다는 자찬의 말입니다. 그러면
제가 묻습니다. 지금은 어떻게 믿음 생활을 하십니까? 예! 다른 사
람들과 같이 믿음 생활을 합니다. 제가 다시 묻습니다. 지금도 성
령의 불을 받고 있습니까? 그러면 누구도 대답을 못합니다. 우리
가 알아야 할 것은 불을 받는 것은 단회적인 것입니다.

그 다음부터는 자신의 마음 안에서 불이 지속적으로 타올라야
합니다. 그래서 성령으로 충만함을 받으라고 하는 것입니다. 그런
데 많은 성도들이 한 번 불을 받았으면 계속 성령으로 충만한 것으
로 믿어버립니다. 성령으로 충만한 상태는 항상 주님을 습관적으
로 찾는 상태입니다. 그래서 우리는 성령으로 충만 하려고 의지적
인 노력을 해야 하는 것입니다. 자동으로 성령이 충만하지 못합니
다. 성령은 인격이시라 찾아야 역사하시기 때문입니다.

우리가 성령으로 충만 함을 이해하려면 사도행전을 정독해야
합니다. 그래서 성령으로 충만함이 일회성인지 지속적인 것인지
를 바르게 이해할 수가 있습니다. 사도행전 1장 8절에 "오직 성

령이 너희에게 임하시면 너희가 권능을 받고 예루살렘과 온 유대와 사마리아와 땅 끝까지 이르러 내 증인이 되리라 하시니라." 이 말씀을 듣고 일심으로 기도를 합니다. 그러자 사도행전 2장 1-4절에 "오순절 날이 이미 이르매 그들이 다같이 한 곳에 모였더니 홀연히 하늘로부터 급하고 강한 바람 같은 소리가 있어 그들이 앉은 온 집에 가득하며 마치 불의 혀처럼 갈라지는 것들이 그들에게 보여 각 사람 위에 하나씩 임하여 있더니 그들이 다 성령의 충만함을 받고 성령이 말하게 하심을 따라 다른 언어들로 말하기를 시작하니라." 오순절 마가의 다락방에서 성령으로 세례를 받고 변화된 성도들과 성령으로 세례를 그것으로 끝나지를 않았습니다.

사도행전 4장 28-31절에 보면 "하나님의 권능과 뜻대로 이루려고 예정하신 그것을 행하려고 이 성에 모였나이다. 주여 이제도 그들의 위협함을 굽어보시옵고 또 종들로 하여금 담대히 하나님의 말씀을 전하게 하여 주시오며, 손을 내밀어 병을 낫게 하시옵고 표적과 기사가 거룩한 종 예수의 이름으로 이루어지게 하옵소서 하더라. 빌기를 다하매 모인 곳이 진동하더니 무리가 다 성령이 충만하여 담대히 하나님의 말씀을 전하니라" 성령으로 충만하려고 지속적으로 기도를 했다는 것입니다. 우리도 이렇게 성령으로 충만 하려고 의지적인 노력을 해야 성령으로 충만할 수가 있다는 것을 말씀으로 얼려주신 것입니다.

성령은 우리의 영 안에 좌정하고 계신다고 했습니다. 영의 통로가 열리려면 반드시 성령으로 세례를 받아야 합니다. 날마다 성령으로 충만을 해야 영의 통로가 열려 영으로 하나님과 교통할 수가 있는 것입니다. 영으로 교통하다는 것은 성령으로 기도한다는 것입니다. 기도는 성령으로 해야 합니다. 그러므로 성령으로 세례를 받지 아니하고 성령으로 충만하지 못하면 영이신 하나님과 교통할 수가 없는 것입니다. 그래서 성도는 성령으로 세례를 받아야 합니다. 많은 분들이 성령의 세례에 대하여 잘 이해하지 못하는 분들이 많습니다. 성령세례에 대하여는 "성령의 불세례를 체험하라"를 참고하시기를 바랍니다. 이 책에 보면 성령세례와 불세례를 어떻게 받고 유지하는 비결이 수록되어 있습니다.

5. 하나님의 말씀에 순종하라.

하나님의 말씀은 성도를 보호하는 울타리입니다. 모든 것이 말씀 중심에서 이루어져야 합니다. 성도는 성령만 충만하면 안 됩니다. 말씀과 성령으로 충만해야 합니다. 왜냐하면 마귀도 말씀을 알고 사용하기 때문입니다. 성령의 세례와 충만도 말씀 안에서 받아야 됩니다. 마귀가 역사해도 성령의 역사와 흡사한 점이 많기 때문입니다. 그래서 예수님은 마태복음 10장 16절에서 "보라 내가 너희를 보냄이 양을 이리 가운데로 보냄과 같도다 그러므로 너희는 뱀 같이 지혜롭고 비둘기 같이 순결하라."하시는 것입니다. 성령으로 심령이 정화되어야 밝히 영안이 열려 마귀의 역사를 분별해 낼 수가 있기 때문입니다.

하나님의 자녀는 하나님의 영으로 인도함을 받는 자를 하나님의 자녀라고 합니다. 하나님은 로마서8장 14절에서"무릇 하나의 영으로 인도함을 받는 사람은 곧 하나님의 아들이라." 하십니다. 하나님의 자녀는 하나님의 소리를 알고 듣고 순종하고 따르는 것입니다. 그리고 요한복음10장 27절에서는 "내 양은 내 음성을 들으며 나는 그들을 알며 그들은 나를 따르느니라." 고 강조하십니다. 하나님의 자녀는 하나님의 음성을 듣고 따라야 합니다. 하나님의 자녀가 아니기 때문에 하나님의 음성을 듣고도 순종하지 않고 따르지 않는 것입니다. 그래서 성도는 자신의 속에서 올라오는 소리 중에서 하나님의 소리와 마귀의 소리와 자신의 소리를 분별하고 하나님의 소리를 따르는 자가 성도입니다. 그러므로 성도는 하나님의 음성을 듣고 순종하는 것입니다. 그래서 순종이 제사보다 낫다고 하는 것입니다.

하나님은 야고보서 2장 14절에서 이렇게 강조하십니다. "내 형제들아 만일 사람이 믿음이 있노라 하고 행함이 없으면 무슨 유익이 있으리요 그 믿음이 능히 자기를 구원하겠느냐." 우리는 하나님의 음성을 듣고 행하는 성도가 되어야 합니다. 우리가 성령으로 거듭나서 영적인 세계에 돌입하여 주파수를 맞추면 세 곳에서 방송이 들립니다. 육신의 사람이 되어서 육의 방송이 들려옵니다. 눈으로 듣고 귀로 듣고 코로 냄새 맡고 입으로 맛보고 손으로 감각하는 육신의 사람인 것을 끊임없이 방송이 들려옵니다.

이것은 현실적이고 환경적인 어려운 것을 자꾸 말해주면서 현실은 이렇다. 환경은 이렇다. 그러므로 두려워하라. 하면서 우리에게 육신의 방송이 들려옵니다.

그런가 하면 또 다른 주파수를 맞추면 또 우리 마음속에 언제나 혼의 방송이 들려옵니다. 무엇이든지 지식적으로 생각하라. 과학적으로 생각하라. 이성적으로 생각하라. 상식적으로 살아라, 그러므로 너의 현실적인 이성으로 바라볼 때 지식적으로 이성적으로 과학적으로 계산 해보니, 끝이 났다. 너는 광야에 있다. 돈도 없다. 너는 패망한다. 너는 실패했다. 그러므로 너는 할 수 없다. 못한다. 안 된다. 부정적인 음성이 들려옵니다.

그러나 우리가 말씀과 성령으로 충만한 성령이 인도하는 영의 사람이 되어 주파수를 맞추면 성령의 인도를 받는 영의 사람의 다이알에서 들려오는 것은 창세기부터 계시록까지 하나님의 약속이 들리는 것입니다. 할 수 있거든이 무슨 말이냐. 믿는 자에게는 능치 못하심이 없느니라. '네 믿음대로 될찌어다'라는 말씀이 들려오는 것입니다. 죽은 자를 살리시며 없는 것을 있는 것 같이 부르시는 하나님 음성이 들려오는 것입니다.

그리고 예수 안에서 할 수 있다. 하면 된다. 해보자. 내게 능력 주신 자 안에서 능치 못함이 없다는 하나님의 음성이 들려오는 것입니다. 이 영의 음성에 주파수를 맞추면 예수그리스도의 십자가 보혈을 통해서 죄 사함에 대한 하나님의 음성이 들려옵니다. 성령 충만의 언약이 들려오는 것입니다. 마귀가 쫓겨나가고 병에서 고침 받은 약속의 말씀이 들려옵니다. 이런 음성이 들리는 성도가 영의 통로가 열린 성도입니다. 그리고 육적이고 혼적인 소리를 알고 따라가지 않는 성도가 영의 통로가 열린 성도입니다. 영의통로가 열린 성도는 영과 육의 상태를 알고 분별할 줄 아는 성도입니다. 물로 기도가 깊어져서 항상 영의 상태를 유지할 수도 있습니다.

6. 주님의 성품으로 변해야 한다.

　필자는 항상 이렇게 말합니다. 사람은 사랑하고 집중하는 대상을 닮아가게 되어 있습니다. 우리가 날마다 주님을 찾고, 구하는 동안에 예수님을 닮아가는 것입니다. 아니 예수를 믿고 성령으로 세례를 받아 거듭난 성도가 영으로 전하는 생명의 말씀을 받아먹으면서 믿음생활을 하면 변하게 되어 있습니다. 성령은 살아있는 실체입니다. 그 성령은 세상의 무엇보다도 크신 분입니다. 그분이 우리의 심령에서 주인으로 역사하시면 악은 떠나가야 하는 것입니다. 악이 떠나가면 성령의 평안함이 채워지게 되어 있습니다. 성령은 예수님을 나타내십니다. 예수님은 평안이십니다.

　그러므로 성령으로 충만하면 평안해지는 것입니다. 사람은 사랑하는 대상을 닮게 되어 있습니다. 부부가 서로 사랑하기 때문에 살아가다가 보면 닮아지는 것입니다. 그러므로 성도가 예수님을 사랑하면 예수님을 닮아가게 되어 있습니다. 항상 예수님을 생각하면서 기도하니 예수로 충만해져서 속에서 예수가 나오게 되어 있는 것입니다. 그러므로 예수를 믿고 믿음 생활을 오래 했는데 심성이 변하지 않는다면 무엇인가 잘못된 것입니다. 빠른 시간에 찾아서 치유하시기를 바랍니다.

　우리는 예수님의 성품으로 변해야 하나님과 영의 통로가 뚫리는 것입니다. 전인격이 예수님을 닮아가야 합니다. 예수님의 성품은 빌립보서 2장 1-11절에 잘 기록되어 있습니다. "그러므로 그리스도 안에 무슨 권면이나 사랑의 무슨 위로나 성령의 무슨 교제나 긍휼이나 자비가 있거든, 마음을 같이하여 같은 사랑을 가지고 뜻을 합하며 한마음을 품어, 아무 일에든지 다툼이나 허영으로 하지 말고 오직 겸손한 마음으로 각각 자기보다 남을 낫게 여기고, 각각 자기 일을 돌볼뿐더러 또한 각각 다른 사람들의 일을 돌보아 나의 기쁨을 충만하게 하라. 너희 안에 이 마음을 품으라! 곧 그리스도 예수의 마음이니, 그는 근본 하나님의 본체시나 하나님과 동등 됨을 취할 것으로 여기지 아니하시고, 오히려 자기를 비워 종의 형체를 가지사 사람들과 같이 되셨고, 사람의 모양으로 나타나사 자기를 낮추시고 죽기까지 복종하셨으니 곧 십자가에 죽으심이라. 이러므로 하나님이 그를 지극히 높여 모든 이름 위에 뛰어난 이름을 주사, 하늘에 있는 자들과 땅에 있는 자들과 땅 아래에 있는 자들로 모든 무릎을 예수의 이름에 꿇게 하시고, 모든 입으로 예수 그리스도를 주라 시인하여 하나님 아버지께 영광을 돌리게 하셨느니라.”

모두 예수님의 마음으로 변하여 하나님의 마음에 합한 자가 되어야 합니다. 하나님의 마음에 합하여 하나님과 영의 통로를 다 뚫어서 하나님의 군사가 다 되시기를 바랍니다.

하나님과 영의 통로는 무엇보다 성령으로 세례를 받아 성령이 자신을 장악을 해야 뚫리기 시작하는 것입니다. 제가 말씀과 성령으로 치유사역을 하면서 체험한 바는 영의 통로가 막혀서 고통을 당하던 성도가 여기저기를 다녀도 영의 통로를 뚫지 못하다가 제가 집필한 책을 읽거나 소문을 듣고 충만한 교회에 오게 됩니다. 와서 성령으로 충만한 찬양을 부르고 기도를 합니다. 그리고 영의 말씀을 듣습니다. 말씀을 듣고 영이 깨어나 기도하기 시작을 합니다. 기도를 하면 처음에 하품을 합니다.

그러다가 기침을 합니다. 울기도 합니다. 양손을 게 발 같이 움츠리고 덜덜덜 떨기도 합니다. 서서히 성령께서 장악을 하는 현상입니다. 이렇게 성령께서 성도를 장악하면 본인이 느끼고 주변 사람들이 보게 되는 것입니다. 성령은 말이 아니고 살아서 초자연적으로 역사하는 성령이시기 때문입니다. 조금 지나면 성령의 강력한 세례가 임합니다. 마음 안에 있는 상처가 치유되면서 영의 기도가 열립니다. 영의 기도를 하면서 귀신들이 떠나갑니다. 귀신이 여러가지 해괴한 행동을 다하면서 떠나갑니다. 영의 기도가 열리니 기도하는 시간이 지루하지 않습니다. 우리 교회는 보통 35-45분간 기도를 합니다.

기도할 때 제가 일일이 안수를 하면서 막힌 영의 통로를 뚫는 작업을 합니다. 막힌 영의 통로는 본인이 혼자 기도하여 뚫으려면 상당한 시간이 소요됩니다. 그러나 제가 분별하면서 영의 통로를 막고 있는 제약요소를 제거하며 안수를 하면 훨씬 빨리 영의 통로가 뚫리게 됩니다.

집중적으로 안수기도하여 영의통로를 뚫는 방법에는 두 가지가 있습니다. 저만 알고 사용하는 방법입니다. 아주 시간이 없고 특별한 분들에게만 이 방법을 사용하여 안수하고 치유하여 영의통로를 뚫고 성령의 불세례를 체험토록 합니다.

이렇게 성령으로 세례를 받고 내면이 치유되고 귀신이 떠나가면서 영의 통로가 뚫리면 성도에 따라서는 몸살을 하시는 분도 있습니다. 어떤 분은 일주일 동안 몸살을 하는 분이 있습니다. 대개는 그냥 평안해지는 것이 보통입니다. 그러나 상처가 많은 분들은 분명하게 치유를 받고 일주일에서 한 달까지 몸살을 합니다.

이는 병원에서 수술하고 난 다음에 후유증이 나타나는 현상과 비슷한 현상입니다. 어떤 분은 힘이 없어서 말하기도 힘들어 하시는 분들이 있습니다. 이는 육적인 것이 제거되고 성령으로 체질이 바뀌는 과정에서 일어나는 현상입니다. 누구든지 이 과정을 통과해야 영의 통로가 뚫리고 영의 사람으로 바뀌게 됩니다. 절대로 두려워하지 말고 체험해야 합니다. 이렇게 체험하고 나면 여러 가지 가시적인 변화를 경험합니다.

기도가 쉬워집니다. 하나님의 음성이 들리기도 합니다. 환상이 보이기도 합니다. 예언의 은사가 나타나나 예언을 하게 됩니다. 신유은사가 나타나 병을 고치기도 합니다. 자신에게 있던 불치의 질병이 치유가 됩니다. 환경의 변화가 일어납니다. 일들이 잘 풀린다는 것입니다. 가정이 화목해집니다. 마음에 참 평안을 느낍니다. 이렇게 영의 통로가 뚫리면 가시적인 현상이 나타납니다. 하나님은 살아서 역사하시는 초자연적인 분이시기 때문입니다.

2부 꼭 뚫려야 되는 영의통로

5장 기도의 영의통로

> (렘 33:2-3)"일을 행하시는 여호와, 그것을 만들며 성취하시는 여호와, 그의 이름을 여호와라 하는 이가 이와 같이 이르시도다. 너는 내게 부르짖으라 내가 네게 응답하겠고 네가 알지 못하는 크고 은밀한 일을 네게 보이리라"

하나님은 우리에게 성령으로 권능(불)이 올라오는 기도를 하여 영의 통로를 뚫어 하나님과의 관계를 열라고 말씀하십니다. 하나님과 영의 통로가 열려야 삽니다. 영의 통로가 열리려면 무엇보다 기도로 열려야 합니다. 기도는 영혼의 호흡입니다. 기도는 하나님과의 교제하는 시간입니다. 기도는 막힌 영의 통로를 뚫는 시간입니다. 기도는 성령의 권능(불)을 받고 나오게 하는 시간입니다. 하나님을 가까이 하고 하나님과 함께 시간을 보내며 사랑을 나누는 것입니다. 기도는 고백과 감사의 시간이며, 삶에서 가장 깨어있는 시간으로 하나님의 뜻과 소리를 듣는 시간이며, 심령에서 성령의 불을 받는 시간이며, 나의 진면모(眞面貌)를 보는 자기를 성찰하는 시간이며, 나의 마음의 상처를 치료하는 시간이기도 합니다. 이 중요한 기도가 막히면 아무것도 되는 것이 없습니다. 하나님과의 영의 통로를 여는데 제일 중요한 기도가 뚫리려면 영의 통로를 뚫는 기도의 이론을 배워야 합니다. 그리고 숙달하여 내 것이 되게 해야 합니다. 기도로 영의 통로를 뚫어서 권능 있는 그리스도인들이 다 되시기를 바랍니다. 그리고 삶에서 성령의 열매를 맺는 성도들이 다 되시기를 바랍니다. 이번 장에서 기도를 통하여 영의 통로를 여는 방법에 대하여 알고, 깊은 영의기도로 영의 통로를 뚫기를 바랍니다.

1. 너는 내게 부르짖으라고 하신다.

조용히 묵상하라고 말씀하지 않았습니다. 소곤거리라고 말씀하지 않았습니다. 너희는 내게 부르짖으라고 말했었습니다. 영의 통로를 뚫으려면 일단 부르짖어 막힌 영의 통로를 뚫어야 합니다. 숨을 들이쉬고 내쉬면서 "주여!" "주여!" "주여!"를 영으로 하면서 막힌 영의 통로를 뚫어야 합니다. 시편 91편 15절에 "그가 내게 간구하리니 내가 그에게 응답하리라 그들이 환난 당할 때에 내가 그와 함께 하여 그를 건지고 영화롭게 하리라"고 말씀하셨습니다. 우리의 간구를 듣기를 원하시는 하나님인 것입니다. 간구라는 것은 마음이 애타서 끌어 오르는 간절한 부르짖음을 말하는 것입니다.

부모님들이 자식에게 훈계할 때도 보통말로 훈계할 때가 있고 눈물을 흘리며 손을 잡고 간절히 부탁할 때도 있는 것입니다. 하나님께 우리가 영의 통로를 뚫고 응답받는 기도는 그냥 찬양하고 묵상기도하고, 그저 소곤소곤 하는 기도로 하라고 말씀하지 아니하고 부르짖으라. 간구하라고 말한 것입니다. 간구하는 것은 결국 부르짖고 기도하기 마련인 것입니다. 간절한 열심히 배속에서 끌어 올려서 창자가 끊어질 것 같은 간절한 마음으로 부르짖어 기도할 때 흑암의 세력을 물리치고 영의 통로가 열려 내 안에 계신 하나님 보좌에서 기도가 올라오고 상달될 수 있는 것입니다.

왜, 우리가 부르짖어 기도하는 것입니까? 우리의 문제를 해결하실 수 있는 하나님이 계시기 때문에 하는 것입니다. 하나님이 우리보고 부르짖으라고 말할 때 장난으로 하는 말이 아닙니다. 우리 놀리려고 하신 말씀이 아닙니다. 진정으로 하신 말씀인 것입니다. 너희가 부르짖어 간절히 기도하면 응답하는 하나님이 계신다는 것을 하나님은 말씀하시고 계신 것입니다.

예레미야 33장 2절에 보면 "일을 행하시는 여호와, 그것을 만들며 성취하시는 여호와, 그의 이름을 여호와라 하는 이가 이와 같이 이르시도다." 이렇게 말씀하신 것입니다. 우리가 부르짖어야 우리의 부르짖음을 받아서 일을 행하시고 그 일을 만들어 성취하시는 여호와라는 것입니다. 부르짖지 아니하면 하나님께서도 간섭할 수 없다는 것입니다. 인생사는 하나님이 무조건 간섭하지 않습니다. 우리 성도의 부르짖음을 통해서 하나님은 그 기도를 들으시고 일을 행하시고 일을 지으시고 하나님의 역사를 베풀어 주시는 것입니다. 주님께서는 우리가 기도할 때 주님께로 나와서 기도

하라고 말씀하는 것입니다. 마태복음 11장 28절에 "수고하고 무거운 짐 진 자들아 다 내게로 오라 내가 너희를 쉬게 하리라"고 말씀하시는 것입니다. 주님께 와서 배에서 올라오는 소리로 부르짖으며 간절히 기도하는 예가 우리 구약성경에 보면 많이 있습니다.

한나의 애끓는 깊은 영의기도, 제사장 엘리는 한나가 술이 취한 줄로 알았습니다. 한나가 얼마나 애끓는 심정을 가지고 간절하게 기도를 했던지 영의 통로가 열려서 영에서 기도가 올라오니 기도하는 소리가 들리지 않았습니다. 영의 통로가 열려 소리가 들리지 않을 정도로 깊은 영의 기도를 했다는 말입니다. 그러니까 입술만 움직이지 말소리가 밖으로 나오지 않은 것입니다(삼상 1:12-13). 애끓는 영의기도에 너무나 깊이 몰입해서 취한 것 같았습니다. 너무나 애절하고 간절히 부르짖다 보니까 영의 통로가 열려서 입술만 움직이는 깊고 간절한 영의기도를 드린 것입니다.

그 기도는 곧장 응답을 받아서 한나에게 하나님이 귀한 아들을 주신 것입니다. 그와 같이 간절한 기도, 영의 통로가 열려 속에서 끓는 기도를 하나님은 들으시는 것입니다. 애간장이 타는 기도를 한 것은 또 수로보니게 여인의 기도를 보면 알 수 있는 것입니다. 예수님께서 시돈과 두루 땅에 갔었을 때 이스라엘 백성이 아닌 헬라 여인 수로보니게가 주님께 나와서 "내 딸이 귀신 들렸으니 고쳐 달라"고 간청을 했었습니다. 주님이 들은체, 만체 하셨습니다.

이 부인은 제자들을 붙잡고 하소연 했습니다. 제자들이 "저 부인이 저렇게 간절히 구하니 주님께서 도와주시지요." 주님께서 "나는 이스라엘에 잃어버린 자에게 밖에 오지 않았다. 아직 이방인의 때가 오지 않았으니 도와주지 못한다."고 하셨습니다. 그런데 이 여인이 주님 가는 앞길을 막고 꿇어 엎드려서 "주님이시여, 우리 딸이 귀신 들렸사오니 고쳐 달라"고 했을 때 주님이 굉장히 모욕적인 대답을 하셨습니다.

"자녀들에게 줄 떡을 취하여 개에게는 주지 않는다. 너는 개 같은 여자다. 너의 기도는 응답될 수 없다." 보통 사람 같으면 그 말을 들었을 때 분노하고 일어나서 뒤도 안돌아 보고 갈 것입니다. 얼마나 간절한 마음에 소원이 있었는지 "옳소이다. 저는 개입니다. 그러나 개들도 자녀들이 먹는 밥상 밑에 떨어진 부스러기는 먹으니 나 부스러기라도 좀 주십시오." 얼마나 간절했기 때문에 그 모욕적인 언사를 해도 조금도 마음이 상하지 않고 간절한 호소를 했겠습니까? 주님께서 그 말을 들으시고 "여자여 네 믿음이 크도다. 네 믿음대로 될 찌어다." 말한 것입니다.

그러자 귀신이 나갔던 것입니다. 이방인의 때가 오지 않아서 합법적으로 이방인에게 기도응답을 줄 수 없는 때라도 너무나 간절한 기도를 하니까 주님이 때를 넘어서 그 여자에게 떡 부스러기를 주셨던 것입니다. 우리는 성경에 보면 거지 바디매오가 몸부림치는 기도를 하는 것을 볼 수 있는 것입니다. 예수님이 여리고 성을 지나갈 때 사람들이 많이 지나가는 지라. 거지가 동냥을 하다 말고 지나가던 사람의 옷자락을 잡고 무슨 일이 일어났냐고 물으니까 나사렛 예수가 네 앞을 지나갔다고 했습니다.

그는 당장 동냥 받던 그릇을 던져 버리고 일어나서 동서남북을 향해서 "다윗의 자손 예수여 나를 불쌍히 여겨 주시옵소서"라고 부르짖었습니다. 많은 사람이 그를 밀치고 강제로 앉혔습니다. "이 시각장애인 거지야, 너 같은 놈이 부르짖는다고 들어줄 리가 있느냐? 잠잠하라!" 그러함에도 불구하고 그는 계속해서 뛰며 애끓는 소리로 간절하게 호소하며 애타게 부르짖었습니다. 그러니까 주님께서 가시던 발을 멈추시고 돌아보시면서 "그를 내게로 데려오라"고 하셨습니다. 그가 뛰어갔습니다. 주님께서 "내가 네게 무엇 해주기를 원하느냐?" "주님, 보기를 원하나이다." "네 믿음대로 될찌어다." 그 시각장애인이 눈을 뜨고 만 것입니다.

몸부림치는 기도, 많은 주위의 사람들이 시끄럽다고 잠잠하라고 그렇게 억압을 해도 아랑곳없이 부르짖는 기도, 이것이 바로 영의 통로가 뚫리는 통성기도요, 깊은 영의기도요, 간절한 마음으로 드리는 애끓는 깊은 영의기도가 되는 것입니다. '부르짖으라'는 말은 히브리어 '카라'에서 나온 말로서 '절규하다'라는 뜻을 담고 있는 것입니다. 경주장에서 달리는 선수들은 골인점이 눈앞에 보이면 속도를 더 이상 늦출 수 없습니다. 오직 골인 점을 향해서 있는 힘을 다해서 뛰는 것입니다. 남은 힘이라고는 조금도 없이 기진맥진 할 때까지 뛰는 것입니다.

바로 부르짖는다는 의미는 그와 같은 의미인 것입니다. 조금도 몸속에 힘을 남겨놓지 않고 기진맥진 할 때까지 전력을 기울여 부르짖는 것이 바로 부르짖는 기도인 것입니다. 간절한 기도 그것이 하늘을 감동시키고 마귀의 일을 물리칠 수가 있는 것입니다. 술이 취한 줄로 오해 받을 정도로 간절히 기도한 한나와 무시를 당해도 포기하지 않고 기도한 수로보니게 여인은 더 이상 버티기 힘들 정도로 간절히 기도하며 부르짖은 것입니다. 이 이상 더 지나면 힘이 지쳐서 기절할 것 같은 그러한 상황까지 기도를 하면 그 기도는 하늘을 움직이는 것입니다. 보좌를 감동시키는 것입니다.

2. 기도에 집중하고 몰입하라.

기도에 집중하고 몰입하라는 말은 다른 곳에 마음을 빼앗기지 말라는 것입니다. 성령의 임재 하심으로 아무리 큰일이 일어나더라도 거기에 마음을 빼앗기면 안 됩니다. 마음으로 성령의 음성을 들어야 합니다. 그러므로 항상 임재 가운데 심령이 안정되어 있어야 수시로 일어나는 상황에 하나님의 방법으로 대처가 가능합니다. 이는 골리앗을 보고도 두려워하지 않고 안정된 심령으로 나는 하나님이 함께하시다는 담대한 믿음의 생각에서 떠나지 않아 골리앗을 쓰러뜨린 다윗과 같은 것으로 생각하고 이해하면 쉽게 이해됩니다. 담대한 믿음이란 환경이나 감각을 초월하여 하나님과 하나님의 말씀을 믿는 것을 말합니다. 사람은 눈으로 보는 것을 믿고 귀를 듣는 것을 믿고 냄새 맡고 맛보고 손으로 만지는 환경을 믿습니다. 그러므로 환경으로 좋아지면 기뻐하고 환경이 어려워지면 좌절을 합니다. 그러나 우리 예수 믿는 사람은 그렇게 하는 것이 아닙니다. 환경을 보고 믿는 것은 육체적인 감각적인 믿음입니다. 하나님과 영의 통로가 열린 성도는 초자연적이고 신령한 믿음을 가지고 있습니다. 신령한 믿음이란 어떠한 일이 있어도 하나님은 나와 함께 하신다는 하나님을 믿는 것입니다. 죽은 자를 살리시며 없는 것을 있게 하신 하나님을 믿는 것입니다. 창조주 하나님을 믿고 하나님의 약속을 믿습니다. 그래서 하나님과 하나님의 약속을 바라보고는 육체적으로는 감각적으로 눈에는 아무 증거 안 보이고 귀에는 아무 소리 안 들리고 손에는 잡히는 것은 없어도 하나님과 영의 통로가 열린 성도는 심령이 안정되어 문제에 흔들리지 않습니다. 우리는 보는 것으로 행하지 아니하고 성령으로부터 나오는 믿음으로 행하는 것입니다. 하나님을 바라보고 하나님 말씀에 의지해서 사는 이것이 믿음인 것입니다. 그러므로 믿음이란 환경의 협박에 두려워하지 않고 담대히 신앙 고백을 하면서 담대하게 하나님만 보고 살아가는 것입니다.

다윗을 보십시오. 다윗이 골리앗을 대항하여 나아갈 때 골리앗이 간담이 서늘하게 무시무시한 협박을 했습니다. 그는 키가 구척 장신이었습니다. 그는 귀가 크고 눈이 어린아이 주먹만 했습니다. 그는 산이 쩡쩡 울리는 소리로 다윗을 향해서 저주를 했습니다.

블레셋 사람이 다윗에게 이르되, 네가 나를 개로 여기고 막대기를 가지고 내게 나왔느냐 하고 그 신들의 이름으로 다윗을 저주하고, 또 이르되, 내게로 오라 내가 네 고기를 공중의 새들과 들짐승에게 주리라. 얼마나 간담이 서늘합니까? 그럼에도 불구하고 다윗은 하나님과 영의 통로가 열려있으니 심령이 안정되어 하나님의 함께 하심을 믿고 하나님의 말씀을 믿었기 때문에 환경이나 골리앗 같은 것을 바라보고 두려워하지 아니하였습니다. 다윗은 하나님이 함께 하심을 믿는 초자연적인 믿음을 가졌기 때문에 담대하게 골리앗을 향하여 하나님의 마음에서 나오는 레마를 담대하게 선포했습니다. 사무엘상 17장 45절로 47절에 보면 "다윗이 블레셋 사람에게 이르되 너는 칼과 창과 단창으로 내게 나아 오거니와 나는 만군의 여호와의 이름 곧 네가 모욕하는 이스라엘 군대의 하나님의 이름으로 네게 나아가노라.

오늘 여호와께서 너를 내 손에 넘기시리니 내가 너를 쳐서 네 목을 베고 블레셋 군대의 시체를 오늘 공중의 새와 땅의 들짐승에게 주어 온 땅으로 이스라엘에 하나님이 계신 줄 알게 하겠고, 또 여호와의 구원하심이 칼과 창에 있지 아니함을 이 무리에게 알게 하리라 전쟁은 여호와께 속한 것인즉 그가 너희를 우리 손에 넘기시리라" 영의 통로가 열린 안정한 심령에서 나오는 초자연적인 믿음의 신앙이란 바로 담대한 레마의 선포입니다.

다윗이 하나님을 믿고 말씀을 믿었기 때문에 그 믿음이 담대한 입술의 고백으로 선포한 것입니다. 그 다윗의 입술의 선포대로 하나님이 역사하여 다윗은 거인 골리앗을 물맷돌을 던져서 골리앗을 쓰러뜨리고 골리앗의 칼로 골리앗의 목을 쳐서 죽입니다.

사람이 마음에 믿어서 의에 이르고 입으로 시인하여 구원에 이른다고 말씀하신 것입니다. 우리가 마음속에 하나님을 믿으면 우리 마음속에 원수 앞에서 강하고 담대한 신앙 고백을 해야 되는 것입니다. 다윗은 강하고 담대한 신앙 고백을 했고 이 신앙 고백을 통해서 하나님의 성령이 역사한 것입니다. 오늘날 수많은 사람들이 예수를 믿노라고 하면서 하나님과 영의 통로가 열리지를 않아 성령으로 충만하지 못하니 심령이 불안정하여 하나님이 함께 하신다는 담대한 믿음이 없으니까 입으로 자꾸 신앙을 부정합니다.

나는 못한다. 나는 안 된다. 할 수 없다. 망했다. 능력이 없다. 나는 패한다. 이와 같은 부정적인 신앙 고백을 합니다. 이것은 원수 마귀에게 박수를 쳐주는 것입니다. 원수 마귀에게 함께 합작을 해 주는 것입니다. 그러므로 원수 마귀가 더 힘을 얻지요. 원수 마귀는 자기 말에 동의해 주고 원수 마귀에 동참을 해 주니까 원수 마귀야 더 힘을 얻지요. 그래서 수많은 사람들이 하나님을 믿다가 입술의 잘못된 부정적인 고백으로 말미암아 오히려 원수 마귀 앞에 무릎을 꿇게 되고 원수 마귀에게 짓밟히고 마는 것입니다. 하나님과 영의 통로가 열려 안정한 심령이 된 우리는 마음속에 하나님의 함께 하심을 믿었으면 그 믿음을 눈에는 아무 증거 안 보이고 귀에는 아무 소리 안 들리고 손에는 잡히는 것 없어도 강하고 담대하게 고백을 해야만 하는 것입니다.

그러므로 성도는 삶 속에 고백하는 신앙 이것을 놓치면 안 됩니다. 사람이 믿음이 있는가, 없는가를 알려면 위급한 상황에 처했을 때 그 입에서 나오는 말을 들어보면 압니다. 앞에 골리앗이 다가와도 입술의 말에 신앙적인 고백이 나오면 하나님과 영의 통로가 열린 안정한 심령으로 믿음이 있는 사람입니다. 그러나 입술의 말에 부정적인 고백이 나오면 신앙이 없는 사람인 것입니다. 그래서 하나님은 성도들에게 영의 통로를 열고 깊은 영의 기도로 안정된 심령이 되라고 하시는 것입니다. 하나님은 영이십니다. 우리가 하나님을 뜻을 따라서 세상을 살아 가다가 보면 여러 가지 생각하지 못한 일들이 나옵니다. 그러나 그런 일들은 모두 하나님의 역사하심으로 해결할 수 있는 일들입니다. 문제는 우리가 성령으로 충만하여 심령이 안정이 되는 것이 문제입니다. 사람이 심령이 안정이 되어야 영적상태가 쉽게 될 수가 있는 것입니다. 그러나 혈기를 낸다거나 보복의 칼을 품는다거나 분을 내면 육성으로 돌아가기 때문에 하나님과 교통할 수가 없는 것입니다. 그래서 영안이 열리고 단련되고 연단된 성도는 자기가 자기 영을 지킬 수가 있는 것입니다. 그리고 자기가 자기 영을 지키는 영적원리를 체험을 통하여 깨닫게 되는 것입니다. 그래서 하나님은 연단되고 단련된 성도를 만드시려고 성도들을 훈련하시는 것입니다. 왜 그렇습니까? 하나님은 우리에게 소원을 두고 이 땅에 하나님의 나라를 만들어야 하기 때문입니다. 하나님의 훈련을 달게 받고 영성을 깊게 하기 위하여 불같은 성령이 나오는 깊은 능력기도를 숙달하시기를 바랍니다.

3. 내가 네게 응답하겠다고 말씀하신다.

하나님과 영의 통로가 열린 성도의 기도는 응답되는 것입니다. 우상과 사신은 응답하지 못합니다. 점쟁이들이 아무리 점을 친다고 해서 문제를 해결합니까? 우상과 사신에게 가서 아무리 절하고 손을 빈다고 해서 우상과 사신이 대답합니까? 이스라엘에 아합 왕 때 이스라엘이 바알과 아세라신을 섬기고 크게 타락했습니다. 그때 엘리야가 3년 6개월이 지나고 난 다음에 아합왕에게 제시했습니다. "갈멜산에 바알선지자 450명, 아세라 선지자 400명을 데리고 와서 나하고 영적 대결을 하자. 불로 응답하는 신을 참

신으로 인정하자." 그래서 날을 정하여 바알 선지자 450명과 아세
라 선지자 400명 그리고 많은 이스라엘 백성이 모인 가운데서 단
을 두 개 쌓고 하나는 바알에게 하나는 여호와의 단을 쌓고 바알에
게 송아지를 잡아서 각을 떠서 얹어 놓고 "먼저 너희가 부르짖으
라. 수가 많으니까 너희가 부르짖어 하늘에서 불로 응답하면 그가
참신인줄 알자." 아침부터 저녁 늦게까지 고함을 치고 자기 몸을
칼로 찌르며 피를 흘리고 바알과 아세라 신의 경배자들이 부르짖
어도 불은 오지 않았습니다. 저녁 소제 드릴 때 쯤 엘리야는 자기
의 제단을 쌓고 송아지를 각을 떠서 얹어 놓고 물을 몇 동이나 부
어서 도랑까지 물이 차게 하고 난 다음 그는 꿇어 엎드려서 기도했
습니다. 열왕기상 18장 36-38절에"저녁 소제 드릴 때에 이르러
선지자 엘리야가 나아가서 말하되 아브라함과 이삭과 이스라엘
의 하나님 여호와여 주께서 이스라엘 중에서 하나님이신 것과 내
가 주의 종인 것과 내가 주의 말씀대로 이 모든 일을 행하는 것을
오늘 알게 하옵소서, 여호와여 내게 응답하옵소서 내게 응답하옵
소서, 이 백성에게 주 여호와는 하나님이신 것과 주는 그들의 마
음을 되돌이키심을 알게 하옵소서 하매, 이에 여호와의 불이 내려
서 번제물과 나무와 돌과 흙을 태우고 또 도랑의 물을 핥은지라."
라고 말씀한 것입니다. 하나님과 영의 통로가 열린 엘리야가 기도
할 때 불로 응답하는 하나님입니다. 바알과 아세라 신의 제사장들
은 850명이 되어도 불이 임하지 않았습니다. 여호와 하나님은 엘
리야가 기도할 때 불로 응답하여 제물을 다 태웠었습니다. 이스라
엘 백성들이 다 엎드려서 여호와 그는 참 하나님이라고 고함을 치

며 부르짖게 만든 것입니다. 오늘날도 하나님은 하나님과 영의 통로가 열린 성도가 부르짖을 때 하늘에서 불로 응답하는 것입니다. 우상과 사신이 응답하는 것이 아닙니다. 하나님과 영의 통로가 열린 엘리야는 3년 6개월 동안 비가 오지 않았는데 그 길로 갈멜산 중턱에서 하나님께 부르짖어 기도했습니다.

비를 내려 달라고 기도했습니다. 청천(靑天) 롯과 같은 푸른 하늘을 바라보고 기도한 것입니다. 열왕기상18장 41-46절에 "엘리야가 아합에게 이르되 올라가서 먹고 마시소서 큰 비 소리가 있나이다. 아합이 먹고 마시러 올라가니라 엘리야가 갈멜 산 꼭대기로 올라가서 땅에 꿇어 엎드려 그의 얼굴을 무릎 사이에 넣고, 그의 사환에게 이르되 올라가 바다쪽을 바라보라 그가 올라가 바라보고 말하되 아무것도 없나이다 이르되 일곱 번까지 다시 가라. 일곱 번째 이르러서는 그가 말하되 바다에서 사람의 손 만한 작은 구름이 일어나나이다 이르되 올라가 아합에게 말하기를 비에 막히지 아니하도록 마차를 갖추고 내려가소서 하라 하니라. 조금 후에 구름과 바람이 일어나서 하늘이 캄캄해지며 큰 비가 내리는지라 아합이 마차를 타고 이스르엘로 가니, 여호와의 능력이 엘리야에게 임하매 그가 허리를 동이고 이스르엘로 들어가는 곳까지 아합 앞에서 달려갔더라." 고 말씀하고 있는 것입니다.

이스라엘에 3년 6개월 동안 비가 안와서 만물이 다 타고 말라버렸는데 역시 하나님과 영의 통로가 열린 엘리야가 하나님께 간절히 엎드려 기도하니 하늘이 비를 내리고 땅이 열매를 맺게 된 것입니다. 거기에도 엘리야가 얼마나 간절히 기도했던지 그 머리가 다리 사이로 들어갔다는 것입니다. 꼿꼿이 서서 기도하다가 창자가 당기도록 기도하니까 머리가 점점 수그러져서 머리가 다리 사이로 들어가 버린 것입니다. 공처럼 되었습니다. 이렇게 배에서 나오는 간절한 영의기도 이것을 하나님이 들으신다는 것을 여기에 우리에게 분명히 보여주고 있는 것입니다.

하나님은 영의 통로가 열린 성도가 영으로 기도하는 기도에 하나님은 응답해 주겠다고 약속을 하셨습니다. 응답 안하는 하나님이 아닌 것입니다. 우리에게 거짓말로 속이는 하나님이 아닌 것입니다. 헛된 약속을 하는 하나님이 아니신 것입니다. 요한복음 14장 13-14절에 "너희가 내 이름으로 무엇을 구하든지 내가 행하리니 이는 아버지로 하여금 아들로 말미암아 영광을 받으시게 하려 함이라 내 이름으로 무엇이든지 내게 구하면 내가 행하리라" 엄청난 약속이 아닙니까? 무엇이든지 큰일이나 적은일이나 가능한 일이나 불가능한 일이나 여호와께 주 예수 그리스도 이름으로 영의 통로가 열린 성도가 기도하면 주님께서 시행하시겠다고 말씀하신 것입니다. 우리는 너무나 많은 일에 주님께 기도하지 아니하고 우리의 힘과 능력으로 해결하려고 하다가 피투성이가 될 때가 많은 것입니다. 또 너무나 기도를 허술하게 하는 것입니다. 영의 통로를 열고 집중적으로 목숨을 내어 놓고 영으로 부르짖고 기도하지 아니하고 허술하게 육신의 생각으로 기도하므로 말미암아 마귀의 진에 기도가 막혀서 나가지 못하게 만들고 마는 것입니다. 하나님과 영의 통로를 열고 부르짖는 성령으로 하는 성도의 기도를 무시하지 않고 응답하셔서 우리 생활에 간섭해 주시는 것입니다.

6장 생각의 영의통로

(요13:2) "마귀가 벌써 시몬의 아들 가룟 유다의 마음에 예수를 팔려는 생각을 넣었더라"

하나님은 우리에게 영의 통로를 열기 위해 생각을 잘 관리하라고 하십니다. 생각은 중요한 영의 통로입니다. 성도는 생각과 감정을 잘 지켜야 합니다. 마귀와 하나님 모두 생각을 통하여 역사합니다. 예수님도 우리의 마음 밭에 말씀의 씨를 뿌리려고 하시고, 마귀도 마귀의 생각을 집어넣으려고 합니다. 생각을 하지 않고 사는 사람은 한 명도 없습니다. 사람이 살아있다는 증거가 생각을 할 수 있다는 것입니다. 그러므로 생명이 살아 숨을 쉬는 모든 사람은 생각을 하며 삽니다. 그 사람의 생각에 따라 행동이 나오고, 행동에 따라 결과를 얻게 됩니다.

사람들은 눈에 보이지 않는 것 보다, 눈에 보이는 것을 중요하게 생각하는 경향이 있습니다. 그러나 엄격하게 말하면 눈에 보이는 것 보다, 눈에 보이지 않는 것이 훨씬 더 중요한 것입니다. 사람에게 육신 건강만큼 중요한 것이 있다면 그것은 생각입니다.

어떤 생각을 가지고 있느냐에 따라서, 그 사람의 미래와 행복과 불행이 결정되어 지기 때문입니다. 그래서 사람에게는 중요한 것이 "생각"입니다. 우리 예수를 믿는 성령의 사람은 성령의 생각을 따라 가려고 의지적인 노력을 해야 합니다(요14:26).

1. 생각관리를 영적으로 하자.

중요한 예로 은 삼십에 예수님을 판 유다의 경우를 보기로 하겠습니다. 요한복은 13장 2절에"마귀가 벌써 시몬의 아들 가룟 유다의 마음에 예수를 팔려는 생각을 넣었더라" 마귀가 유다에게 예수를 팔려는 생각을 넣었습니다. 요한복음 13장 27절에 "조각을 받은 후 곧 사탄이 그 속에 들어간지라 이에 예수께서 유다에게 이르시되 네가 하는 일을 속히 하라 하시니." 유다가 예수를 팔려는 생각을 하니 마귀가 곧 따라 들어가게 됩니다. 사단이 유다에게 들어가 생각을 행동하게 하니 유다가 예수를 대제사장들에게 팔아버립니다.

> (마26:14-16)"그 때에 열 둘 중에 하나인 가룟 유다라 하는 자가 대제사장들에게 가서 말하되 내가 예수를 너희에게 넘겨주리니 얼마나 주려느냐 하니 그들이 은 삼십을 달아 주거늘 저가 그 때부터 예수를 넘겨줄 기회를 찾더라."

그러므로 생각은 중요한 영의 통로입니다. 예수 믿고 성령으로 거듭난 성도는 생각관리를 잘해야 합니다. 그래서 하나님은 잠언 4장 23절에"모든 지킬 만한 것 중에 더욱 네 마음을 지키라 생명

의 근원이 이에서 남이니라." 더욱 이란 '모든' 과 '열심히' 라는 뜻
입니다. 마음이라는 말은 마음이 생명의 근원, 생명의 통로라는
뜻이 있습니다. 성도는 생명과 사망의 근원지인 마음과 생각을 말
씀과 성령으로 열심히 지켜야 합니다. 성경에서 생명과 그리스도
의 영, 성령은 항상 같은 의미로 종종 쓰입니다. 하나님의 말씀도
생명의 말씀이라고 합니다.

> (롬 8:5-8)"육신을 따르는 자는 육신의 일을, 영을 따르는 자
> 는 영의 일을 생각하나니, 육신의 생각은 사망이요 영의 생각은
> 생명과 평안이니라. 육신의 생각은 하나님과 원수가 되나니 이
> 는 하나님의 법에 굴복하지 아니할 뿐 아니라 할 수도 없음이라.
> 육신에 있는 자들은 하나님을 기쁘시게 할 수 없느니라."

이 로마서 8장 5-8절의 말씀의 뜻은 생명과 사망이 생각의 차
이라는 것입니다. 하나님이 성도가 영의 생각을 하지 않는 것을
얼마나 싫어하시는지 모릅니다. 항상 하나님만 생각하는 성도가
되시기를 바랍니다. 반절이 아닌 하나님의 생각, 영의 생각에 사
로잡혀야 합니다. 반쪽이면 갈등합니다. 그리스도인 가운데 부버
가 말한 것처럼 반쪽 그리스도인이 있습니다. 우리는 절대로 반쪽
그리스도인이 되지 말기를 간곡하게 부탁드립니다.

2. 두 마음의 역사를 정리하자.

야고보서 4장 8절에 "하나님을 가까이하라 그리하면 너희를 가까이하시리라 죄인들아 손을 깨끗이 하라 두 마음을 품은 자들아 마음을 성결하게 하라." 두 마음이란 흔히 말하는 양신 역사를 말하는 것입니다. 한 사람의 마음속에 마귀의 마음도 있고, 하나님의 마음도 있다는 것입니다. 기분이 좋으면 성령의 역사가 나타나고, 감정이 동하여 기분이 나쁘면 마귀의 역사가 일어나는 것을 양신의 역사라고 합니다. 그런데 문제는 본인이 모른다는 것입니다. 그러므로 우리는 말씀과 성령으로 치유하나 예수 중심의 삶으로 변해야 합니다.

이게 옳은 줄 알면서 안 되는 것, 옳은 쪽의 마음을 무시하고 갈등하다 안 좋은 쪽을 선택하는 것 이것이 양신의 역사입니다. 양신의 역사는 본인이 분별하여 인정해야 치유되는 것입니다. 내 마음 나도 몰라가 되면 곤란합니다. 다 고쳐서 자신의 마음 자신도 잘 알아야가 되어야 합니다. 그러기 위해서는 말씀과 성령으로 충만해야 합니다.

내 마음 나도 몰라 이것은 모두 상처와 자아와 습관 때문입니다. 말씀과 성령으로 죄와 습관을 깨뜨려야 합니다. 생각이 변화되지 않고는 하나님의 축복을 받을 수 없습니다. 하나님은 영이시기 때문입니다. 생각은 그릇이기 때문에 생각이 바뀌어야 축복이 담기게 됩니다. 사람은 영적인 존재이기 때문에 자신이 생각하는 쪽으로 이루어지는 것입니다.

(롬 6:16)"너희 자신을 종으로 내주어 누구에게 순종하든지 그 순종함을 받는 자의 종이 되는 줄을 너희가 알지 못하느냐 혹은 죄의 종으로 사망에 이르고 혹은 순종의 종으로 의에 이르느니라."

이래서 사람은 약한 존재라는 것입니다. 그래서 생각을 관리하기 위해서 본인의 의지도 중요합니다. 마귀가 시키는 대로 하지 않아야 영적인 성도입니다. 그리고 하나님의 자녀입니다. 우리가 성령으로 은혜의 사역을 하거나, 하나님의 영의 사람이 되고 성령으로 사로잡히기 위해서는 무엇보다 두 가지의 관리를 잘 하는 것이 하나님과 영의 통로가 열린 영적인 사람입니다.

이 두 가지는 생각과 감정입니다. 우리는 생각과 감정을 구분하지만, 그것은 근원이 하나이고 다루는 방법도 하나입니다. 우리는 자신의 생각과 감정을 하나님께 복종시킬 줄 알아야 합니다. 감정은 이미 다른 과정에서 자세하게 다루었으니 생략합니다. 왜 생각을 관리하는 것이 중요한가? 그것이 하나님의 음성을 듣는 통로이기 때문입니다. 성도가 왜 기도를 하는가? 그것은 먼저 하나님의 음성을 듣기 위함입니다. 그리고 하나님에게 권능(불)을 받기 위함입니다. 그러므로 성도는 기도가 바르게 되어야 합니다. 필자가 쓴 "깊은 기도 체험하기"를 읽어보면 바른 기도를 할 수 있을 것입니다. 지식의 말씀의 은사, 지혜의 말씀의 은사, 방언은사, 방언통역의 은사, 모두 다 생각과 관련된 은사입니다. 어떤 성도가 필자에게 방언통역의 은사를 받았는데 왜 잘 안 되는가 물었습니다.

그래서 필자가 그분에게 잡념이 많지 않느냐고 물어보니 요즈음 잡념이 너무 많다고 대답을 하는 것이었습니다. 방언 통역이 잘되지 않는 것은 잡념으로 생각을 관리하지 못해서 그렇다고 대답을 해 주었습니다.

그렇다면 생각을 어떻게 관리하는가? 생각을 관리하려면 침묵기도를 많이 하여 외적침묵 내적침묵이 잘 되어야 합니다. 깊은 영의기도를 숙달하는 것도 하나의 방편이 됩니다. 마음이 안정이 되어야 생각을 관리할 수 있는 것입니다. 생각(잡념)이 많은 것은 상처의 문제와 영적인 문제가 있다고 보아야 치유가 빨리 됩니다. 마귀는 성도의 생각을 장악하여 하나님을 향하지 못하도록 어찌하든지 방해하는 것입니다.

3. 마귀가 성도의 생각을 이용하는 전술

1) 마귀가 생각을 사용하는 방법.

①기도하다가 그런 생각이 들었습니다. 마귀가 성도의 생각을 조종하여 합리 쪽으로 유도합니다. "그런 것이 될 수 있느냐, 너 그런 것이 이루어지는 것 보았느냐, 상식적으로 생각해서 그 일이 된다고 생각하느냐," 한번 생각을 잘해보라고 말입니다. ②그래서 마귀가 주는 합리, 그 생각이 옳다고 동의하고 극단적인 생각을 하게 됩니다. ③그 생각이 내 생각이고, 나는 꼭 그렇게 해야겠다는 것으로 생각이 굳게 됩니다. ④참으려고 하다가 마귀가 주는 생각대로 일을 저질러 버립니다. ⑤설사 이 생각이 틀려도 이제

바꾸려니 자존심이 상하고 이제 돌이키면 창피하기 때문에 이제 와서 돌이킬 수 없다는 것입니다. 생각관리를 잘하여 마귀가 자신의 생각을 가지고 장난을 치지 못하게 하시기를 바랍니다.

2)성령께서 성도의 생각을 사용하실 때 마귀가 방해하는 방법.
①기도하다가 하나님의 영감이나 감동이 옵니다. ②그렇게 해야겠다는 생각이 들었으나 곧 마귀가 생각을 주장하여 현실적인 계산이 들게 됩니다. ③현실을 보고 여러 가지 계산을 해보고 자신을 합리화하고 안 된다고 생각합니다. ④그래서 성령의 감동을 무시하고 안 해 버립니다. ⑤그리고 다시 할 생각을 하면 신경질 나고 시험 들게 됩니다. 그래서 하나님의 역사를 체험하지 못합니다. 하나님의 역사는 성령의 감동에 순종할 때 순종하는 믿음을 보고 역사하는 것입니다. 성령의 감동을 자꾸 거부하니 성령이 주무시니 심령이 자꾸 답답하여 집니다. 왜 그렇습니까? 성도가 마귀의 소리에 귀를 기울였으므로 당연한 결과입니다. 우리는 하나님의 음성만을 듣고 따라야 합니다. 하나님은 요한복음 10장 27절에서 "내 양은 내 음성을 들으며 나는 그들을 알며 그들은 나를 따르느니라."고 하십니다.

4. 생각관리를 이렇게 해야 승리한다.

1) 생각을 분별하고 마귀의 생각을 걸러내야 합니다.
어디서부터 온 생각인가 출처를 분별해야 합니다. 생각과 들리는 음성은 많은 연관이 있습니다. 이 음성의 출처는 네 가지로 구분할 수 있습니다.

첫째 하나님의 영(성령의 소리)

둘째 마귀의 영(마귀의 소리)

셋째 자기 영(자기의 소리)

넷째 다른 사람의 영(다른 사람의 소리)

첫째와 둘째 소리를 구분 못하면 마귀한테 속는 것입니다.

첫째와 셋째 소리를 구분 못하면 헛소리를 하는 것입니다.

대부분의 예언의 은사를 받았다 하는 사람들이 여기서 혼돈이 옵니다. 이것은 영감이나 감동으로 알게 됩니다. 성령으로 충만해야 합니다. 영의 세계는 말(소리)로 모든 것이 이루어집니다. 그러므로 말(소리)분별을 잘해야 합니다. 사람의 소리나 마귀의 소리를 따라가면 망합니다. 고로 성령으로 영의 통로를 열어 영(소리)분별력을 받으시고 분별력을 기르시기를 바랍니다.

셋째와 넷째 소리를 구분 못하면 아예 은사를 활용하지 못합니다.

2) 우리는 마귀에게 속지 않고 성령의 음성을 듣기 위해 이렇게 해야 합니다. ①분별을 반복해야합니다. 말씀으로 성령으로 분별해야 합니다. ② 그리스도의 권세로 성령의 능력으로 수시로 밀어내 보아야 합니다. 대적 기도를 하라는 것입니다. ③성령 충만을 수시로 구함으로 자신의 영 안에서 영의 소리가 들리게 해야 합

니다. 성령으로 가장 충만함이 가장 정확하게 들을 수 있습니다. ④동기와 욕구를 수시로 점검해야 합니다. 동기와 욕구란 하나님의 영광을 위한 것인가 나의 이익을 위한 것인가를 분별하라는 것입니다. 성도는 어떠한 일이 있더라고 하나님의 영광을 위한 일을 해야 합니다.

3)생각에는 두 가지가 있습니다(롬8:5-8). ①믿음의 생각: 가나안 땅을 정탐한 여호수아와 갈렙 같이 하나님이 함께 하심을 믿는 믿음의 생각입니다(민13:16-30). ②불신의 생각: 10지파 사람들같이 부정적이라 불순종(사람의 생각). 매사를 내가 해야 한다는 불신의 생각을 말합니다(민13:31-33). ③사람의 생각에는 "성령의 역사와 사단의 역사"가 따라오게 됩니다(요13:27). 믿음의 생각에는 하나님이 역사하시고, 불신의 생각에는 사단이 역사합니다. 우리는 하나님이 주시는 축복을 받아야 합니다. 그러므로 생각을 분별해야 합니다. 그 생각이 누구를 위한 것인가 분별해보는 습관을 들이시기를 바랍니다.

5. 성령의 생각의 흐름을 타라.

성령의 생각은 즉각 시인하고 즉각 순종해야 합니다. 그래서 성령의 역사가 늘 흐르게 하시기를 바랍니다. 성령은 인격이기 때문입니다. 하나님은 갈라디아서 5장 16-17절에 "내가 이르노니 너희는 성령을 따라 행하라 그리하면 육체의 욕심을 이루지 아니하리라. 육체의 소욕은 성령을 거스르고 성령은 육체를 거스르나니 이 둘이 서로 대적함으로 너희가 원하는 것을 하지 못하게 하려 함이니라." 하십니다.

그리고 요한일서 3장 17절에 "누가 이 세상의 재물을 가지고 형제의 궁핍함을 보고도 도와 줄 마음을 닫으면 하나님의 사랑이 어찌 그 속에 거하겠느냐" 이 말씀은 성령이 궁핍한자 도와줄 마음도 주시고 헌금할 마음도 주시는데, 이것을 육신의 생각이 막을 수 있다는 것입니다. 축복이라는 것은 통로라는 의미이기 때문에 복의 근원이라고 합니다. 자신에게 성령의 생각이 흐르도록 성령의 감동에 순종하시기를 바랍니다. 그래서 나에게서 복이 다른 성도들에게 흘러가게 해야 합니다(창12:2).

1) **성령의 흐름에 잡혀라.** 성령께선 인격의 영이시기 때문에 그분의 뜻대로 우리에게 감동하십니다. 그 중의 하나가 영적인 생각의 흐름입니다. 이것에 깨달아지고 성령의 흐름이 지속되게 하시기를 바랍니다. 성도는 내 안에서 성령의 기름부음이 올라와야 합니다. "살리는 것은 영이니 육은 무익하니라 내가 너희에게 이른 말은 영이요 생명이라." (요6:63). 주님의 말이 생명이라고 했습니다. 성령이 들려주는 레마가 영을 살리는 것이요, 그것이 영적인 역사를 일으킨다는 것입니다. 성령이 레마를 성도의 생각에 공급하시고 그것의 통로가 되기를 원하시는 것입니다. 성령이 주는 레마는 즉각 받아들이고 순종해야 생각이 성령의 통로가 되는 것입니다. 그런 열린 생각에서 하는 말은 한마디로 성령이 역사를 합니다.

2) 영의 말을 하시기를 바랍니다. 성령으로 거듭난 성도는 말을 많이 하는 것이 중요한 것이 아닙니다. 성령의 말, 영의 말만 해야 합니다. 왜냐하면 우리의 말을 통하여 성령도 역사하시고, 마귀도 역사하기 때문입니다(롬8:5-7).

6. 마귀의 생각을 차단하라.

1) 마귀의 생각을 차단하는 방법. ①마귀의 생각을 대적하라. 생각을 예수이름으로 대적하라는 것입니다. ②마귀의 생각의 흐름을 막아라. 통로를 열지 마라. 한번 열리면 계속 들어오기 때문입니다. ③마귀의 생각을 말하지 말라. 입을 조심하고 분별력을 기르고, 성령의 말만하라. ④못 들어오게 밀어내고 대적하라. 들어오면 예수이름과 성령의 역사로 뽑아내라. ⑤내 안의 마귀의 생각의 흐름을 막으라.

영적인 사역을 한다든지 다른 성도를 기도하거나 대화를 하게 되면 영적 전이 현상이 일어나게 되므로 반드시 자신의 영혼을 위하여 방패기도(일이 닥치기 전에 예방하는 기도)를 해야 합니다. 대화중에 타고 들어와서 그렇습니다. 마음을 열어놓은 상태이므로 잘 들어옵니다. 현상으로는 두통, 어지러움, 더럽다는 생각이 듬, 구역질, 우울해짐, 사역 후 우울함, 공허감 등등입니다. 사역자는 사역후 반드시 깊은 영의기도로 자신을 청소하고 성령으로 충만하게 채워야 합니다. 기도하면서 전이된 악한 영의 영향으로 구역질이 나고, 머리가 혼미해집니다. 머리가 어지럽기도 합니다. 안 좋은 감정을 성령의 임재 가운데 기도하여 사라지게 해야 합니다. 이는 자신의 영을 지키기 위해서입니다. 이에 대해서는 필자가 쓴 "영분별과 기적치유."를 읽어보시면 이해하실 것입니다.

2) 영은 같은 영끼리 연합하고 잘 통한다.

누가복은 5장 22절에 보면 "예수님께서 그 생각을 아시고 대답하여 이르시되 너희 마음에 무슨 생각을 하느냐." 이는 한마디로 그들이 생각이 통했다고 말할 수 있는데 자신의 마음이 토론한다는 말입니다. 이는 중요한 두 가지 영적 비밀이 있습니다.

①생각에는 어떤 흐름이 있다는 것입니다. 악한 생각과 선한 생각의 흐름, 이런 악한 생각을 하면 계속 악한 것들이 들어오고, 선한 생각을 하면 계속 선한 영들이 들어온다는 것입니다.

②타고 들어온 그것이 연합한다는 것입니다. 한마디로 끼리끼리 뭉친다는 것입니다. 이것을 유유상종이라고 합니다. 헤롯과 빌라도, 스데반과 성령, 한마음으로 연합했습니다. 보편적으로 같은 영들끼리 연합을 잘합니다. 서로 잘 통함으로 그러는 것입니다. 누가복음 5장 22절 말씀은 지금 주님이 그들의 생각을 보고 있는데, 그 생각의 흐름을 보시고, 그 생각의 흐름을 집어내서 말하고 계시다는 것입니다. 생각의 흐름을 주님께로 바꿔 놨다는 것입니다. 이것이 영적인 사역입니다. 목회자는 특히 교회에서 나쁜 생각의 흐름이 연합되지 못하게 하는 것을 잘해야 합니다.

왜? 나쁜 것들이 연합하면 강해지니까 그러는 것입니다. 그리고 그 생각을 주님께로 맞추는 것이 영적인 사역자들이 대중을 관리할 때 해야 하는 일입니다. 한마디로 영을 깨워 주님에게로 향하게 하는 것이 영적인 사역자가 해야 하는 일입니다.

(고후2:11)"이는 우리로 사탄에게 속지 않게 하려 함이라 우
리는 그 계책을 알지 못하는 바가 아니로라."
(마26:4)"예수를 흉계로 잡아 죽이려고 의논하되"

그러므로 올바른 성도는 교회에 이러한 잘못된 흐름이 생길 때
그들의 생각에 말려들면 안 됩니다. 쉽게 말려들고 흥분하는 성격
의 사람들은 말씀과 성령으로 분별의 은혜를 받아야 합니다. 그러
나 이것이 하나님의 것이라면 주저하지 말고 베데스다의 연못에
뛰어들어야 합니다. 그래서 영적인 싸움이라는 것은 단순히 귀신
혹은 통치자와 권세들과의 싸움 뿐 아니라, 나 자신의 생각과 마
귀의 궤계를 대적하며 싸워야 합니다. 그래서 영적인 전쟁의 대상
은 자신의 생각도 포함되는 것입니다.

(엡6:11-12)"마귀의 간계를 능히 대적하기 위하여 하나님의
전신 갑주를 입으라. 우리의 씨름은 혈과 육을 상대하는 것이 아
니요 통치자들과 권세들과 이 어둠의 세상 주관자들과 하늘에
있는 악의 영들을 상대함이라."

궤계를 대적하기 위하여 라고 했으니까, 마귀를 대적하라는 말
입니다. 마귀를 대적하시기를 바랍니다. 그러므로 "하나님 아는
것을 대적하여 높아진 것을 다 무너뜨리고 모든 생각을 사로잡아

그리스도에게 복종하게 하니."(고후 10:5). 모든 생각을 사로잡아서 주님에게 복종케 해야 영적인 전쟁에서 실패하지 않고 승리할 수가 있는 것입니다. 그리고 개인적으로도 생각의 안 좋은 흐름을 따라가지 말라는 것입니다. 분별력을 길러야 합니다. 잘못된 생각은 따라가면 죽을 수도 있습니다. 절대로 마귀의 생각을 말하지 말라고 했습니다. 마귀의 도구가 되지 말라는 것입니다. 그래서 성도는 말을 바꾸어야 합니다. 긍정적이고 적극적인 영적인 말을 해야 합니다. 그래서 말을 들어보면 그 사람이 영적인 사람인지 육신에 속한 사람인지, 혈기가 많고 분노가 심한 사람인지를 아는 것입니다. 말을 지혜롭게 잘하는 성도가 영의 통로가 열린 성도입니다. 사람을 자극하고 극단적인 말을 하지 마시기를 바랍니다. 말하는 대로 영이 따라옵니다. 이것이 악의 화전입니다. 내가 말로 좋은 불도 붙이고 나쁜 불도 붙인다는 것입니다. 성령의 인도를 받는 영의 사람은 절대로 남을 비평하는 말을 하지 말아야 합니다. 이것이 주님과 영의 통로를 막는데 지대한 역할을 합니다.

그래서 우리가 말을 잘못하면 철저히 마귀의 도구가 되어 이 말에 관하여 마지막 날 심판 받게 됩니다.

(마 12:36)"내가 너희에게 이르노니 사람이 무슨 무익한 말을 하든지 심판 날에 이에 대하여 심문을 받으리니"

(롬 6:13)"또한 너희 지체를 불의의 무기로 죄에게 내주지 말고 오직 너희 자신을 죽은 자 가운데서 다시 살아난 자 같이 하나님께 드리며 너희 지체를 의의 무기로 하나님께 드리라"

7. 성령의 역사 성령의 흐름을 끌어당기라.

성령의 생각을 전폭적으로 수용하고 받아들여라 입니다(갈 5:17). 성령의 생각의 흐름을 타라는 것입니다(행8:26-31)(행 8:38-39).이와 같이 성령의 역사 뒤에는 하나님이 계신 것입니다. 성령의 역사이면 내 것으로 받아들이고 끌어당겨야 합니다. 성령의 역사의 적용을 빨리 잘하는 사람이 능력을 빨리 받습니다. 들어와 있는 마귀의 생각을 예수의 이름으로 끊어야 합니다. 베드로도 요한복음 21장에 고기 잡으러 갈까 하는 생각을 하다가 고기 잡으러 갑니다. 사도행전 5장에 아나니아 삽비라의 경우를 보기 바랍니다. 땅값을 아깝다고 생각하니 마귀가 틈타 결국 성령으로 속입니다. 요13장 2절의 가룟 유다는 예수를 팔려는 생각을 합니다. 생각을 하자 마귀가 침입합니다(요13:27). 사단이 생각을 행동으로 옮기도록 충동하니 예수를 생각대로 팔아버립니다(요 18:5). 그래서 들어와 있는 생각을 순간 분별하고 잘못된 생각이면 예수 이름으로 대적하고 끊어내고 몰아내시기를 바랍니다. 생각을 그대로 두면 생각하는 대로 마귀가 들어오고 결국에는 마귀가 하라는 대로 행동에 옮기게 됩니다. 그래서 인생을 망가지게 합니다. 예수를 믿고 성령으로 거듭난 우리는 무엇보다 생각 관리를 잘해야 합니다. 그래서 성도는 항상 말씀과 성령으로 충만하여 영의 통로가 열려야 합니다. 그리고 열린 영의 통로로 기도하며 영으로 깨어 있어야 합니다(막14:38). 시험에 들지 않게 깨어 기도 하시기를 바랍니다. 그리하여 영의 통로가 항상 열려서 하나님과 교통하시기 바랍니다. 이것이 성도가 하나님의 복을 받으며 사는 길입니다.

하나님과 영의통로가 열린 성도는 보는 눈도 관리를 잘하고 생각을 통제하시기 바랍니다. 성도는 얼굴 단장과 몸의 겉 단장만 할 것이 아닙니다. 우리 모두는 외출을 하려면 얼굴 단장도 하고 옷을 입고 겉 단장을 잘합니다. 그러나 중요한 것은 내 영 안에 불순세력이 침투하지 못하도록 단장하는 것입니다. 그래서 성도는 마귀가 우는 사자같이 삼킬 자를 찾고 다니는 세상에서 항상 승리하기 위해서는 다음 네 가지 단장을 잘해야 합니다. ①입(말) 단장을 잘해야 합니다. 말을 잘해야 합니다. 말은 마음에서 나오는 것입니다. 말을 어떻게 하느냐에 따라서 영이 침입을 합니다. ②귀 단장을 잘해야 합니다. 귀는 소리를 듣는 것입니다. 남을 비평하거나 불평하는 소리를 듣고 동조하면 그 사람과 같은 영이 침입을 합니다. ③생각 단장을 잘해야 합니다. 생각을 어떻게 하는 가에 따라서 성령도 역사하시고 마귀도 역사하는 것입니다. ④눈 단장을 잘하시기를 바랍니다. 보는 눈도 조심을 해야 합니다. 좋은 긍정적인 눈에는 성령이 역사하지만 부정적인 눈에는 항상 악한 영이 역사합니다. 부디 말씀과 성령으로 영의 통로를 바르게 여시기를 바랍니다. 특히 생각이 성령과의 영의 통로가 열리게 하시기를 바랍니다. 그리하여 하나님의 축복을 전하는 도구들이 되시기를 바랍니다.

7장 감정의 영의통로

(벧전 2:19-25) "부당하게 고난을 받아도 하나님을 생각함으로 슬픔을 참으면 이는 아름다우나 죄가 있어 매를 맞고 참으면 무슨 칭찬이 있으리오. 그러나 선을 행함으로 고난을 받고 참으면 이는 하나님 앞에 아름다우니라. 이를 위하여 너희가 부르심을 받았으니 그리스도도 너희를 위하여 고난을 받으사, 너희에게 본을 끼쳐 그 자취를 따라오게 하려 하셨느니라. 그는 죄를 범하지 아니하시고 그 입에 거짓도 없으시며 욕을 당하시되 맞대어 욕하지 아니하시고 고난을 당하시되 위협하지 아니하시고 오직 공의로 심판하시는 이에게 부탁하시며 친히 나무에 달려 그 몸으로 우리 죄를 담당하셨으니 이는 우리로 죄에 대하여 죽고 의에 대하여 살게 하려 하심이라 그가 채찍에 맞음으로 너희는 나음을 얻었나니, 너희가 전에는 양과 같이 길을 잃었더니 이제는 너희 영혼의 목자와 감독 되신 이에게 돌아왔느니라."

하나님은 우리의 혼적인 감정을 잘 다스리어 하나님과 영의 통로를 열라고 말씀하십니다. 일반적으로 감정이라 할 때는 혼적인 감정을 말합니다. 필자가 지금까지 영적인 사역을 하면서 체험적으로 느낀 것은 우리의 혼적인 감정은 영적인 생활에 지대한 영향을 준다는 것입니다. 혼적인 감정이 동요되거나 잘못되기 시작하면 이성이 분별을 잃게 됩니다. 이성이 분별을 잃게 되면 사람은 육체가 됩니다. 사람이 육체가 되면 가차 없이 옛 사람의 주인이던 마귀가 역사하기 시작을 하는 것입니다. 마귀가 생각과 감정을 주장하면서 사리분별이 혼돈 되게 합니다. 이 혼돈된 감정으로 인하여 선택을 잘못하게 됩니다. 이러한 감정을 따라 인생을 살게 되면 가야할 길을 잃고 맙니다. 왜 그렇습니까? 사람은 영적인 존재이기 때문에 하나님의 인도를 받아야 하는데 감정이 동요되어 자신을 제어하지 못하므로 순간에 육체가 되어 하나님과의 교통이 끊어지기 때문입니다. 그래서 예수님은 십자가에서 여러 가지 고난과 치욕도 성령으로 충만하여 참으신 것입니다. 베드로전서 2장 23절에 "욕을 당하시되 맞대어 욕하지 아니하시고 고난을 당하시되 위협하지 아니하시고 오직 공의로 심판하시는 이에게 부탁하시며." 라고 우리에게 인내의 본을 보이시는 것입니다. 베드로전서 2장 21절에 "이를 위하여 너희가 부르심을 받았으니 그리스도도 너희를 위하여 고난을 받으사 너희에게 본을 끼쳐 그 자취를 따라오게 하려 하셨느니라." 왜냐하면 참고 인내하면서 하나님과 교통해야 하기 때문에 주님은 혈기만 분을 내면 하나님과 교통이 끊어진다는 것을 성령을 통하여 알고 계신 것입니다. 그렇기 때문에 성경은 외부에서 육과 혼을 죽일 수 있는 두려움에 대해서는 조금도 염려하지 말라고 하십니다(마 10:28). 그러나 외적인 육과 내적인 영혼을 지옥에 멸할 수 있는 하나님을 두려워하여 하나님에게 우리의 감정을 드리라고 합니다.

영의 통로에는 혼적인 것으로 지(知), 정(情), 의(意)도 있습니다. ①지(知)는 나의 아는 상식과 하나님의 말씀과 일치될 때 깨달음이 오게 됩니다. 육적인 지가 너무 많아도 영적인 생활에 방해가 될 수 있습니다. 육적인 지식 때문에 하나님의 말씀을 가감 없이 받아들이지 못합니다. ②정(情)은 하나님의 말씀을 믿음으로 나타나는 반응의 표현입니다. 보통 여성분들이 정적입니다. 그래서 여성분들에게서 예언의 은사가 많이 나타납니다. ③의(意)란 하나님의 말씀을 듣는 자가 그 말씀을 믿고 받아들이게 될 때 그 말씀이 성령으로 내 안에서 역사함에 따라, 내가 힘쓰고 수고하지 않아도 성령으로 의가 하나님의 통로가 됩니다. 이 지(知), 정(情), 의(意) 모든 것이 성령으로 하나님과 하나 될 때 하나님과 영의 통로가 열립니다. 즉 선포된 말씀, 레마를 들을 수 있고 선포된 말씀이 들립니다. 우리가 기록된 말씀만 믿고 행동에 옮기는 경우에 많은 시행착오를 겪게 됩니다. 꼭 선포된 말씀, 하나님이 나에게 명령하는 말씀을 듣고 행동에 옮겨야합니다.

제가 이 자리까지 오게 된 것도 하나님의 선포된 말씀, 즉, 성령의 음성을 듣고 순종하고 따라오니 하나하나 되어져 가고 이루어져 가는 것을 봅니다. 큰 믿음의 기도를 하되 선포된 말씀이 올 때까지 기다려야합니다. 선포된 말씀을 듣고 실행에 옮기는 깊은 믿음이 되시기를 바랍니다.

마14:27-29절에 보면 베드로가 물위로 걷는 것을 봅니다. 여기서 베드로가 바다를 걸은 것은 주님이 오라고 말씀하셨기 때문에 바다를 걸을 수 있었습니다. 기록된 말씀만 믿고 물위를 걷겠다고 가면 빠지기 마련입니다. 왜 선포된 말씀, 레마가 없기 때문입니다. 그러므로 로고스(기록된 말씀)도 중요하지만 우리가 실행에 옮기기 위해서는 선포된 말씀, 레마가 들려야합니다. 성령의 임재가운데 레마를 듣고 행동에 옮기기를 바랍니다.

1. 감정이 영적인 일에 미치는 영향.

감정이란 자신에게 일어난 사건, 환경의 변화에 대한 내적 반응을 말하며, 내면에서 일어난 반응은 신체의 요소에 강력한 자극을 주어서 물리적 변화를 일으킵니다. 예를 들어서 부끄러움을 당했을 때 얼굴이 빨개진다든지, 남에게 모욕을 당했을 때 분노가 올라온다든지, 스트레스를 받았을 때 위장 장애를 일으키는 것들을 들 수가 있습니다.

오늘 본문에서 말씀하시는 것같이 감정은 심리적인 동력 구실을 합니다. 따라서 감정은 우리를 움직여서 실제적 활동 반응을 나타내도록 조정합니다. 감정은 일련의 사건으로 충격을 받으면 마음, 감정에 기억되며, 기억된 감정은 특정 사건을 회상만 해도 그 때와 같은 감정이 반복되며 심리적, 신체적으로 이전에 충격을 받았던 상황이 재현됩니다.

그래서 자신도 모르는 무의식이 우리의 삶을 70%이상 영향을 끼치면서 살아가게 한다는 것입니다. 문제는 무의식의 70%가 좋은 것이라면 문제가 안 됩니다. 그러나 잘못된 상처라면 문제가 되는 것입니다. 그래서 감정은 일련의 사건으로 충격을 받으면 마음, 감정에 기억되며, 기억된 감정은 특정 사건을 회상만 해도 그 때와 같은 감정이 반복되며 심리적, 신체적으로 이전에 충격을 받앉던 상황이 재현되는 것입니다. 그래서 자신도 모르는 분노와 혈기가 나오는 것입니다. 우리는 분노나 혈기의 원인을 말씀과 성령으로 찾아서 치유하는 것을 내면의 치유라고 합니다. 내면의 상처의 치유야 말로 우리의 영육의 삶에 지대한 유익을 주는 것입니다. 그래서 필자의 개인적인 견해로는 모든 그리스도인은 먼저 예수님을 믿고 교회에 들어왔으면 기도를 뜨겁게 하여 불같은 성령을 체험하고 마음의 속에 있는 무의식의 상처를 내적 치유하는 것이 우선되어야 한다고 생각을 합니다. 내면의 상처가 있으면 하나님과 영의 통로가 열리지 않고 깊은 영의기도가 되지 않습니다. 깊은 영의기도가 되지 않기 때문에 20년을 예수를 믿어도 근본 된 성격과 감정이 치유되지 않아 고쳐지지 않는 것입니다. 그래서 저는 성도는 필히 내면의 상처를 치유 받아야 한다고 생각합니다.

심리적 감각(감정)이란 외부 또는 내부의 상황에 대하여 사건을 이해하거나 느끼거나 반응하기 직전의 상태로서 사람의 정서와 직접적 관계가 있습니다. 신체적 감각은 인간의 신경 계통으로 느껴지는 본능적 감각을 말합니다. 그러나 두 분야의 감각은 서로 영향을 받게 됩니다. 예를 들어서 정신적 상처를 받으면 혈압이 오르거나 숨이 가빠지는 신체적인 반응을 일으키게 됩니다. 그러므로 우리는 말씀과 성령으로 심령을 치유하여 안정된 심령을 만들려고 의지적인 노력을 해야 하는 것입니다. 하나님은 베드로전서 3장 4절에서 "오직 마음에 숨은 사람을 온유하고 안정한 심령의 썩지 아니할 것으로 하라 이는 하나님 앞에 값진 것이니라." 고 강조하는 것입니다. 감정을 치유하여 안정된 심령이 되시기를 바랍니다. 그리하여 하나님의 의의 병기가 되어서 하나님에게 쓰임을 받으시기를 바랍니다. 감정은 행동의 강력한 동기가 됩니다. 감정이 자극을 받으면 자극이 이성으로 전달되어 이성이 감정을 어떤 방법으로 표현할 것인지 결정한 후 의지가 감정을 밖으로 표현합니다. 이를 정서라고 표현 할 수 있습니다. 같은 자극이라도 사람에 따라서 전혀 다르게 이를 표현하게 됩니다. 이는 교육, 성격, 신앙, 당시 상황, 상대방에 의하여 차이가 생깁니다. 그러므로 말씀과 성령으로 내면을 치유 받아 안정된 심령이 되어야 한다는 것입니다. 하나님의 말씀은 일점일획도 틀린 것이 없습니다. 그리고 하나님의 말씀은 모두 우리를 위하여 주신 말씀이므로 우리는 감사함으로 받아 지켜야 하는 것입니다. 감정은 감각(지각)이 상황을 어떻게 받아들여졌느냐에 따라 그 상황에 대한 감정적인 반응을 나타냅니다. 감정은 똑 같은 감각이라도 상황, 분위기, 그 사람의 건강 상태, 기분에 따라서 다른 반응을 나타냅니다. 이는 그 사람의 과거 상처의 영향을 많이 받게 된다는 뜻입니다. 과거에 어떤 특정한 성품이나 얼굴을 가진 사람에게 상처를 받았다면 자신도 모르게 자신의 감정이 기억하고 있다가 그런 유형의 사람에게 상처를 받으면 자신도 모르는 행동이 나오게 되는 것입니다. 그러므로 감정은 영적인 생활에 지대한 영향을 미칩니다. 그래서 예수님은 십자가에 달려서 고통을 당하시면서 까지 우리에게 인내의 본을 보이시면서 성령의 음성을 들으신 것입니다.

(벧전 2:21-23)"이를 위하여 너희가 부르심을 받았으니 그리

스도도 너희를 위하여 고난을 받으사 너희에게 본을 끼쳐 그 자취를 따라오게 하려 하셨느니라. 그는 죄를 범하지 아니하시고 그 입에 거짓도 없으시며, 욕을 당하시되 맞대어 욕하지 아니하시고 고난을 당하시되 위협하지 아니하시고 오직 공의로 심판하시는 이에게 부탁하시며"

    감정을 말씀과 성령으로 치유하여 예수님과 같이 치욕을 참을 수 있는 성도들이 되시기를 바랍니다. 그리하여 어떠한 어려움이 다가오더라도 거기에 동요되지 말고 오직 우리 영 안에 계신 성령으로부터 레마를 받는 권능 있는 성도들이 되시기를 바랍니다.

    감정은 신체가 멍이 들거나, 칼에 베이면 상처가 나고 흉터가 남고 상처가 심하고 시간이 경과되면 후유증과 합병증 증상이 나타나는 것과 같은 반응을 보입니다. 그러므로 그때그때 치유해야 하는 것입니다. 하루하루를 영으로 기도하면서 정리해야 합니다. 에베소서 4장 26-27절에 "분을 내어도 죄를 짓지 말며 해가 지도록 분을 품지 말고, 마귀에게 틈을 주지 말라." 고하시는 말씀을 마음에 새기시고 자신의 심령관리를 위하여 하루하루를 잘 정리하고 잠자리에 드시기를 바랍니다.

    정서적인 문제의 유무(有無)는 신체적 결함처럼 생리학 검사로 알아낼 수는 없지만 자신의 내면에 대한 관찰과 관심으로 알아 볼 수 있습니다. 감정을 잘 다스리지 못하여 분노를 자주 유발하면 혈관 계통에 염증이 생긴다고 합니다. 자주 분내고 혈기가 심하면 심장병과 뇌졸중, 중풍, 신경성 위장병 등의 심각한 질병을 유발하기도 합니다. 자신의 건강을 위해서라도 말씀과 성령으로 내면을 치유하여 감정 정리를 잘하시기를 바랍니다. 그리고 감정이 동요되면 사리분별이 혼돈됩니다. 이성의 분별이 잘못되면 선택을 잘못하여 어려움을 당합니다. 감정이 안정되어야 성령의 교통함을 가질 수 있습니다(벧전3:4). 그러므로 자신의 감정을 다스리고 있는 마음 깊은 곳의 상처를 찾아 치유해야 합니다.

2. 감정에서 나타나는 현상은 어떤 것인가?

외부의 영향에 의하여 감정이 반응을 일으킴으로 분노와 증오심을 갖게 됨으로 자신의 심령에 상처가 생깁니다. 자신의 심령에 상처가 생기므로 마귀가 역사하게 됩니다. 그래서 모든 염려를 주께 맡겨라 하셨습니다. 하나님은 베드로전서 5장 7절에서 "너희 염려를 다 주께 맡기라 이는 그가 너희를 돌보심이라." 하시는 것입니다. 사무엘상 18장 5-12절에 보면 사울 왕은 분노와 증오심을 가지고 살다가 마지막이 좋지 못했습니다.

감정이 상하면 심령에 하나님이 안 계시므로 남 잘되는 것을 보지 못하고 시기질투를 하게 됩니다. 형제를 사랑하지 못합니다(삼상18:5-8). 이는 하나님의 성령이 없고 육에 속한 자이기 때문입니다(유1:17-19). 하나님을 두려워하지 않고 자신의 힘을 가지고 약한 자를 해치려고 합니다(삼상18:8-9). 분노를 유발하니 사리분별이 혼돈되어 하나님이 계시다는 것을 잊어버리는 것입니다. 그러므로 큰 실수를 저지르는 것입니다. 그래서 마음을 다스리지 못하고 감정이 악하게 동요하니 심령에 악신이 임합니다(삼상18:10). 악신이 임하니 사람을 죽이려고 하면서 하나님이 함께 하는 사람을 더욱 미워합니다(삼상18:11). 그러나 걱정하지 마시기를 바랍니다. 다윗은 하나님의 기름부음을 받아 내일에 이스라엘의 왕이 될 사람입니다. 즉 초자연적인 영의 사람입니다. 사울은 한때 유다 나라의 왕이었으나 하나님의 신임을 잃어 기름부음이 떠난 자입니다. 그래서 사울은 3차원의 인간입니다. 3차원의 인간이 5차원의 초자연적인 영의 사람을 아무리 해치려고 해도 해치지 못합니다. 왜 그럴까요? 5차원의 초자연적인 사람은 하나님이 함께하고 계시기 때문입니다. 그래서 하나님은 강하고 담대하라고 하는 것입니다. 강하고 담대하시기를 바랍니다.

감정이 격해지면 악한 영이 역사하므로 심령이 더욱 강퍅해지므로 하나님이 영원히 함께하지 않습니다(삼상18:12). 우리는 성령으로 기도하여 약한 자를 긍휼히 여겨야합니다.

(유1:20-22)"사랑하는 자들아 너희는 너희의 지극히 거룩한 믿음 위에 자신을 세우며 성령으로 기도하며 하나님의 사랑 안에서 자신을 지키며 영생에 이르도록 우리 주 예수 그리스도의 긍휼을 기다리라. 어떤 의심하는 자들을 긍휼히 여기라."

3.감정과 영감의 차이는 이런 것.

감정은 외부의 영향에 의하여 일어나는 현상이라면 영감은 하나님께로부터 내 영에 주시는 내적 직관적 느낌입니다. 감정은 외부의 영향에 의하여 발생하는 나의 심적 상태를 말합니다. 감정은 성령이 주시는 영감을 받는 데 심각한 방해요소입니다. 감정도 기억이 있습니다. 감정의 기억은 나무의 나이테처럼 이성의 기억보다, 이성이 기억하고 있는 것보다 더 많이, 더 깊이 기억하고 있습니다. 예를 들어 과거의 사건은 내가 정확히 기억하지 못하지만, 그 때의 감정은 기억하고 있는 것입니다. 예를 들어 일제 36년의 아픔들이 아직도 우리의 아주 깊은 부분에 기억되어 있습니다. 그래서 운동경기도 상대가 일본이면 만나면 죽기 살기로 싸우는 것입니다. 그러므로 성도가 감정이 상해 있으면 혼과 육이 경직되어 영의 통로가 막힘으로 성령의 감동을 제대로 받아들이지를 못합니다. 그러므로 성도는 성령으로 심령을 치유하여 감정을 다스릴 줄 알아야합니다.

영감이란 성령의 임재로 성령이 주는 평안과 나타남으로 하나님의 감정과 생각을 순간순간 느끼는 것입니다. 영감은 하나님의 마음입니다. 즉, 하나님이 그 때 그때 주시는 레마의 감동을 받는 것입니다. 성령으로 영이 충만하면 자신의 기억은 무한대가 됩니다. 자신도 모르는 것을 하나님은 더 깊은 것도 알 수가 있습니다. 그래서 하나님은 고린도전서 2장 10절에서 "오직 하나님이 성령으로 이것을 우리에게 보이셨으니 성령은 모든 것 곧 하나님의 깊은 것까지도 통달하시느니라." 하시는 것입니다. 하나님과 영의 통로가 열려 깊은 기도를 할 때 성령으로 자신이 생각지도 못한 하나님의 지혜가 떠오르게 됩니다. 그래서 예수를 믿는 사람이 하나님의 지혜의 말씀을 받으면 해당분야에서 일인자가 될 수가 있는 것입니다. 이 깊고 넓은 영의 기억이 나를 이끌게 하려면 감정이 안정되어야 합니다. 성령의 임재로 육과 혼이 안정되어 영적인 깊은 상태가 되어야합니다. 그러므로 우리의 말씀과 성령으로 치유되어 감정이 안정되면 영감을 더 빨리 직관할 수 있습니다. 성령으로 충만하여 혼적인 감정을 다스리고 영감이 풍성한 모두가 되십시다. 그리하여 능력 있는 성도가 되어 하나님에게 쓰임을 받으시기를 바랍니다.

4.우리에게 문제가 되는 혼의 감정을 어떻게 조절하나.

말씀과 성령으로 자아가 죽으면 혼이 온전하게 되어 영의 통로가 됩니다.

> (갈2:20)"내가 그리스도와 함께 십자가에 못 박혔나니 그런즉 이제는 내가 사는 것이 아니요 오직 내 안에 그리스도께서 사시는 것이라 이제 내가 육체 가운데 사는 것은 나를 사랑하사 나를 위하여 자기 자신을 버리신 하나님의 아들을 믿는 믿음 안에서 사는 것이라."

그래서 우리는 하나님과 영의 통로를 열기 위하여 날마다 자신의 자아를 죽여야 합니다. 바울은 고린도전서 15장 31절에서 "형제들아 내가 그리스도 예수 우리 주 안에서 가진 바 너희에 대한 나의 자랑을 두고 단언하노니 나는 날마다 죽노라." 하는 것입니다. 하나님의 의의 병기가 되기 위하여 날마다 자아를 죽이시기를 바랍니다. 자신의 자아가 죽으면 성령이 나를 장악합니다. 성령이 나를 장악하면 나는 하나님의 의의 병기가 됩니다. 그러나 성령이 나를 장악하는 과정에서 자아가 죽는 즉 깨어지는 고통이 따릅니다. 그 고통은 곧 하나님의 사랑의 손길입니다. 사랑하기 때문에 고치는 것입니다. 이스라엘 민족의 육적인 자아와 교만을 낮추기 위하여 대적의 땅으로 끌고 갔습니다.

> (레위기26:41-42)"나도 그들에게 대항하여 내가 그들을 그들의 원수들의 땅으로 끌어 갔음을 깨닫고 그 할례 받지 아니한 그들의 마음이 낮아져서 그들의 죄악의 형벌을 기쁘게 받으면 내가 야곱과 맺은 내 언약과 이삭과 맺은 내 언약을 기억하며 아브라함과 맺은 내 언약을 기억하고 그 땅을 기억하리라."

자아를 깨뜨리고 감정을 삭이며 하나님만 바라보는 심령이 되게 하려고 하나님은 우리를 강하게 훈련합니다. 예레미야29장 10-14절을 읽어봅시다. "여호와께서 이와 같이 말씀하시니라 바벨론에서 칠십 년이 차면 내가 너희를 돌보고 나의 선한 말을 너희에게 성취하여 너희를 이곳으로 돌아오게 하리라 여호와의 말씀이니라 너희를 향한 나의 생각을 내가 아나니 평안이요 재앙이 아니니라. 너희에게 미래와 희망을 주는 것이니라. 너희가 내게 부르짖으며 내게 와서 기도하면 내가 너희들의 기도를 들을 것이요.

너희가 온 마음으로 나를 구하면 나를 찾을 것이요 나를 만나리라. 이것은 여호와의 말씀이니라 나는 너희들을 만날 것이며 너희를 포로된 중에서 다시 돌아오게 하되 내가 쫓아 보내었던 나라들과 모든 곳에서 모아 사로잡혀 떠났던 그 곳으로 돌아오게 하리라 이것은 여호와의 말씀이니라."

바벨론으로 끌려간 이스라엘은 좋은 무화과입니다. 감정을 다스리는 인내하는 자가 되게 하여 어떠한 어려움이 오더라도 하나님만 바라보게 하기 위하여 강하게 훈련하는 것입니다. 다시 예레미야 24장 1-7을 봅니다. "바벨론의 느부갓네살 왕이 유다 왕 여호야김의 아들 여고냐와 유다 고관들과 목공들과 철공들을 예루살렘에서 바벨론으로 옮긴 후에 여호와께서 여호와의 성전 앞에 놓인 무화과 두 광주리를 내게 보이셨는데 한 광주리에는 처음 익은 듯한 극히 좋은 무화과가 있고 한 광주리에는 나빠서 먹을 수 없는 극히 나쁜 무화과가 있더라. 여호와께서 내게 이르시되 예레미야야 네가 무엇을 보느냐 하시매 내가 대답하되 무화과이온데 그 좋은 무화과는 극히 좋고 그 나쁜 것은 아주 나빠서 먹을 수 없게 나쁘니이다 하니 여호와의 말씀이 또 내게 임하니라 이르시되 이스라엘의 하나님 여호와께서 이와 같이 말씀하시니라 내가 이 곳에서 옮겨 갈대아인의 땅에 이르게 한 유다 포로를 이 좋은 무화과 같이 잘 돌볼 것이라. 내가 그들을 돌아보아 좋게 하여 다시 이 땅으로 인도하여 세우고 헐지 아니하며 심고 뽑지 아니하겠고 내가 여호와인 줄 아는 마음을 그들에게 주어서 그들이 전심으로 내게 돌아오게 하리니 그들은 내 백성이 되겠고 나는 그들의 하나님이 되리라." 그래서 사도 바울은 야고보서 1장 2절에서 "내 형제들아 너희가 여러 가지 시험을 당하거든 온전히 기쁘게 여기라."고 하는 것입니다. 에스겔은 자신의 부인이 죽었어도 하나님의 말씀대로 감정을 절제하며 하나님의 말씀에 기꺼이 순종합니다.

에스겔 24장 14-24절을 봅니다. "나 여호와가 말하였은즉 그일이 이루어질지라. 내가 돌이키지도 아니하고 아끼지도 아니하며 뉘우치지도 아니하고 행하리니 그들이 네 모든 행위대로 너를 재판하리라 주 여호와의 말씀이니라. 여호와의 말씀이 또 내게 임하여 이르시되 인자야 내가 네 눈에 기뻐하는 것을 한 번 쳐서 빼앗으리니 너는 슬퍼하거나 울거나 눈물을 흘리거나 하지 말며 죽은 자들을 위하여 슬퍼하지 말고 조용히 탄식하며 수건으로 머리를 동이고 발에 신을 신고 입술을 가리지 말고 사람이 초상집에서 먹는 음식물을 먹지 말라 하신지라. 내가 아침에 백성에게 말하였더니 저녁에 내 아내가 죽었으므로 아침에 내가 받은 명령대로 행하매 백성이 내게 이르되 네가 행하는 이 일이 우리와 무슨 상관이 있는지 너는 우리에게 말하지 아니하겠느냐 하므로 내가 그들에게 대답하기를 여호와의 말씀이 내게 임하여 이르시되 너는 이스라엘 족속에게 이르기를 주 여호와의 말씀에 내 성소는 너희 세력의 영광이요 너희 눈의 기쁨이요 너희 마음에 아낌이 되거니와 내가 더럽힐 것이며 너희의 버려 둔 자녀를 칼에 엎드러지게 할지라. 너희가 에스겔이 행한 바와 같이 행하여 입술을 가리지 아니하며 사람의 음식물을 먹지 아니하며 수건으로 머리를 동인 채, 발에 신을 신은 채로 두고 슬퍼하지도 아니하며 울지도 아니하되 죄악 중에 패망하여 피

차 바라보고 탄식하리라. 이같이 에스겔이 너희에게 표징이 되리니 그가 행한 대로 너희가 다 행할지라 이 일이 이루어지면 내가 주 여호와인 줄을 너희가 알리라 하라 하셨느니라."

그리스도인이 말씀과 성령으로 육적인 자아가 깨어지면 세상일에 대해 관심이 없어집니다. 관심이 없다는 것은 세상의 것들보다 하나님께 더 관심을 갖게 되며 성령의 인도에 순종하며 하나님의 사랑으로 세상을 다스리는 하나님의 형상을 갖는 것입니다. 즉 감정을 다스릴 수 있는 성도가 됩니다. 성도가 영적인 감정을 품으면 성령의 강권에 순종하는 성도가 되어 성령의 영감으로 하나님의 뜻에 순종합니다. 성령 충만으로 감정을 다스리어 하나님의 은혜를 저버리지 맙시다. 감정이 정리되어 안정한 심령이 되면 우리가 심령에 성령의 생수가 충만하면 영적인 기갈이 없어지고, 영감이 풍성한 능력있는 성도가 됩니다.

(요7:37-38)"명절 끝날 곧 큰 날에 예수께서 서서 외쳐 이르시되 누구든지 목마르거든 내게로 와서 마시라. 나를 믿는 자는 성경에 이름과 같이 그 배에서 생수의 강이 흘러나오리라 하시니."

성령으로 내가 변하여 하나님의 의의 병기 즉, 그리스도의 편지가 되는 것입니다.

(고후3:2-3)"너희는 우리의 편지라 우리 마음에 썼고 뭇 사람

이 알고 읽는 바라. 너희는 우리로 말미암아 나타난 그리스도의 편지니 이는 먹으로 쓴 것이 아니요 오직 살아 계신 하나님의 영으로 쓴 것이며 또 돌판에 쓴 것이 아니요 오직 육의 마음판에 쓴 것이라."

그런데 자아가 깨어지는 방법에는 두 가지가 있습니다. 첫째는 하나님의 은혜(성령의 강권하심)로 급작스럽게 깨어져 변화를 받는 경우가 있습니다. 마치 다메섹 도상에서 예수님을 만나 자아가 부수어져서 하나님의 의의 병기가 된 바울과 같은 사람입니다(행 9:17-22).

두 번째는 여러 환란과 고통을 당하다가 오랜 세월 후 깨닫고 점진적으로 변화되다가 오랜 세월 후에 깨어지기도 합니다. 마치 야곱과 같은 사람을 말합니다(창 32:24-29). 그래서 변화는 전적으로 하나님의 주권이나 우리의 기도와 간구로 사모하고 노력해야 합니다. 영성훈련도 나의 자아를 빨리 깨트리는 방편이 됩니다. 그래야 빨리 하나님의 의의 도구가 됩니다. 말씀과 성령으로 자신을 잘 분별해 보시고 자아가 깨어지는 기간이 단축되어 영적인 감정이 되시기를 바랍니다.

5. 영적인 감정은 어떻게 나타나는가.

아가페적인 사랑으로 나타납니다. 에로스적 사랑은 육적인 것이며 필레오적 사랑은 혼적인 것으로 혈연관계로 생각하면 됩니다. 아가페적 사랑은 영적인 것입니다. 하나님은 로마서 5장 8절에서"우리가 아직 죄인 되었을 때에 그리스도께서 우리를 위하여 죽으심으로 하나님께서 우리에 대한 자기의 사랑을 확증하셨느니라." 하십니다. 영적인 감정이 나에게 나타나면 마음에 안식이 옵니다. 영적인 감정은 온유와 겸손과 안정된 심령이니 자연히 평안과 안식을 느끼게 됩니다. 마음에 평안과 안식을 느낀다는 것은 성령이 심령을 장악했다는 증표입니다. 성령은 평안이기 때문입니다.

> (요14:27)"평안을 너희에게 끼치노니 곧 나의 평안을 너희에게 주노라 내가 너희에게 주는 것은 세상이 주는 것과 같지 아니하니라 너희는 마음에 근심하지도 말고 두려워하지도 말라."

마음이 뜨거워집니다. 하나님은 우리를 사랑합니다. 하나님의 사랑이 우리 마음에 임하면 마음이 동하게 됨으로 마음이 뜨거워지게 됩니다(눅24:32). 우리의 영 안에 있는 성령으로부터 성령의 불이 올라오므로 기도할 때나 마음이 감동할 때 심령에서 불이 올라오는 것입니다.

6. 성령이 영의 감정에서 역사 할 때 발성의 은사가 나타난다.

1) 방언의 은사. 방언은 나의 영이 하나님과 교통하는 것입니다. 고린도전서 14장 14절에 보면 "내가 만일 방언으로 기도하면

나의 영이 기도하거니와 나의 마음은 열매를 맺지 못하리라." 합니다. 방언은 우리로 하여금 인간의 이해를 넘어 영으로 성령을 통해 어떤 방해받음 없이 아버지께 말하게 만듭니다. 그러므로 우리는 종종 이 언어 형태를 기도언어라고 할 수 있고, 대개 하나님과의 은밀한 교제에 사용합니다. 그래서 방언의 사용은 우리의 영혼을 개발시키고 주님과의 관계를 새롭게 활기 있게 유지시켜 줍니다. '방언을 말하는 것', 또는 '영으로 기도하는 것'은 기독교 신자가 발설하는 말의 형태를 자기 내부에 내주하시는 성령의 인도하심에 맡김으로써 일어나는 현상입니다. 이것은 하나님과 인간 사이에 협동 사역으로 인한 것입니다. "빌기를 다하매 모인 곳이 진동하더니 무리가 다 성령이 충만하여 담대히 하나님의 말씀을 전하니라"(행4:41). '방언의 은사'는 그것을 간절히 원하는 사람에게 주어지는 것이지, 반드시 '성령 충만'의 징표로서 나타나는 것은 아닙니다. 또한 실제로 성령 충만한 사람들이 반드시 이러한 은사를 나타내는 것도 아닙니다. 하나님의 영(성령)으로 거듭남이 없이는 진정한 방언의 은사를 받을 수 없습니다. 방언의 은사는 각자 스스로 자기 자신의 덕(유익)을 세우기 위해 사용할 수 있는 유일한 은사로서 자세한 것은 "방언기도에 숨은 비밀"을 참고하기 바랍니다.

2) **방언통역의 은사.** 방언 통역의 은사란 고전12:10에 통역이란 말로 번역된 헬라어는 'hemeneia'이다. 학자들은 그 말은 '번역하다'라고 하기보다는 '말한 것을 설명하다'라는 의미라고 보는 것이 마땅합니다. 이 은사는 성령을 통한 초자연적인 계시로서, 그리스도인들로 하여금 이미 '방언'으로 말하여진 내용을, 그에 대

한 역동적인 동의어를 사용하여 그의 말을 듣고 있는 사람들에게 이해가 가능한 언어로 전달할 수 있게 하는 능력을 말합니다. 이 은사는 외국어를 통역하듯 분명한 말씀으로 통역되는 것이 아닙니다. 방언의 통변은 직관적으로 주어지는 느낌으로 주어지기 때문에 한마디의 방언이 열 마디의 통변으로 주어질 경우도 있고, 열 마디의 방언이 한마디의 통변으로 주어질 경우도 있습니다. 통역은 통역자 자신의 뜻이 아니라 하나님의 뜻을 통해 이루어지는 행위입니다. 방언통역은 방언을 말하는 것과 마찬가지로 '성령으로' 주어지는 초자연적인 현상입니다. 방언통역이 없다면 '방언'으로 교인들을 교화할 길은 막히고 말 것입니다(고전14:19).

3) 예언의 은사. 예언은 교회의 덕을 세우고 방언통역은 자신의 덕을 세우게 됩니다(고전14:4). 모든 은사가 그렇듯이 성령의 역사는 인격적인 역사이기 때문에 성령의 역사에 순종적으로 반응하는 자아가 결부될 때 나타나는 현상입니다. 그러므로 예언을 하는 사람들이 가장 일반적인 방법은 성령이 말씀을 주실 줄 믿고 그냥 하는 것입니다. 물론 지어내는 것이 아니고 성령의 감동과 이끌림을 따라야 한다는 일정한 룰이 있습니다. 이것에서 벗어나면 자의적인 소리가 되는 것입니다. 즉 성령께서 예언하기를 원하시는가 이것을 깨닫는 일이 중요합니다. 그 외에 하나님이 주시는 환상, 감동, 영감, 음성을 따라 풀어나가며, 입을 맡기는 것이 두 번째 이 은사입니다. 그러므로 예언은 성령을 따라 하는 말, 우리가 흔히 대언 이라고 부르는 이것은 우리의 입술을 성령이 사용하신다는 뜻입니다. 다른 하나는 영감입니다. 실제적으로 하나님의 예언

은 책망도 있는 반면 대부분이 권면과 위로의 내용이고 책망도 하나님께로 돌이키기 위한 것이지 정죄가 아닙니다. 보충하여 예언의 은사를 설명하면 예언이란 어느 한 인간에게 하나님이 원하시는 길을 알려주는 것입니다. 그 사람에게 하나님이 부어준 기름부음을 알고 기름부음에 따라 준비하고 쓰임 받게 하기 위하여 하나님의 영감을 말로 풀어 전하는 것입니다. 그리고 하나님의 예언을 이루는데 장애요소를 알려주어 예언을 이루게 하는 것입니다. 하나님이 은사를 주신 목적은 하나님의 교회를 세우기 위함입니다. 좀더 깊은 것은 "예언의 달인이 되는 가이드"를 참고하면 좋습니다.

하나님이 주신 은사로 교회(무형교회, 유형교회)를 세우는 데 사용하시기를 축원합니다. 깊은 영성을 유지하기 위하여 감정정리를 잘하시기를 바랍니다. 외부의 영향을 받은 감정이 반응을 일으킬 때 심령에 상처로 남게 됩니다. 그래서 말씀과 성령으로 감정을 치유해야 합니다. 혼적인 감정은 외부에서 오는 것이기 때문에 변덕이 많습니다. 그래서 항상 성령으로 충만하여 안정한 심령이 되려고 의지적인 노력을 해야 합니다. 영감은 성령께서 내 영과 함께 하시는 가운데 하나님이 주시는 것이므로 어려운 환경에 처할 지라도 온유하고 안정된 마음을 유지할 수 있습니다. 그리고 하나님으로부터 오는 레마와 지혜를 받아 일을 지혜롭게 처리할 수가 있습니다. 영적인 감정은 하나님의 사랑, 아가페 사랑으로 나타납니다. 마음이 예수님의 마음을 닮아가게 됩니다. 성령으로 혼과 육을 장악하여 영의 통로를 열어 영적인 감정으로 변하여 하나님의 의의 병기가 되시기를 바랍니다.

8장 지혜와 계시의 영의통로

　(엡1:12-23)"이는 우리가 그리스도 안에서 전부터 바라던 그의 영광의 찬송이 되게 하려 하심이라. 그 안에서 너희도 진리의 말씀 곧 너희의 구원의 복음을 듣고 그 안에서 또한 믿어 약속의 성령으로 인치심을 받았으니, 이는 우리 기업의 보증이 되사 그 얻으신 것을 속량하시고 그의 영광을 찬송하게 하려 하심이라, 이로 말미암아 주 예수 안에서 너희 믿음과 모든 성도를 향한 사랑을 나도 듣고, 내가 기도할 때에 기억하며 너희로 말미암아 감사하기를 그치지 아니하고, 우리 주 예수 그리스도의 하나님, 영광의 아버지께서 지혜와 계시의 영을 너희에게 주사 하나님을 알게 하시고, 너희 마음의 눈을 밝히사 그의 부르심의 소망이 무엇이며 성도 안에서 그 기업의 영광의 풍성함이 무엇이며, 그의 힘의 위력으로 역사하심을 따라 믿는 우리에게 베푸신 능력의 지극히 크심이 어떠한 것을 너희로 알게 하시기를 구하노라. 그의 능력이 그리스도 안에서 역사하사 죽은 자들 가운데서 다시 살리시고 하늘에서 자기의 오른편에 앉히사, 모든 통치와 권세와 능력과 주권과 이 세상뿐 아니라 오는 세상에 일컫는 모든 이름 위에 뛰어나게 하시고, 또 만물을 그의 발아래에 복종하게 하시고 그를 만물 위에 교회의 머리로 삼으셨느니라. 교회는 그의 몸이니

만물 안에서 만물을 충만하게 하시는 이의 충만함이니라."

하나님은 성령으로 영의 통로를 열어 하나님을 아는 지식을 나타내라고 말씀하십니다. 하나님을 안다는 것은 하나님을 체험하는 것을 말합니다. 겉 사람이 성령으로 변하여 속사람의 통로가 되면 내 모든 잘못된 세상적인 생각은 하나하나 물러가고 하나님의 지혜와 계시의 정신이 임하므로 복의근원이 됩니다. 하나님의 지혜와 계시의 정신이 임해야 하나님의 깊은 뜻을 알고 순종합니다. 하나님의 능력의 크심이 어떤 것인지 알아야 하나님의 권세를 사용할 수 있는 자가 됩니다. 많은 성도님들이 자신이 가지고 있는 권세를 잘 알지 못하므로 예수를 믿으면서도 악한 영의 역사에 두려움을 가지고 있습니다. 그런데 우리가 바르게 알아야 할 것은 우리는 모두 옛 사람으로 있다가 예수를 믿고 새 사람으로 다시 태어났습니다. 그래서 예수를 믿고 난 다음에도 우리의 옛 사람에 붙어서 역사하는 악한 것들이 있을 수가 있습니다. 그런데 이는 예수님이 이미 십자가에서 통치자와 권세를 드러내시고 밝히 승리하셨기 때문에 두려운 존재가 되지 못합니다. 우리에게서 성령의 역사가 나타나 우리의 전인격이 성령으로 장악이 되면 모두 떠나가야 하는 그림자에 불과한 것입니다. 문제는 성령의 세례와 충만을 받느냐 못 받느냐 이것이 문제가 되는 것이지 악한 영의 자체는 문제가 되지 않습니다. 악한 영의 역사를 너무나 두려워하시지 말고 말씀과 성령의 역사를 체험하고 성령으로 충만 하려고 의지적으로 노력하면 종국에는 다 떠나갑니다. 그리고 우리 성도들에게는 하나님이 부여하신 권세가 있습니다(요1:12-13). 이 하나님이 주신 권세를 사용하여 악한 영의 궤계를 몰아내시기를 바랍니다. 하나님의 자녀가 하나님이 주신 권세를 사용하지 못하면 세상 자연인이나 마찬가지가 됩니다. 그래서 우리는 성령으로 하나님의 지혜와 계시의 정신을 알아야 합니다. 성도가 하나님의 지혜와 계시의 정신을 알기 위하여 이렇게 하시기를 바랍니다.

1. 하나님이 우리를 부르신 이유.

1) 하나님에게 영광의 찬송이 되게 하시려고 불렀습니다. 하나님은 에베소서 1장 12절에서 "이는 그리스도 안에서 전부터 바라던 우리로 그의 영광의 찬송이 되게 하려 하심이라." 말씀했습니다. 우리는 하나님의 영광과 찬송이 되며 우리로 하여금 이 땅에 하나님 나라를 이루시려고 불렀습니다. 하나님은 빌립보서 2장1 3절에서 "너희 안에서 행하시는 이는 하나님이시니 자기의 기쁘신 뜻을 위하여 너희에게 소원을 두고 행하게 하시나니" 하나님은 우리에게 소원을 두고 일을 하시는 하나님이십니다. 그러므로 우리는 다 잘되어야 합니다. 잘되어야 하나님의 소원을 이루어 드리는 것이 됩니다. 영적으로도 박식해야 합니다. 지식적으로도 박식해야 합니다. 우리는 건강해야 합니다. 불신자들이 보았을 때 역시 예수를 믿으니까 다르다는 말을 들어야 합니다. 하나님을 우리가 이렇게 되도록 소원하고 계시다는 것을 믿으시기를 바랍니다.

2) 창세전에 택함 받은 우리를 하나님은 말씀을 들려주시고 성령으로 인치셨습니다(엡1:13). 인침이란 하나님의 것이라는 보증의 도장을 찍었다는 뜻입니다. 세상으로 말하면 인감도장을 찍는 것과 같습니다. 너는 내 것이다. 라고 하나님이 보증한 것이다. 내가 너를 나의 영광을 위하여 사용하리라 하고, 도장을 찍으신 것입니다. 하나님의 영광을 위해 사용하시려고 모태에서 잉태되기 전에 구별하여 불렀습니다. 예수를 믿는 우리들은 모두 세상에서 불러낸 구별된 사람들입니다. 세상말로 복덩어리입니다. 성령으로 인 침을 받은 성도는 하나님의 말씀을 듣고 행해야 역사가 나타납니다.

하나님의 자녀는 말씀을 듣고 약속의 성령으로 구속의 날까지 인침을 받아야 합니다(엡4:30). 성령으로 인침을 받았다는 말은 성령으로 세례를 받고 성령으로 충만한 성도를 말하는 것입니다. 그리하여 우리가 천국에 갈 때까지 성령의 인도를 받아야 한다는 말입니다. 성령을 주인으로 모시고 성령의 인도를 받으시기를 바랍니다. 우리가 이 땅에서의 삶은 마귀와의 투쟁입니다. 마귀와의 투쟁은 우리의 힘만으로는 역부족입니다. 반드시 성령의 도움을 받아야 이길 수가 있습니다. 날마다 성령으로 충만 하려고 의지적인 노력을 하시고 성령의 도움을 받으시기를 바랍니다. 성령으로 인침(세례)을 받지 않으면 환난 날에 하나님의 보호를 받지 못한다고 성경이 말합니다.

(계9:1-6)"다섯째 천사가 나팔을 불매 내가 보니 하늘에서 땅

에 떨어진 별 하나가 있는데 그가 무저갱의 열쇠를 받았더라. 그가 무저갱을 여니 그 구멍에서 큰 화덕의 연기 같은 연기가 올라오매 해와 공기가 그 구멍의 연기로 말미암아 어두워지며, 또 황충이 연기 가운데로부터 땅 위에 나오매 그들이 땅에 있는 전갈의 권세와 같은 권세를 받았더라. 그들에게 이르시되 땅의 풀이나 푸른 것이나 각종 수목은 해하지 말고 오직 이마에 하나님의 인침을 받지 아니한 사람들만 해하라 하시더라. 그러나 그들을 죽이지는 못하게 하시고 다섯 달 동안 괴롭게만 하게 하시는데 그 괴롭게 함은 전갈이 사람을 쏠 때에 괴롭게 함과 같더라. 그 날에는 사람들이 죽기를 구하여도 죽지 못하고 죽고 싶으나 죽음이 그들을 피하리로다."

예수를 믿는 당신은 염려하지 마시기를 바랍니다. 하나님이 우리를 창세전에 택하셔서 말씀을 주시고 성령으로 인치시고 보호하시기 때문입니다. 믿어야 합니다. 하나님은 성령으로 세례를 받고 충만한 성도는 절대로 혼자두지 않으시고 돌보고 계신다는 것을 믿으시기를 바랍니다.

3) 우리는 마음과 정성을 다하여 하나님에게 영광과 찬송을 올려야합니다(엡1:14). 감사함으로 하나님께 영광을 찬미하는 모두가 되십시다.

2. 우리는 이 깊고도 넓은 하나님의 사랑을 알아야 한다.

1) 깊고도 넓은 하나님의 사랑을 알게 하기 위해서 하나님이 말씀과 성령을 주신 것입니다. 하나님의 말씀은 모든 것을 벌거벗은 것같이 드러내십니다.

> (히4:12-13)"하나님의 말씀은 살아 있고 활력이 있어 좌우에 날선 어떤 검보다도 예리하여 혼과 영과 및 관절과 골수를 찔러 쪼개기까지 하며 또 마음의 생각과 뜻을 판단하나니 지으신 것이 하나도 그 앞에 나타나지 않음이 없고 우리의 결산을 받으실 이의 눈앞에 만물이 벌거벗은 것 같이 드러나느니라."

그리고 성령은 하나님의 깊은 것이라도 통달하게 합니다(고전 2:10). 그러므로 우리가 성도되는 것은 말씀과 성령으로 되는 것입니다. 모두 말씀과 성령으로 충만하시기를 바랍니다. 우리 안에 내주 하여 역사하는 성령은 우리에게 지혜와 계시의 정신을 주셔서 하나님을 알게 합니다(엡1:17). 오직 성령으로 하나님을 아는 지식을 쌓아 가십시다. 그래서 우리는 첫째도 말씀과 성령, 둘째도 말씀과 성령, 셋째도 말씀과 성령이어야 합니다.

3. 지혜와 계시의 정신이 주는 네 가지 복

1) 우리로 하여금 하나님을 알게 합니다.

에베소서 1장 17절에 보면"우리 주 예수 그리스도의 하나님, 영광의 아버지께서 지혜와 계시의 영을 너희에게 주사 하나님을 알게 하시고."했습니다. 하나님을 알게 한다는 것은 하나님을 체험하게 한다는 것입니다. 성령으로 하나님을 아는 지식이 풍성해 지시기를 바랍니다. 성경은 호세아서 4장 6절에서 "내 백성이 지식이 없으므로 망하는 도다 네가 지식을 버렸으니 나도 너를 버려 내 제사장이 되지 못하게 할 것이요 네가 네 하나님의 율법을 잊었으니 나도 네 자녀들을 잊어버리리라" 여기서 지식이란 하나님을 말하는 것입니다. 하나님을 안다는 것은 체험적으로 안다는 것입니다.

2)성령은 우리의 지식까지 새롭게 하여 마음의 눈을 밝게 합니다. 성경 골로새서 3장 10절에"새 사람을 입었으니 이는 자기를 창조하신 이의 형상을 따라 지식에까지 새롭게 하심을 입은 자니라." 말씀하십니다. 예수를 믿고 성령을 체험하고 거듭난 성도는 변해야 합니다. 지식까지 새로워져야 합니다. 그리하여 마음의 눈(영안)이 밝아져야 합니다. 예수를 믿고 성령을 체험하고도 변하지 않는 것은 무엇인가 잘못된 것입니다. 빨리 찾아서 고쳐야 합니다. 성령은 초자연적으로 역사하는 하나님의 영입니다. 하나님의 영이 심령을 장악하면 변하게 되어 있습니다.

3) 그 기업의 영광의 풍성함이 무엇인가 알게 합니다(엡1:18). 하나님은 우리 성도를 통하여 하나님의 나라를 이루십니다. 그

러기 때문에 우리는 복이 있는 자들입니다. 하나님은 우리를 통하여 이 땅에 하나님의 나라를 만들어야 하기 때문에 우리가 잘되기를 소원하시는 것입니다. 그런데 무조건 잘되게 하시는 것이 아니라 성령을 통하여 훈련하고 단련하여 복을 주시고 하나님께 쓰임을 받게 합니다. 성령으로 마음의 눈을 밝혀서 하나님의 깊은 뜻을 아시기를 바랍니다.

4) 믿음의 능력이 무엇인지 알게 합니다(엡1:19-20).

요한복음 3장 16-17절에 보면"하나님이 세상을 이처럼 사랑하사 독생자를 주셨으니 이는 그를 믿는 자마다 멸망하지 않고 영생을 얻게 하려 하심이라. 하나님이 그 아들을 세상에 보내신 것은 세상을 심판하려 하심이 아니요 그로 말미암아 세상이 구원을 받게 하려 하심이라." 말씀하십니다. 하나님이 우리에게 베푸신 크신 능력은 우리를 죄악에서 구원하여 자녀 삼아주셨습니다. 요한계시록 9장 4절에 "그들에게 이르시되 땅의 풀이나 푸른 것이나 각종 수목은 해하지 말고 오직 이마에 하나님의 인침을 받지 아니한 사람들만 해하라 하시더라." 이렇게 우리를 환란에서 보호하십니다. 환란이 찾아와도 당황하지 마시기를 바랍니다. 하나님은 고린도전서 10장 13절에서"사람이 감당할 시험 밖에는 너희가 당한 것이 없나니 오직 하나님은 미쁘사 너희가 감당하지 못할 시험 당함을 허락하지 아니하시고 시험 당할 즈음에 또한 피할 길을 내사 너희로 능히 감당하게 하시느니라." 말씀하십니다.

우리에게 하나님의 자녀 되는 권능을 주어서 악한 마귀의 궤계를 몰아내게 하십니다. 사도행전 8장 4-8절에 보면 "그 흩어진 사람들이 두루 다니며 복음의 말씀을 전할새, 빌립이 사마리아 성에 내려가 그리스도를 백성에게 전파하니 무리가 빌립의 말도 듣고 행하는 표적도 보고 한마음으로 그가 하는 말을 따르더라. 많은 사람에게 붙었던 더러운 귀신들이 크게 소리를 지르며 나가고 또 많은 중풍병자와 못 걷는 사람이 나으니 그 성에 큰 기쁨이 있더라." 하였습니다. 예수 이름으로 악한 마귀를 몰아내시기를 바랍니다. 주신 권세를 사용하시기를 바랍니다. 하나님의 자녀로서 하나님에게 예배드리게 하십니다. 요한복음 4장 23-24절을 읽어봅시다. "아버지께 참되게 예배하는 자들은 영과 진리로 예배할 때가 오나니 곧 이 때라 아버지께서는 자기에게 이렇게 예배하는 자들을 찾으시느니라. 하나님은 영이시니 예배하는 자가 영과 진리로 예배할지니라." 예배는 성령으로 충만하여 영으로 드려야 합니다. 하나님은 영이시기 때문에 예배하는 자들이 영의 상태가 되어야 예배를 받으십니다. 성령의 임재가운데 예배를 드리는 습관을 드리시기를 바랍니다. 하나님은 베드로전서 3장 9절에서 "악을 악으로, 욕을 욕으로 갚지 말고 도리어 복을 빌라 이를 위하여 너희가 부르심을 받았으니 이는 복을 이어받게 하려 하심이라"하셨습니다. 이와 같이 성령은 우리가 하나님의 축복을 받으면서 이 세상을 살아가게 하십니다. 우리 예수를 믿는 성도는 하나님이 예수를 십자가에서 죽게 해서 낳자들이기 때문입니다. 하나님이 나셨기 때문에 다 잘되기를 소원하십니다. 하나님은 잘못한자를 치시는 하나님이 아니시고, 우리가 깨닫고 돌아오기를 원하시는 하나님이십니다. 하나님은 스가랴서 1장 3절에서 이렇게 말씀합니다. "그러므로 너는 그들에게 말하기를 만군의 여호와께서 이처럼 이르시되 너희는 내게로 돌아오라. 만군의 여호와의 말이니라. 그리하면 내가 너희에게로 돌아가리라 만군의 여호와의 말이니라" 예수를 믿고 성령으로 충만한 성도는 늘 심령이 평안하여 마음으로 하나님에게 기도하는 성도들입니다. 날마다 평안하게 사시기를 바랍니다.

4. 땅에 있는 지체를 죽여야 한다.

하나님의 은혜를 받기 위해서는 땅에 있는 지체를 죽여야 합니다. 육성이 살아있으면 하나님이 아무것도 하실 수가 없습니다.

1) 지체는 죄를 섬기는 것인 고로(롬7:25) 믿음으로 지체(육)를 죽여야 지혜와 계시의 정신이 나타납니다. 혈과 육은 하나님나라에 무익한 것입니다. 날마다 말씀과 성령으로 충만하여 자신을 쳐서 복종시키시기를 바랍니다. 바울은 고린도전서 15장 31절에서 이렇게 고백합니다. "형제들아 내가 그리스도 예수 우리 주 안에서 가진 바 너희에 대한 나의 자랑을 두고 단언하노니 나는 날마다 죽노라." 우리는 모두 바울의 신앙 고백을 마음 판에 새겨야 합니다.

2) 땅에 있는 지체를 죽이지 못하면 하나님 나라를 유업으로 받지 못합니다. 하나님은 갈라디아서 5장 19-21절에서 이렇게 말

씀하십니다. "육체의 일은 분명하니 곧 음행과 더러운 것과 호색과 우상 숭배와 주술과 원수 맺는 것과 분쟁과 시기와 분냄과 당 짓는 것과 분열함과 이단과 투기와 술 취함과 방탕함과 또 그와 같은 것들이라 전에 너희에게 경계한 것 같이 경계하노니 이런 일을 하는 자들은 하나님의 나라를 유업으로 받지 못할 것이요." 그래서 치유를 받으라는 것입니다. 우리는 모두 예수만 믿으면 천국을 가는 것으로 알고 있습니다. 그런데 앞의 본문은 무엇이라고 말씀하십니까? "이런 일을 하는 자들은 하나님의 나라를 유업으로 받지 못할 것이요"라고 말씀하는 것입니다. 그러므로 예수를 믿노라고 하면서도 혈기를 내거나 원수를 맺거나 음행을 하거나 하면 하나님의 나라에 못 들어 갈수도 있다는 것입니다. 그러므로 영안을 열어 지혜와 계시의 정신으로 자신을 보고 치유해야 하는 것입니다. 이는 우리가 혈기를 내면 육체의 활동으로 마귀가 역사합니다. 그러므로 성령은 소멸되고 육이 강화됨으로 육을 통해서는 하나님의 나라에 들어갈 수 없는 것이 맞습니다.

3) 땅에 있는 지체를 죽여서 성령을 근심하게 말아야합니다.

에베소서 4장 30-32절에 보면 "하나님의 성령을 근심하게 하지 말라 그 안에서 너희가 구원의 날까지 인치심을 받았느니라. 너희는 모든 악독과 노함과 분냄과 떠드는 것과 비방하는 것을 모든 악의와 함께 버리고, 서로 친절하게 하며 불쌍히 여기며 서로 용서하기를 하나님이 그리스도 안에서 너희를 용서하심과 같이 하라." 고 말씀하십니다. 우리가 심령에서 성령이 충만하게 하려면 평안해야 합니다. 서로 용서하여 마음의 보복의 칼이 없어야 합니다. 모두 말씀과 성령으로 충만하게 지내시기를 바랍니다. 그래 늘 심령에서 은혜가 넘쳐나는 성도들이 다되시기를 바랍니다.

5. 영의 통로가 열리기 위해 지식에까지 새로워져야한다.

1) 땅의 지체를 죽일 때 지식까지 새로워지는 역사가 임합니다.

하나님은 로마서 12장 2절에서 "너희는 이 세대를 본받지 말고 오직 마음을 새롭게 함으로 변화를 받아 하나님의 선하시고 기뻐하시고 온전하신 뜻이 무엇인지 분별하도록 하라."고 말씀하십니다. 성령으로 지혜와 계시의 정신을 받아 자신에게 아직 남아있는 옛 사람(땅의 지체)이 무엇이 남아 있는 지 분별하여 제거하시기를 바랍니다. 내가 없어지고 예수가 나타나야 하늘의 복을 받는 성도가 됩니다.

2) 우리는 성령으로 지식에까지 새롭게 하심을 받아야합니다.

하나님은 골로새서 3장 9-10절에서 이렇게 말씀하십니다. "너희가 서로 거짓말을 하지 말라 옛 사람과 그 행위를 벗어 버리고, 새 사람을 입었으니 이는 자기를 창조하신 이의 형상을 따라 지식에까지 새롭게 하심을 입은 자니라." 다시 말해서 변하려고 노력해야 하고, 옛 사람(아담)은 예수 십자가에서 죽어야 한다는 것입니다. 그래서 내가 배우고 터득하여 아는 지식도 다 성령님에게 드려서 성령님이 알려주는 지식으로 세상을 살아가려고 하시기를 바랍니다. 쉽게 말해서 아는 것도 성령님에게 물어서 행하라는 말씀입니다.

3) 옛것을 버리고 새사람을 받아야합니다(고후5:17). 많은 분들이 이 말씀을 가지고 필자에게 이렇게 말합니다. 목사님! "이전 것은 지나갔으니 보라 새것이 되었도다." 하셨는데 치유 받을 필요가 있습니까? 그렇니다. 만약에 예수 안에만 들어가면 금방 새사람이 된다면 왜 요셉이 십 삼년을 고생을 했겠습니까? 모세는 사십년을 광야에서 고생을 했습니다. 예수를 믿으면 영이 살아납니다. 그 영안에 있는 성령의 권능으로 우리가 새사람이 되어가는 것입니다. 순간에 새 사람이 될 수는 없다고 필자는 생각을 합니다. 말씀과 성령으로 치유되어 변하려고 노력을 하시기를 바랍니다.

6. 영의 통로를 열어 빼앗긴 영역을 회복하라.

1) 구원받기 전 우리는 세상풍속을 좇으며 공중 권세 잡은 자를 따랐습니다(엡2:2). 우리가 믿기 전에 세상풍속을 좇으며 공중 권세 잡은 자를 따랐기 때문에 그들에게 빼앗긴 영역이 있습니다. 성령으로 영의 눈을 열어 빼앗긴 영역을 찾아서 마귀와 영적인 전쟁을 하여 찾아오시기를 바랍니다. 재물도 찾아오시기를 바랍니다. 영혼도 찾아오시기를 바랍니다. 건강도 찾아오시기를 바랍니다. 하나님이 주신 성령의 권세를 주장하여 모두 빼앗겼던 영역을 회복하시기를 바랍니다. 그래서 우리가 성령으로 지혜와 계시의

정신이 임하면 마귀와 일전을 치러야만 하는 것입니다. 영적인 전쟁을 피할 수가 없습니다. 그래서 하나님은 우리에게 말씀과 성령으로 권능을 주시고 마귀와 싸우게 하시는 것입니다. 예수를 믿는 우리는 모두 하늘나라의 군사들입니다. 군사는 전쟁을 하며 적과 싸우기 위해서 있는 것이 군사입니다. 모두 군사로서 사명을 감당하도록 말씀과 성령으로 충만하시기를 소원합니다.

2) 우리의 생각을 사로잡아 그리스도께 복종케 할 때 우리의 겉 사람이 하나님의 의의 병기가 됩니다(롬6:13). 우리의 전인격이 하나님의 나라가 되어야 합니다. 전인격을 성령으로 사로잡게 해야 합니다. 그래야 마귀가 우리를 넘보지 못하고 예수 이름으로 대적할 때 물러가는 것입니다.

7. 말씀으로 겉 사람의 통로가 열린다.

요한복음 15장 3절에 "너희는 내가 일러준 말로 이미 깨끗하여졌으니."라고 하십니다. 말씀을 들을 때 성령의 역사로 영의 통로가 열립니다. 성도는 말씀과 성령으로 영의 통로가 열려야만 합니다. 그래서 말씀을 들어야 합니다. 그것도 그냥 지식적인 말씀이 아니고 성령으로 충만한 영의 말씀을 들어야 우리의 영이 소생하여 심령이 치유되어 영의통로가 열립니다.

8. 지혜와 계시의 정신으로 계시의 은사가 나타난다.

1) 지식의 말씀의 은사를 주신 이유. 우리에게 하나님을 좀 더 많이 알게 하여 영광을 받으시기를 원하시기에 우리에게 지식을 주십니다. 지식의 말씀의 은사는 모르는 것을 성령으로 알아내는 은사입니다. 마치 엘리사가 아람왕의 침실에서 하는 말 하나도 다 아는 것처럼 말입니다.

> (왕하 6:8-12)"그 때에 아람 왕이 이스라엘과 더불어 싸우며 그의 신복들과 의논하여 이르기를 우리가 아무데 아무데 진을 치리라 하였더니 하나님의 사람이 이스라엘 왕에게 보내 이르되 왕은 삼가 아무 곳으로 지나가지 마소서 아람 사람이 그 곳으로 나오나이다. 하는지라, 이스라엘 왕이 하나님의 사람이 자기에게 말하여 경계한 곳으로 사람을 보내 방비하기가 한두 번이 아닌지라. 이러므로 아람 왕의 마음이 불안하여 그 신복들을 불러 이르되 우리 중에 누가 이스라엘 왕과 내통하는 것을 내게 말하지 아니하느냐 하니 그 신복 중의 한 사람이 이르되 우리 주왕이여 아니로소이다. 오직 이스라엘 선지자 엘리사가 왕이 침실에서 하신 말씀을 이스라엘의 왕에게 고하나이다 하는지라."

그리스도의 복음전파를 위해서입니다. 바울은 골로새서 4장 3절에서"또한 우리를 위하여 기도하되 하나님이 전도할 문을 우리에게 열어 주사 그리스도의 비밀을 말하게 하시기를 구하라 내가 이 일 때문에 매임을 당하였노라."고 말합니다. 지식의 말씀의 은사를 주시는 것은 우리가 전도할 때 상대방의 문제를 알아 비밀을 말함으로 예수를 믿게 하기 위하여 지식의 말씀의 은사를 주시는 것입니다. 저는 지식의 말씀의 은사로 성도들의 문제를 찾아 치유하고 있습니다. 우리는 지혜의 말씀의 은사만 있어서는 안 됩니다. 지식의 말씀의 은사도 있어야 합니다. 지혜의 말씀의 은사는 깊은 마음에서 올라와 문제를 해결할 수 있는 지혜이고, 지식의 말씀의 은사는 생각으로 떠오르는 문제나 문제의 원인을 성령의 초자연적인 역사로 아는 것입니다. 지식의 말씀은 정보이고 지혜의 말씀은 문제를 해결하는 방법으로 마음에서 올라오는 것입니다. 지혜의 말씀은 지식의 말씀이 있어야 합니다. 지식의 말씀의 은사는 인간의 지식, 이해의 범위로 알 수 없는 것을 성령께서 정보를 주심으로 초자연적으로 알 수 있게 되는 것입니다.

지식의 말씀은 마음으로 깨달아지거나, 환상을 보거나, 꿈으로 보거나, 육감, 직감으로 알게 되거나, 성경구절, 단어가 떠오르는 것일 수가 있습니다. 이러한 지식의 말씀을 하나님이 주시는 지혜로 부드럽게 전달해주거나 문제를 해결하여 주는 것이 지혜의 말씀의 은사입니다. '성령님, 이분의 답답함(직감으로 느낀)을 치료하게 알려 주세요.' 남을 위해 기도해줄 때 눈을 뜨고 상대를 보세요. 그 사람을 보는 동시에 성령님을 보세요. 성령님에게 귀를 기울이세요. 마음속에 어떤 느낌이 오는가? 그 느낌을 말과 기도로 잘 표현하세요. 지식의 말씀 은사를 지혜의 말씀 은사로 표현하세요. 부드러운 성령의 역사는 마음을 뚫고 들어갑니다. 이것을 위해서 성령님이 주신 지식의 말씀, 깨달음을 지혜로운 말로 전달해야 합니다. 성령의 은사는 성령의 나타나심입니다. 나에게 나타나고(지혜의 말씀의 은사와 지식의 말씀의 은사로) 상대방에게 나타나심을 (치유와 능력으로) 간구 하시기를 바랍니다.

2) **지혜의 말씀의 은사를 주시는 이유.** 하나님께서 주신 지혜로 문제나 환경을 분별하게 합니다. 지혜의 말씀의 은사는 문제를 풀 수 있는 초자연적인 하나님의 지혜입니다. 마치 솔로몬이 두 여자의 문제를 해결한 것같이 문제를 풀 수 있는 지혜를 말합니다.

> (왕상3:25-27)"왕이 이르되 산 아이를 둘로 나누어 반은 이 여자에게 주고 반은 저 여자에게 주라. 그 산아들의 어머니 되는 여자가 그 아들을 위하여 마음이 불붙는 것 같아서 왕께 아뢰어 청하건대 내 주여 산 아이를 그에게 주시고 아무쪼록 죽이지 마옵소서 하되 다른 여자는 말하기를 내 것도 되게 말고 네 것도 되게 말고 나누게 하라 하는지라. 왕이 대답하여 이르되 산 아이를 저 여자에게 주고 결코 죽이지 말라 저가 그의 어머니이니라 하매."

이것은 총명을 말하는 것이 아니라 하나님이 주시는 계시로 말하는 것입니다. 지혜의 말씀의 은사는 성도가 지식의 말씀으로 깨달은 문제나 계획을 풀 수 있는 지혜입니다. 또 앞으로 일어날 일에 대해 해결하고 준비할 것을 아는 지혜입니다. 이는 인간의 지혜가 아닌 하나님의 초자연적인 지혜입니다. 우리는 성령께서 주시는 지혜로 행동해야 하는데, 자신의 감정으로 행동함으로 실수를 하게 됩니다. 하나님의 사람들은 자신의 감정으로 무엇을 해서는 안 됩니다.

사람의 감정은 육의 상처에서 나오는 것이기 때문입니다. 그러므로 성령의 사람은 성령께서 주시는 하나님의 지혜로 해야 합니다. 이것이 바로 믿음으로 하는 것입니다. '믿음으로' 라는 말은 '성령으로'라는 말과 같은 것입니다. 성령께 지혜를 간구하면 속에서 물방울처럼 지혜가 속에서 올라오는 것을 느끼게 됩니다. 지혜롭지 못한 은사사역에는 마귀가 틈을 탑니다. 하나님은 지혜로우신 분이고, 마귀는 어리석은 존재입니다.

하나님의 지혜가 없으면 마귀의 역사로 말미암아 은사사역이 오염되기 쉽습니다. 이것이 바로 은사 중에 지혜의 말씀의 은사가 가장 먼저 거론되는 이유입니다. 지혜 말씀과 지식 말씀은 연결됩니다. 지혜는 마음쪽에서 오는 것이고 지식은 생각쪽에서 오는 것입니다. 지식을 지혜로 표현하는 것입니다. 지식으로 받은 것을 지혜롭게 표현하고 전달하는 것입니다. 지식의 말씀의 은사로 깨닫고, 예언의 은사로 받은 내용을 상대방에게 부드럽게, 거부감 없이 받아들이고 깨달을 수 있게 하는 은사가 바로 지혜의 말씀의 은사입니다.

3) **영분별의 은사를 주신이유.** 영분별의 은사로 사건의 진상을 알 수 있습니다. 문제의 원인을 알 수 있습니다. 영분별을 하는 목적은 성령의 일과 악령의 일을 구분하는 것입니다. 성령은 모으는

일을 합니다. 악령 마귀는 흩어지게 하는 일을 합니다. 성령의 일과 악령의 일을 구별해 내는 것을 말합니다. 좀 어려울 수가 있습니다. 마귀가 광명한 천사로 가장하기 때문입니다. 또 인간의 영과 하나님의 영의 미묘한 경계점을 구분하는 것입니다. 대언시 이상하게 하나님이 하시는 말씀이 맞나 하고 생각되는 것은 인간의 영일 있습니다. 인간의 영의 상태를 아는 것입니다. 지역과 단체의 영을 알아내는 것입니다. 지역의 영에 흐름을 알아내는 것도 영분별의 은사입니다. 이는 굉장히 중요한 일입니다. 지역의 영을 분별하려면 직접 지역을 다니면서 몸으로 느껴보시기를 바랍니다. 성령치유 사역과 귀신을 축사하는 축사 사역을 많이 하다가 보면 영분별 능력이 배가 됩니다. 우리가 생각하는 것보다 더 광범위하게 사용되어지는 은사가 영분별 은사입니다. 성도는 기본적으로 영들을 분별하는 은사가 있어야 자신의 영을 자신이 지킬 수가 있습니다. 영분별의 능력을 개발합시다.

영분별의 목적은 지역에 역사하는 마귀의 권세와 조직을 알게 합니다. 사람을 괴롭히고 장악하는 특별한 악령을 알게 합니다. 주의할 것은 지식의 말씀을 통해 악령이 들어간 상황이나 시간을 알고 영분별의 은사를 통해 악령의 종류를 알게 됩니다. 그리고 축사를 해야 합니다 성령께서 운행하시는 방향을 알게 하는 것도 영분별의 은사에 속합니다. 찬양, 경배, 중보 및 기쁨의 영이 역사 하시는 것을 아는 것도 영분별의 은사입니다. 개인의 영속에 있는 것을 알게 하며 그가 그렇게 말하고 행하는 이유를 깨닫게 합니다. 귀신의 정체와 악령과 사탄이 있는 지역을 드러내고 분별합니다. 축사합니다. 사람 속에 숨어 있는 귀신들의 정체를 드러냄으로 사람들을 보호시키고 잘못된 영으로부터 해방시키기 위하여 영을 분별합니다. 사람의 영의 역사와 성령의 역사를 분별합니다 (살후2:9-10). 영분별의 은사를 나타내시기를 바랍니다. 자세한 것은 "영분별과 기적치유"을 참고하시기를 바랍니다. 그리하여 영혼들을 구원하시기를 바랍니다.

지혜와 계시의 정신이 오면 하나님을 알게 하고 지식에까지 새롭게 되며 그 기업의 풍성함을 알게 되며, 믿음의 능력이 무엇인지 알게 되는 축복을 누립니다. 지혜와 계시의 정신을 받으려면 우리의 겉 사람, 지체를 죽여야 합니다. 그리하여 영의 통로가 열려야합니다. 지혜와 계시의 정신이 올 때 지식의 말씀의 은사와 지혜의 말씀의 은사와 영분별을 할 수 있습니다. 성령으로 영들을 분별하는 능력을 나타냅시다. 그리하여 마귀의 궤계를 밝히 드러내고 몰아내어 이 땅에 하나님의 나라를 이루시기를 바랍니다.

9장 의지의 영의통로

(벧후 1:1-11)"예수 그리스도의 종이며 사도인 시몬 베드로는 우리 하나님과 구주 예수 그리스도의 의를 힘입어 동일하게 보배로운 믿음을 우리와 함께 받은 자들에게 편지하노니, 하나님과 우리 주 예수를 앎으로 은혜와 평강이 너희에게 더욱 많을지어다. 그의 신기한 능력으로 생명과 경건에 속한 모든 것을 우리에게 주셨으니 이는 자기의 영광과 덕으로써 우리를 부르신 이를 앎으로 말미암음이라. 이로써 그 보배롭고 지극히 큰 약속을 우리에게 주사 이 약속으로 말미암아 너희가 정욕 때문에 세상에서 썩어질 것을 피하여 신성한 성품에 참여하는 자가 되게 하려 하셨느니라. 그러므로 너희가 더욱 힘써 너희 믿음에 덕을, 덕에 지식을, 지식에 절제를, 절제에 인내를, 인내에 경건을, 경건에 형제 우애를, 형제 우애에 사랑을 더하라. 이런 것이 너희에게 있어 흡족한즉 너희로 우리 주 예수 그리스도를 알기에 게으르지 않고 열매 없는 자가 되지 않게 하려니와 이런 것이 없는 자는 맹인이라 멀리 보지 못하고 그의 옛 죄가 깨끗하게 된 것을 잊었느니라. 그러므로 형제들아 더욱 힘써 너희 부르심과 택하심을 굳게 하라 너희가 이것을 행한즉 언제든지 실족하지 아니하리라. 이같이 하면 우리 주 곧 구주 예수 그리스도의 영원한 나라에 들어감을 넉넉히 너희에게 주시리라."

하나님은 우리가 성령의 능력으로 변화되어 나에게서 하나님의 의지가 나타나서 하나님에게 순종하는 영의통로가 열린 성도가 되라고 하십니다. 필자가 성령치유 사역을 하다가 보면 의지가 약하여 완전 치유를 받지 못하고 중도에 포기하는 성도들이 있습니다. 그리고 자신의 의지를 마귀에게 빼앗겨서 마귀가 하자는 대로 따라가는 안타까운 의지도 있습니다. 제가 영적으로 깨달으면 깨달을 수 록 인간은 나약하다는 것입니다. 그래서 자기가 자신을 바르게 알게 되면 하나님을 한 시간만이라도 떠나서는 살수가 없다는 것을 체험적으로 알게 되는 것입니다. 왜 그렇습니까? 원래 옛사람은 마귀의 종이었습니다. 그래서 조금만 방심하면 마귀가 찾아옵니다. 당신도 잘 아시겠지만 마귀는 사람의 밖에서 안으로 역사를 합니다. 성령은 안에서 밖으로 역사를 합니다. 그래서 마귀는 주변 사람들을 동원하여 넘어지게 하려고 혈안이 되어 있습니다. 그러므로 성도는 성령으로 분별력을 길러서 마귀의 미혹에 속지 말아야 합니다. 사람은 누구에게 순종하느냐에 따라 생사가 좌우되는 연약한 존재입니다.

(롬6:16)"너희 자신을 종으로 내주어 누구에게 순종하든지 그 순종함을 받는 자의 종이 되는 줄을 너희가 알지 못하느냐 혹은 죄 의 종으로 사망에 이르고 혹은 순종의 종으로 의에 이르느니라."

그러면 어떻게 우리의 의지를 하나님의 뜻에 순종시킬 수 있으며, 어떻게 내 의지를 순종시켜야, 내 의지가 영의 통로로 바꾸어 질 수 있습니까? 우리의 영과 혼과 육이 하나로 성령의 도구가 되어야 가능합니다. 성령으로 하나된 우리의 의지가 하나님 뜻에 순종해야합니다. 의지에는 순종하는 의지와 조화되는 의지가 있습니다. 먼저 내 의지가 영의 통로로 바꾸기 위해서 우리는 이렇게 해야 합니다

1. 의지를 다하여 예수를 믿고 알아야한다.

영의 통로가 열리려면 의지를 다하여 예수를 믿고 알아야 합니다. 안다는 것은 체험적으로 아는 것을 말합니다. 말씀대로 몸으로 느끼며 체험하는 것을 안다고 하는 것입니다.

1)우리는 예수의 의를 힘입어 보배로운 믿음이 되었습니다. 그래서 베드로는 베드로후서 1장 1절에서"예수 그리스도의 종이며 사도인 시몬 베드로는 우리 하나님과 구주 예수 그리스도의 의를 힘입어 동일하게 보배로운 믿음을 우리와 함께 받은 자들에게 편지하노니" 라고 말합니다. 주님께서 로마의 빌라도 법정에서 사형선고를 받고 난 다음에 총독의 군병들이 있는 관정 안으로 들어가서 얼마나 세차게 매를 맞았습니까? 당시 매를 때릴 때는 채찍 끝에 쇠고리가 달려 있습니다. 그 쇠고리가 몸을 휘어 감고 당기면 몸이 밭갈 듯이 갈라졌습니다. 피가 쏟아졌습니다. 왜 주님이 그 채찍을 맞았습니까? 주님께서는 우리의 병을 대신 청산해야 되겠다. 병의 대가를 지불해야 되겠다고 깊이 결심했기 때문에 그 몹쓸 고통과 괴로움을 참으신 것입니다. 내가 고통을 당하고 내가 괴롭더라도 내 백성의 병을 고쳐야 되겠다. 병의 대가를 지불해야

되겠다. 공짜가 어디 있습니까? 대가를 지불해야 치료를 값 주고 살 수 있으니까 예수님은 살이 찢어지고 피를 쏟으므로 우리의 병을 대속하신 것입니다. 그렇기 때문에 예수 믿는 사람은 병을 앓으면 안 됩니다. 병을 이겨야 됩니다. 주님이 그처럼 고통을 당하시고 애쓰시고 마음에 번민을 하시고 우리의 병을 결국에는 채찍에 맞으시므로 청산하셨으니 예수님의 그 마음을 생각해서라도 우리는 병을 이겨야 되고 병을 내어 쫓아야 되고 병 고침을 받아야 되는 것입니다.

2) 우리가 의지를 가지고 예수를 알아야 내 안에 은혜와 평강이 있습니다. 예수를 안다는 것은 이론적으로 알뿐만 아니라 체험하는 것을 말합니다(벧후1:2). 민물에 사는 생물 중에 가시고기라는 물고기가 있습니다. 가시고기라는 책도 출간되어서 나와 있습니다. 이 가시고기는 산란 때가 되면 수컷이 정성을 다해 수초 속에 자리를 마련하고 암컷은 알만 낳고 도망을 가고 돌아오지 않습니다. 수컷이 그 알을 보호하기 위해서 밤낮 자지 않고 있습니다. 다른 물고기가 와서 알을 먹을까 싶어서 그 알을 지키고 계속해서 지느러미를 움직여서 신선한 산소가 꽉 찬 물을 공급시킵니다. 먹지도 않고, 자지도 않고, 쉬지도 않으며 알을 지키고 알에게 신선한 산소를 공급하려고 애를 쓰다가 나중에 알이 부화되어 나오면 수컷은 지쳐서 죽어 버립니다. 그후 새끼들은 모두 아버지인 수컷의 몸에 붙어서 그 살을 뜯어 먹고 자라는 것입니다. 이것이 가시고기입니다. 가시고기의 부성애는 놀랄만합니다. 자기의 목숨을 바

쳐서 새끼를 알에서 부화시키고 새끼를 자라게 만들어 주는 것입니다.

하나님께서 우리를 위해 목숨까지 주신 것은 우리를 사랑하기 때문에 그런 것입니다. 부모가 자식을 사랑하는 그 이상의 사랑으로 우리의 고통에 하나님이 동참하신 것은 하나님의 그 끈질긴 사랑 때문에 그런 것입니다. 가시고기라는 하나의 민물고기도 새끼를 위해서 목숨을 버리는데 하나님은 하나님의 형상과 모양대로 지음 받은 인간을 위해서 그 아들 예수님의 목숨을 버리게 하신 것입니다.

2. 믿음은 자신의 의지를 통해 역사한다.

믿음은 우리의 의지의 통로를 통해서 역사합니다. 믿음으로 그리스도를 영접하면 하나님의 영이 내 안에 오셔서 자신을 하나님의 자녀가 되게 하십니다. 그 다음으로 의지를 가지고 주를 섬기려 하고, 성령으로 충만 하려고 해야 큰 믿음으로 자랍니다.

(요1:12-13)"영접하는 자 곧 그 이름을 믿는 자들에게는 하나님의 자녀가 되는 권세를 주셨으니 이는 혈통으로나 육정으로나 사람의 뜻으로 나지 아니하고 오직 하나님께로부터 난 자들이니라."

믿음은 의지를 통하여 역사합니다. 의지는 믿음뿐만이 아닙니다. 치유도 의지가 있어야 치유를 받습니다. 의지를 다하여 주님만을 섬기려고 하시기를 바랍니다. 의지를 다하여 믿음이 자라게 하시기를 바랍니다.

3. 온전하고 거룩한 하나님의 의지를 본받아야 한다.

사람의 자유 의지로 하나님께 순종하면 하나님의 온전하고 거룩한 의지가 나의 심령 안으로 들어와 나의 의지를 온전하고 거룩하게 합니다. 하나님의 의지는 변함이 없으신 완벽하신 분이십니다. 변혁하거나 흔들리지 않는 의지를 가지고 계십니다. 우리는 자신의 의지를 가지고 예수만 바라보아야 합니다. 하와는 세상을 바라보다가 선악과를 먹고 에덴동산에서 쫓겨나고 평생 죄인으로 살다가 생을 마감하여 인류를 죄악 속에 몰아넣은 죄악의 조상이 되었습니다. 우리는 이를 거울삼아 우리의 의지를 오직 예수님에게 집중해야 합니다. 그래야 우리가 온전하게 하나님의 복과 보호를 받으면서 세상을 살아갈 수가 있는 것입니다. 하나님만이 우리의 보호자가 되시기 때문입니다. 하나님만이 우리의 피난처가 되시기 때문입니다. 하나님은 우리의 산성이십니다. 세상을 바라보지 말고 하나님만 바라보시기를 바랍니다.

(히12:2)"믿음의 주요 또 온전하게 하시는 이인 예수를 바라
보자 그는 그 앞에 있는 기쁨을 위하여 십자가를 참으사 부끄러
움을 개의치 아니하시더니 하나님 보좌 우편에 앉으셨느니라."

예수님의 행적을 본받아 예수님이 이 세상을 살아간 것같이 우리도 예수님의 삶을 본받아야 합니다. 그리하여 예수님과 같이 하나님의 보좌 우편에 앉는 복을 다 받아야 합니다.

4. 하나님의 뜻을 분별하라.

하나님의 의지를 본받기 위해 하나님의 뜻을 분별하시기를 바랍니다(롬12:2). 하나님의 뜻을 분별해야만 우리가 힘을 다하여 믿고 순종할 수 있습니다.

1) 하나님의 뜻을 어떻게 분별할까.

①기도를 통하여 분별할 수가 있습니다(마26:38-44). 예수님도 기도를 통하여 하나님의 뜻을 분별하였습니다. 하나님은 영이시기 때문에 우리가 말씀과 성령으로 충만한 영적인 상태가 되어 기도할 때 하나님은 뜻을 알려 주십니다. 기도하시기를 바랍니다. 제가 쓴 책 "깊은 기도 체험하기"를 읽어 보면 기도를 어떻게 해야 하는지 잘 나와 있습니다.

②말씀을 통하여 분별할 수가 있습니다(눅10:27). 하나님의 말씀을 읽고, 묵상하고, 성령으로 심비에 새겨야 합니다. 기도도 말씀으로 해야 하는 것입니다. 하나님의 말씀 속에 하나님의 뜻이 있습니다. 우리가 성령으로 충만한 상태에서 기도할 때 성령은 마음의 감동과 레마로 우리에게 하나님의 뜻을 알려 주십니다.

③성령의 감동과 보증의 역사를 통하여 분별할 수가 있습니다

(행21:4). 우리가 기도할 때 성령께서 감동으로 하나님의 뜻을 알게 하십니다. 믿음의 거장 바울도 기도할 때 성령께서 감동하여 하나님의 뜻을 알게 하셨습니다. 그리고 보증의 역사(표징)으로 하나님의 뜻을 알게 합니다. 보증의 역사란 우리가 기도할 때 속에서 아멘이 저절로 나온다든지, 고개가 끄덕여 진다든지 마음에서 뜨거운 감동이 온다든지 사람을 통하여 보이는 역사가 나타난다든지 하는 것을 말합니다.

2) 그럼 하나님의 뜻은 무엇일까.

①위로는 하나님을 사랑하고 옆으로는 이웃을 사랑하는 것입니다(막12:30-31). 이웃을 사랑하시기를 바랍니다. 이웃을 사랑하지 못하면 전도의 문이 막힙니다. 성경 히브리서 12장 14절에 "모든 사람과 더불어 화평함과 거룩함을 따르라 이것이 없이는 아무도 주를 보지 못하리라."고 하셨습니다. 그리고 하나님은 사랑하시기를 바랍니다. 하나님을 사랑하는 성도는 하나님의 계명을 지키는 자라고 하셨습니다. 하나님은 요한복음 14장 21절에서 "나의 계명을 지키는 자라야 나를 사랑하는 자니 나를 사랑하는 자는 내 아버지께 사랑을 받을 것이요 나도 그를 사랑하여 그에게 나를 나타내리라."고 말씀하셨습니다. 이웃을 사랑하시고 하나님을 사랑하시기를 바랍니다.

② 하나님은 말씀의 비밀을 지혜롭고 슬기 있는 자들에게는 숨기시고 어린 아이들에게는 나타내시는 것입니다(마11:24-26). 하나님의 말씀의 비밀을 많이 알려고 의지적인 노력을 하시기를

바랍니다. 하나님의 마지막 때에는 하나님의 말씀의 비밀을 많이 아는 성도를 사용한다고 하십니다. 말씀의 비밀을 많이 아시려면 어린 아이들과 같이 순수한 성도가 되어야 합니다. 성령으로 충만한 성도가 되어야 합니다. 하나님의 말씀이라면 곧이곧대로 믿는 자가 순수한 성도입니다. 겸손한 자가 되시기를 바랍니다. 절대로 하나님의 말씀을 다 안다고 자만하지 말고 알아야 할 것이 많이 있다고 생각을 해야 성령께서 하나님의 말씀의 비밀을 많이 알려주십니다. 하나님의 말씀인 고린도전서 8장 2절에서 "만일 누구든지 무엇을 아는 줄로 생각하면 아직도 마땅히 알 것을 알지 못하는 것이요." 라는 말씀을 마음에 새기시기를 바랍니다.

③예수를 믿는 자는 영생을 소유하게 하는 것이 하나님의 뜻입니다(요6:38-40). 무엇 때문에 예수를 믿습니까? 결국은 하나님이 계시는 천국에 가려고 믿는 것입니다. 하나님은 약속하십니다. 예수를 믿는 자는 영생을 얻는 다고 말씀하십니다. 우리 주변에 예수를 모르는 사람들에게 예수를 전하여 천국을 소유하게 하시기를 바랍니다. 그리고 천국에 가서서 생명의 면류관을 받으시기 바랍니다.

④영혼 전도하는 것이 하나님의 뜻입니다. 예수님은 마가복음 1장 38절에서 "이르시되 우리가 다른 가까운 마을들로 가자 거기서도 전도하리니 내가 이를 위하여 왔노라 하시고," 하십니다. 우리는 전도해야합니다. 때를 얻든지 못 얻든지 전도해야합니다. 예수님도 전도하려 이 세상에 오셨다고 하십니다. 우리는 복음에 은혜를 받은 자들입니다. 주변의 사람들에게 복음을 전하여 그들도

함께 천국에 가게 하시기를 바랍니다. 당신이 전도를 많이 하고 천국에 가면 먼저 천국에 간 성도들이 천국이 너무 좋으니 너무나 감사하며 피켓을 들고 마중을 나옵니다. 아무개 목사님, 장로님, 권사님, 안수집사님, 집사님의 천국입성을 환영합니다. 그런데 문제는 전도를 한명도 못한 성도는 천국에 가도 마중 나오는 사람이 없을 것입니다. 생명이 있을 때 전도합시다. 예수님은 전도하려 세상에 오셨다고 했습니다.

5. 순종하는 의지와 조화하는 의지.

의지에는 순종하는 의지와 조화된 의지가 있습니다. 순종하는 의지는 나의 생각과 의지를 죽이고 성령의 감동과 하나님의 말씀에 순종하는 의지입니다. 조화된 의지는 하나님의 의지와 나의 의지가 화합하여 하나가 된 의지입니다. 우리는 하나님의 의지와 조회된 의지가 되려고 해야 합니다.

1) 순종하는 의지

순종하는 의지는 자신과의 싸움으로 내적으로 투쟁이 많습니다. 순종하는 의지는 어떻게 해서든지 자기 자신과 싸워 이겨야 하나님의 의지와 일치하고자 하는 것입니다. 자기의 의지를 성령으로 죽이고 하나님에게 순종해야합니다. 순종이 제사보다 낫다고 했습니다. 아무리 자기 생각과 의지가 강해도 하나님의 의지에 순종해야 하나님의 인도와 보호를 받을 수가 있는 것입니다. 자기의 의지를 따라가면 죄가 됩니다. 죄는 육신의 소욕을 따라가는 일은 모두 하나님 앞에 죄가 됩니다. 말씀과 성령으로 죄의 몸이 멸하여 다시는 우리가 죄에게 종노릇하지 말아야합니다. 그래야 삽니다(롬6:4-7). 아브라함과 같이 하나님의 말씀이면 무조건 순종하면 축복입니다(창12:1-2). 아브라함과 같은 믿음이 되시기를 바랍니다. 믿음으로 아브라함은 갈 바를 알지 못했으나 순종하여 믿음의 조상이 되었습니다. 당신도 순종하여 아브라함의 복을 받으시기를 바랍니다.

2) 조화된 의지.

조화되는 의지는 천성이 하나님의 성품을 많이 닮아가고 있는 성도의 의지로 이런 의지를 가진 성도는 날마다 그리스도의 형상을 닮아 갑니다. 그리하여 하나님의 뜻을 이루는 것입니다. 하나님의 뜻이란 무엇입니까?

①하나님의 기독교 문화 명령을 이 땅에서 이루는 것입니다(창 1:28). 예수 믿는 우리가 하나님의 나라 기독교 문화 명령을 이 땅에 이루는 것입니다. 우리는 하나님이 주신 지혜로 자신이 하는 분야에서 일인자가 되는 것이 하나님의 뜻을 이루어 드리는 것입니다. 모두 하나님의 지혜를 받아 자신이 하는 분야에 일인자가 되시기를 바랍니다. 그리하여 하나님의 자녀들이 정치, 경제, 산업 등등 모든 분야를 좌지우지 하는 성도들이 되어야 합니다.

②속사람이 능력으로 강건하게 되는 것입니다(엡3:16). 우리의 주인은 속사람입니다. 속사람이 자신을 장악하려면 말씀을 묵

상하고 영으로 기도해야 합니다. 우리의 주인인 속사람이 자신을 장악하여 하나님의 인도와 보호를 받으시기를 바랍니다.

③요셉과 같이 형제를 용서하는 것입니다(창50:19-21). 이웃을 용서하고 관용하여 이웃들과 거룩하고 화평하게 지내시기를 바랍니다. 하나님은 형제가 아무리 잘못을 했더라도 넓은 하나님의 마음으로 용서하는 성도가 되어야 하나님이 기뻐하십니다(히 12:14).

④스데반과 같이 나를 죽이는 원수를 사랑하는 마음을 갖는 것입니다(행7:59-60). 우리가 스데반과 같이 되려면 성령으로 충만하여 영안이 열려야 합니다. 우리 모두 말씀과 성령으로 충만하여 스데반과 같이 되시기를 바랍니다.

⑤내가 예수의 성품과 같이 변하여 구원을 이루는 것입니다(빌 2:12). 우리는 변해야 합니다. 제가 누누이 말씀을 드리지만 성령으로 충만하여 영으로 기도하고 영으로 말씀을 듣는 성도는 변하지 않을 수가 없습니다. 변하지 않는다면 자신에게 문제가 있는 것이니 찾아서 고치려고 하시기를 바랍니다.

3) 일반적으로 하나님은 우리의 의지를 꺾지 않는다.

하나님의 뜻을 알려주시고 자신이 순종하게 합니다(창2:17). 사람에게 자유의지를 주셨습니다(롬6:16). 아담은 자유의지를 가지고 악을 선택하여 실패했습니다(창3:6). 솔로몬도 하나님의 말씀에 불순종하여 실패했습니다(대하7:19-20). 하나님의 말씀에 순종하는 조화된 의지가 되려고 노력해야 합니다. 말씀을 들었으면 실천하는 것이 더 중요합니다. 모두 말씀과 성령으로 치유 받아 순종하여 하나님의 의지와 조화되기를 소원합니다. 그리하여 하나님의 축복의 도구들이 다 되시기를 바랍니다.

6. 우리가 어떻게 신의 성품에 참여하는가?

1) 신의 성품에 참여하기 위해 의지를 가지고 믿음의 분량을 넓혀야 합니다. 믿음의 불량을 넓힌다는 것은 하나님의 말씀이면 나에게 무슨 손해가 생기더라도 아멘 하고 순종해야 합니다. 하나님의 일이라면 나의 일을 뒤로하고 하나님의 원하시는 말씀에 순종하는 자가 신의 성품에 참여하는 자로서 기본이 되는 성도입니다. 절대 하나님의 일을 하는데 인간적인 계산을 하고 하나님의 일을 하려고 하면 되지 않습니다. 하나님이 원하시면 무조건 순종하는 자가 신의 성품에 참여하는 자가 됩니다(벧후1:5-7). 신의 성품에 참여하는 자가 되려면 나의 굳은 마음을 말씀과 성령으로 치유하여 하나님과 영의 통로가 열려야합니다.

2) 의지를 가지고 예수를 알고 열매가 있어야한다.

베드로는 베드로후서 1장 8절에서 "이런 것이 너희에게 있어 흡족한즉 너희로 우리 주 예수 그리스도를 알기에 게으르지 않고 열매 없는 자가 되지 않게 하려니와"라고 말합니다. 성령의 열매를 맺는 삶을 살아야합니다. 성령의 열매를 맺으려면 심령이 변으로야 합니다. 구습을 쫓는 옛 사람을 벗어버리고 하나님을 좇아야 합니다(엡4:22-24).

3) 믿음의 의지를 가지고 절대로 실족하지 말아야합니다.

하나님의 말씀과 성령의 인도를 따라가다 보면 자신의 뜻대로 되지 않을 경우도 있습니다. 그러나 의지를 가지고 참고 인내하며 기다려야 하나님의 뜻이 이루어집니다.

베드로는 베드로후서 1장 10-11절에서 이렇게 말합니다. "그러므로 형제들아 더욱 힘써 너희 부르심과 택하심을 굳게 하라 너희가 이것을 행한즉 언제든지 실족하지 아니하리라. 이같이 하면 우리 주 곧 구주 예수 그리스도의 영원한 나라에 들어감을 넉넉히 너희에게 주시리라." 항상 성령으로 기도하여 성령으로 충만하여 성령이 주는 계시의 정신으로 잘 분별하여 속지 말아야합니다.

4) 우리가 믿음이 떨어져 실족하려하면 하나님은 징계를 통해서 역사합니다.
하나님은 자신이 택한 자가 믿음에서 떠나 세상을 향하려고 하면 여러 가지 생각하지 못한 환란을 통해서 깨닫게 하십니다. 우리는 이를 분별할 줄을 알아야 합니다. 우리는 성령으로 이를 깨달아 속히 그 자리에서 회개하고 나와야 합니다.

(히12:5-8)"또 아들들에게 권하는 것 같이 너희에게 권면하신 말씀도 잊었도다 일렀으되 내 아들아 주의 징계하심을 경히 여기지 말며 그에게 꾸지람을 받을 때에 낙심하지 말라. 주께서 그 사랑하시는 자를 징계하시고 그가 받아들이시는 아들마다 채

찍질하심이라 하였으니 너희가 참음은 징계를 받기 위함이라 하
나님이 아들과 같이 너희를 대우하시나니 어찌 아버지가 징계하
지 않는 아들이 있으리요. 징계는 다 받는 것이거늘 너희에게 없
으면 사생자요 친아들이 아니니라."

하나님은 사랑하는 자를 징계하십니다. 징계를 당하거든 불평
하지 말고 감사함으로 받아들이시기를 바랍니다.

5) 징계를 순종함으로 받아 연단된 자에게 의의 평강의 열매를
맺습니다. 히브리서 12장 11절에 "무릇 징계가 당시에는 즐거워
보이지 않고 슬퍼 보이나 후에 그로 말미암아 연단 받은 자들은 의
와 평강의 열매를 맺느니라"말씀합니다. 욥의 인내를 보시기를 바
랍니다. 마귀는 악착같습니다. 악착같이 참소해서 우리를 도적질
하고 죽이고 멸망시키는 것입니다. 그래서 하나님께서 "그래! 그
럼 좋다. 욥의 몸을 네게 붙인다. 그러나 그 생명에는 손대지 말
라." 그러자 마귀가 내려와서 욥의 몸을 치매 정수리부터 발뒤꿈
치까지 악창이 나서 터져 피고름이 나고 옷을 입고 있을 수가 없었
습니다. 그래서 욥은 할 수없이 발가벗고 잿더미에 앉아서 기와조
각으로 몸을 긁고 있었습니다. 이제 재산은 다 탕진되고, 종은 다
떠나고 빈털터리가 되고 악창이 나서 잿더미에 앉아 기와 장으로
몸을 긁고 있으니 그 아내가 와서 말했습니다. "흥! 그래도 당신이
순전을 지키느뇨? 하나님을 욕하고 죽어라. 죽어!" 그러고 난 다음
부인도 떠나고 말았습니다. 가장 처참한 경우에 처해 있어도 욥은

하나님을 원망하지 않았습니다. 그는 자기의 태어난 날을 저주하고 자기의 고통을 저주했지만 하나님을 원망하지 않았습니다. 그리하여 회복되는 복을 받은 것입니다. 우리도 욥의 인내를 배워야 합니다.

6) 내가 하나님의 징계로 인하여 신의 성품에 참여하고 있음을 어떻게 증명할 수 있습니까? 자신의 몸을 쳐 복종케 함으로 하나님의 성품에 참여하게 됩니다(고전9:27). 노아는 120년간을 보이지 않는 것을 위하여 자신을 쳐서 순종했습니다(히11:7). 자신의 욕심, 감정을 절제함으로 하나님의 성품에 참여하게 됩니다. 변해야 한다는 것입니다.

> (엡4:22-24)"너희는 유혹의 욕심을 따라 썩어져 가는 구습을 따르는 옛 사람을 벗어 버리고 오직 너희의 심령이 새롭게 되어 하나님을 따라 의와 진리의 거룩함으로 지으심을 받은 새 사람을 입으라."

아브라함의 믿음의 본을 따라야합니다(창13:9-11). 우리는 하나님만 나에게 계시면 됩니다. 하나님이 나와 함께 할 수 있는 우리가 되시기를 바랍니다. 성도에게 징계가 올 때 말씀을 마음판에 새기며 이겨나감으로 하나님의 성품에 참여하게 됩니다. 시편 119편 71절에 "고난당한 것이 내게 유익이라 이로 말미암아 내가 주의 율례들을 배우게 되었나이다."합니다. 동방의 의인 욥의 하나님을 향한 믿음을 본받아야합니다(욥1:20-22). 그러나 징계 후에는 반드시 복이 따라야합니다.

> (욥42:10)"욥이 그의 친구들을 위하여 기도할 때 여호와께서 욥의 곤경을 돌이키시고 여호와께서 욥에게 이전 모든 소유보다 갑절이나 주신지라."

7) 실족하지 않고 의지를 다하여 승리한 자는 영원한 나라에 들어갑니다. 하나님은 "귀 있는 자는 성령이 교회들에게 하시는 말씀을 들을지어다."(계2:7). 하십니다. 성령이 교회들에게 하시는 말씀을 알아들을 귀를 준비하여 성령의 음성을 들으시기를 바랍니다. 그래서 여러 가지 고난이 오더라도 참고 인내하여 하나님의 나라에 들어가시기를 믿음의 권속들이 다되시기를 바랍니다.

6. 조화된 의지에 따라 나타나는 은사

믿음의 은사, 병고치는 은사, 능력 행함의 은사가 나타납니다.
조화된 의지는 능동적인 자세로 협력 순종하는 것으로 조화된 의지로 하나님께 순종하면 성령으로 은사가 오게 되어 있습니다. 남의 손에 이끌리어 예배에 참석하거나 봉사하는 것은 수동적인 것입니다. 우리는 하나님의 뜻이라면 온전한 조화된 성품으로 순종해야 하는 것입니다. 그래야 하나님의 은혜를 받을 수가 있습니다.
1) 믿음의 은사가 나타납니다. 하나님의 영광을 위한 믿음의 열

정이 생겨납니다. 믿음은 "너희 믿음이 사람의 지혜에 있지 아니하고 다만 하나님의 능력에 있게 하려 하였노라."(고전 2:5). 라고 말합니다. "아브라함은 시험을 받을 때에 믿음으로 이삭을 드렸으니 그는 약속들을 받은 자로되 그 외아들을 드렸느니라."(히 11:17)고 하십니다. 다윗과 같은 담대한 믿음이 생깁니다(삼상 17:45-47).

2) 병 고치는 은사가 나타납니다. 하나님께서 우리 안에서 일할 수 있는 조화된 의지가 나타나면 잘못된 의지로 한 일들을 회개함으로 신유의 은사가 나타납니다. 예수님도 성령이 함께하여 병을 고칩니다(행10:37-38). 베드로도 성령으로 병자를 고칩니다(행5:15-16). 빌립도 성령으로 병자를 고칩니다(행8:4-8). 바울도 성령으로 병자를 고칩니다(행19:11-12). 필자도 수많은 병들을 고칩니다. 성령께서 저를 통하여 여러 가지 병을 고치는 역사를 하시고 계십니다. 내적치유도 합니다. 교회는 병을 고쳐야 합니다. 그래서 영육을 강건하게 해야 합니다. 하나님과 화합된 의지가 되시어 병을 고치는 은사가 다 나타나시기를 바랍니다. 자세한 것은 "신유은사사역 달인이 되자"를 참고 하시기를 바랍니다. 그리하여 영혼을 전도하시는 일에 사용하시기를 바랍니다.

3)능력을 행하는 은사가 나타납니다. 사도바울이 바보라는 곳에서 총독 서기오에게 복음전할 때 복음을 방해 하는 바 예수를 향하여 네가 소경이 되어 얼마동안 해를 보지 못하리라는 말씀대로

된 것입니다(행13:10-11). 능력 행함의 은사는 죽은 영혼을 전도하여 살리는 것도 능력 행함의 은사입니다. 여호수아는 태양을 머무르게 했습니다(수10:12-13). 믿음은 우리의 의지를 통하여 역사합니다. 하나님의 의지는 거룩하고 온전합니다. 우리는 거룩한 하나님의 의지를 따라야합니다. 자유의지를 가진 우리는 우리의 의지를 순종하는 자의 종이 됩니다. 그러므로 하나님의 의지에 우리의 의지가 화합을 해야 능력으로 역사가 나타나는 것입니다. 당신의 의지를 말씀과 성령으로 죽이고 하나님의 의지에 화합하시기를 바랍니다. 그리고 하나님께로부터 징계를 받을 때 순종함으로 받아 연단을 받은 자에게는 의와 평강의 열매를 맺을 뿐 아니라 신의 성품에 참여하게 됩니다. 조화된 의지로 하나님께 순종했을 때 믿음의 은사, 병 고치는 은사, 능력을 행하는 은사가 나타납니다. 조화된 의지로 영의 통로를 열어 하나님의 은혜를 입는 모두가 되시기를 바랍니다.

3부 영의통로가 뚫리면 누리는 복

10장 주님의 뜻을 알게 된다.

(롬 12:1-2)"그러므로 형제들아 내가 하나님의 모든 자비하심으로 너희를 권하노니 너희 몸을 하나님이 기뻐하시는 거룩한 산 제물로 드리라 이는 너희가 드릴 영적 예배니라. 너희는 이 세대를 본받지 말고 오직 마음을 새롭게 함으로 변화를 받아 하나님의 선하시고 기뻐하시고 온전하신 뜻이 무엇인지 분별하도록 하라"

우리가 하나님과 영의 통로를 뚫는 것은 예수님의 뜻을 바르게 이해하기 위해서입니다. 하나님은 하나님과 영의 통로를 열어 하나님의 뜻을 바르게 알고 순종하며 따라 가는 성도를 축복하십니다. 하나님의 뜻을 알려면 열린 영의 통로를 통하여 성령으로 깊은 기도를 해야 합니다. 성령으로 하는 깊은 기도는 마귀와 악의 영들과의 싸움입니다. 마귀들은 결사적으로 우리의 기도를 막고 믿음을 훼방하려고 전심전력을 기울이는 것입니다. 그러기 때문에 우리가 영의 통로가 열리지 않으면 기도가 응답되지 못합니다. 영의 통로가 막히면 마귀의 영적인 공격을 받아서 기도가 막히고, 믿음의 확신을 상실해 버리고 맙니다. 영의 통로가 막혀 영으로 기도를 못하면 하나님의 뜻을 확실히 알지 못하여 우리는 방황하게 됩니다. 그러나 하나님과 영의 통로가 열려 우리가 하는 모든 일에 하나님의 뜻을 분명히 알면, 거센 환경의 도전이 다가와도 우리는 담대하게 이 일을 물리치고, 억센 믿음으로 기도하고 나감으로 하나님의 응답과 복을 받을 수가 있습니다.

우리들은 하나님의 말씀을 통하여 신앙생활과 세상을 살아가는 길에 필요한 하나님의 뜻을 알 수 있습니다. 그러나 우리의 일상생활에서 겪는 특수한 삶의 현장에서 하나님의 뜻을 알기 위해서는 그 방법과 길을 알아야만 합니다. 이 장에서 필자가 그 길을 말씀을 드리고자 하는 것입니다.

1. 성령으로 충만한 지혜와 지식과 총명으로

우리가 하나님과 영의 통로를 열어 성령으로 충만해야 영의 기도로 하나님의 뜻을 알 수가 있습니다. 그러나 성경에 확실히 기록해 놓지 않는 여러 가지 우리의 생활의 현장에서 일어나는 일들에 대한 하나님의 뜻을 알기 위해서는 우리가 하나님과 영의 통로가 열려야 하고 성령으로 충만하여 영으로 깊은 기도를 해야 합니다. 하나님에게 열린 영의 통로로 마음속에 성령으로 지혜와 지식과 총명을 주서서 사물의 진리를 밝히 깨닫게 해달라고 우리는 간구해야만 하는 것입니다.

우리가 열린 영의통로로 하나님께 간절히 기도하고 하나님의 뜻을 사모하면 하나님의 지혜와 지식과 총명이 성령으로 우리 마음속에 임하시게 됩니다. 이 체험은 마치 어두운 밤이 지나고 아침이 다가오면, 환한 동녘의 빛과 함께 어두움이 사라지고, 전에 안 보이던 사물이 눈앞에 밝게 드러나는 것과 같은 그런 체험입니다. 암울하던 마음에 하나님의 지혜와 총명이 임하여 사물에 대한 하나님의 뜻을 밝히 알게 되는 것입니다.

이와 같은 체험은 우리가 말씀을 읽고 기도하며 묵상할 때, 우리 마음속에 커튼이 열어지는 것과 같은 그런 체험을 하며, 하나님의 뜻이 분명히 마음속에 생겨나는 것입니다. 누가 가르쳐 주어서 알게 되는 것이 아닙니다. 연구해서 개발한 것도 아닙니다. 마음속에 이것이 하나님의 뜻이다. 이렇게 성령으로 깨달아지게 되는 것입니다. 베드로 후서 1장 19절에 보면 "또 우리에게는 더 확실한 예언이 있어 어두운 데를 비추는 등불과 같으니 날이 새어 샛별이 너희 마음에 떠오르기까지 너희가 이것을 주의하는 것이 옳으니라" 고 말씀하신 것처럼, 어두운데 비취는 등불처럼 우리 마음속에 하나님의 뜻이 환하게 비추어 나오는 것입니다. 다시 한 번 강조합니다. 내가 하나님을 따라가는데 다른 사람이 하는 소리를 듣고 따라가면 절대로 안 됩니다. 내가 직접 하나님에게 듣고 보고 깨닫고 환경으로 나타나는 보증의 역사를 보고 따라가야 합니다. 절대로 다른 사람의 소리를 듣고 따라가지 말아야 합니다. 왜냐하면 우리 안에 성령님이 계시기 때문입니다. 성령님에게 문의 하여 안내를 받아야 맞습니다. 명심하시기를 바랍니다.

또 우리가 교회에서 성령으로 충만하여 영으로 하나님 말씀을 듣고 있을 때, 내가 마음속에 가지고 있던 여러 가지 의혹이 사라지고, 하나님의 뜻이 어딘지 알기 위해서 간절히 사모할 때, 그 뜻이 분명하게 마음에 임하게 되는 것입니다. 마태복음 13장 23절에 보면 "좋은 땅에 뿌려졌다는 것은 말씀을 듣고 깨닫는 자니 결실하여 어떤 것은 백 배, 어떤 것은 육십 배, 어떤 것은 삼십 배가 되느니라 하시더라" 말씀을 듣고 있을 때 마음속에 이것은 아니다. 이것은 하나님의 뜻이다. 이렇게 깨달음이 갑자기 다가온다는 것입니다. 그러므로 누가 가르치는 것이 아니라, 내 마음속에 다가오는 성령의 깨달음 때문에 하나님의 뜻을 알게 되는 것입니다.

또 그뿐 아니라, 성령 충만한 사람들과 토론을 통해서 전폭적으로 하나님의 뜻이 밝혀지는 것입니다. 사도행전 15장 1절로 29절에 보면 안디옥 교회에 유대에서 온 형제들이 율법대로 할례를 하고, 이방인들도 계명을 지켜야 구원을 받는다. 이런 주장을 했습니다. 그래서 바울과 바나바가 그렇지 않다고 해서 굉장한 토론이 붙었습니다. 그래서 그 이 결론을 얻기 위해서 예루살렘에 와서 예루살렘 본부에서 야고보를 중심으로 한 베드로와 요한이 다 모여 장로들과 함께 격렬한 토론을 했습니다.

그런데 바리새파 예수 믿는 사람들은 이방인들이라도 할례를 받고, 그리고 율법을 지켜야 구원을 얻는다고 하고, 다른 사람들은 아니다, 오직 믿음으로 말미암아 구원을 얻는 것이다, 하며 격렬한 논쟁이 붙었습니다. 그때 베드로가 일어나서 하는 말이 '형제들아, 하나님이 나를 통해서 고넬료 가정에 가서 복음을 증거 하여 그들을 예수 믿게 하고, 그 자리에 성령까지 받게 하는 것을 내 눈으로 똑똑하게 보았다. 이러므로 저들이 할례를 받거나, 율법을 행하기 전에, 예수를 믿음으로 마음이 정결해지고, 성령까지 받은 것을 보게 될 때, 우리가 저들에게 짐을 지어 주어서는 안 된다. 우리 조상과 우리도 짊어지지 못한 율법을 왜 그들에게 짊어지게 하려고 하는 것인가?'

그러므로 우리들은 저들에게 이렇게 하는 것이 좋겠다. 야고보는 말하기를 우상의 제물을 먹지 말고, 목매어 죽은 것이나, 피를 주의하고 음행을 하지 말아라. 그러면 가하리라. 이런 정도로써 이 방인에게 편지하는 것이 좋겠다고 결론을 내렸습니다. 그래서 그들은 나중에 편지하기를 성령과 우리는 여러분에게 이렇게 하기로 결정을 했다. 목매어 죽인 것과 피와 그리고 우상의 제물을 먹지 말고 음행을 피하라, 그러면 족하리라. 이런 내용을 적었습니다.

그들은 격렬한 토론을 통해서 성령께서 그 가운데에 역사해서 좋은 결론을 내려준 것입니다. 이렇기 때문에 하나님의 뜻을 알기를 원하면 성령으로 세례를 받고 심령을 치유 받고, 성령으로 충만한 성령의 인도를 받는 신령한 주의 종들이나 장로님, 권사님, 집사님, 성도들과 함께 모여서 제목을 두고 기도하고 토론하는 과정을 통하여 결론에 도달하게 될 때, 하나님이 성령을 통해서 하나님의 뜻을 분명히 알려 주실 때가 있습니다. 가정에서나 사업장에서 하나님의 뜻을 구할 때 활용하여 보시기를 바랍니다.

정말 신기할 정도로 하나님의 뜻을 알아낼 수가 있습니다. 우리는 항상 하나님의 뜻을 구해야 합니다. 하나님의 뜻을 알고 따라가야 불필요한 고생을 하지 않습니다.

2. 마음에 일어나는 소원을 통해서

우리가 하나님의 뜻을 아는 방법은 마음에 일어나는 소원을 통해서 하나님의 뜻을 알 수 있습니다.

빌립보서 2장 13절에 "너희 안에서 행하시는 이는 하나님이시니 자기의 기쁘신 뜻을 위하여 너희에게 소원을 두고 행하게 하시나니" 우리가 열린 영의 통로로 우리의 마음속으로 기도할 때 뜨거운 활화산 같은 소원이 일어나는 것입니다. 하나님은 마음의 소원을 통해서 우리 마음속으로 하나님의 뜻을 알게 해준다는 것입니다. 우리가 하나님 앞에 기도하고 침묵하며 기다릴 때 마음에 소원과 함께 기쁨과 확신이 가득히 채워지는 것입니다. 그러면 그 마음에 소원이 꽉 들어차면 이 소원이 하나님 말씀과 일치하느냐, 일치 하지 않느냐 말씀과 비교해 보아야 되는 것입니다.

말씀에 일치하면 그 다음 그 소원과 함께 환경에서 나타나는 증거가 있는 가 살펴보아야 되는 것입니다. 환경에 나타나는 증거가 없으면 그 소원은 하나님께서 주시는 소원이 아닙니다. 하나님이 마음에 소원을 주시면 그와 함께 그 소원에 해당하는 환경의 증거가 나타나기 시작하는 것입니다. 성령의 보증의 역사가 나타나는 것입니다.

제가 시화에서 서울에 올라와 얼마 되지 않았을 때 어떤 성도 한 사람이 아주 얼굴이 상기가 되어서 저에게 신앙 상담을 했습니다. '내 마음속에 굉장한 뜨거운 소원이 일어나서 하나님의 나라를 위해서 많은 물질을 바치는 사업을 시작하라고 합니다. 소원이 뜨겁게 일어납니다.' 그래서 무슨 소원입니까? 하니 제가 맥주 공장을 연결해서 전국에 맥주 가게를 세우고 싶습니다. 전국에 맥주 가게를 세워서 그곳에서 판매하는 모든 이익 중에 십일조를 하나님께 드리고, 하나님 나라에 많은 사업을 하기 원하니까, 이 맥주 가게가 잘 되도록 목사님이 축복기도 좀 해 주십시오. 그래서 제가 한 대답은 그 소원은 당신 인간적인 소원이지 성령이 주신 소원이 아닙니다. 왜냐하면 성경 말씀하고 불일치합니다.

너희 몸은 하나님의 성전이라 성전을 더럽히는 자는 내가 멸하리라고 말씀했는데, 맥주는 알코올로 완전히 성전을 술에 취하게 만드는 데 이게 어찌 하나님의 뜻입니까? 그러므로 그 소원은 인간적인 소원이지 하나님의 소원이 아닌데, 이런 일을 한다는 사람에게 어떻게 제가 축복기도를 할 수 있겠습니까? 절대로 하나님의 뜻이 아니므로 예수님의 이름으로 축복 할 수 없습니다. 그리고 당장에 그런 사업을 하려는 생각을 버리라고 강하게 충고한 적이 있습니다. 이런 사업은 하지 말아야 합니다. 절대로 자기를 멸망의 길로 인도하는 사업입니다. 사업도 하나님의 영광을 드러내는 사업을 하시기를 바랍니다.

제가 지금까지 목회하면서 체험한 결론은 사람은 다 떠나나 하나님은 저를 떠나지 않으시고 기도에 응답하여 주셨다는 것입니다. 하나님은 때로는 꿈으로 감동으로 보증의 역사로 저를 인도하시며 목회를 하고 계십니다. 저는 항상 하나님에게 물어봅니다. 그리고 보증의 역사를 기다립니다. 그럴 때마다 하나님을 해결하여 주셨습니다. 어려워도 문제에 매이지 말고 주님을 찾고 기다리시기를 바랍니다. 하나님은 나를 한 걸음 한 걸음씩 인도하며 하나님의 사람으로 만들어 가셨습니다. 하나님은 성령의 감동과 꿈, 그리고 사람의 음성을 통하여 저를 인도하여 목회 하는데 문제가 생기지 않도록 인도하고 계십니다. 성도가 하는 일은 모두가 하나님의 일입니다. 하나님이 주인이십니다. 그분과 영의 통로를 열고 성령의 음성을 듣고 교통하며 따라가기만 하면 하나님이 하십니다. 성도는 하나님의 자녀입니다. 하나님의 뜻을 알고 하나님이 안내하는 길을 따라가면 인생은 성공합니다. 그러나 마귀가 성도가 가는 길에 어떻게 해서든지 훼방을 놓습니다. 그래서 우리는 성령의 충만함으로 기도해야 합니다. 성령님 나의 앞길을 인도 하소서. 저는 성령님만 믿습니다. 하고 주님만 바라보고 따라가시기를 바랍니다. 그래서 인생을 승리하시기를 바랍니다. 하나님과 영의 통로를 열어 하나님의 일하심을 눈으로 보면서 믿음 생활을 하시기를 바랍니다.

3. 환경적인 변화를 통하여

환경적인 변화를 통하여 하나님이 우리에게 뜻을 보여 주시는 것입니다. 하나님과 영의 통로를 열고 하나님의 뜻을 알기 위해서 간절히 기도하고 기다리거나 혹은 일을 실천할 때 하나님이 뜻이 아니면 환경을 통하여 역사합니다. 소원하고 기도하나 환경에서 문이 닫혀 버립니다. 문이 열리지 않습니다. 바울이 뜨겁고 열렬한 마음으로 아시아에 가서 복음을 증거 하려고 나갔는데, 아시아에서 환경의 문이 닫혀 버립니다. 처처에 문이 닫혀 버립니다. 아시아에 복음을 전할 수가 없습니다. 그래서 그가 비두니아에 가서 복음을 증거 하려고 하는데 비두니아에도 길이 막혀 버렸습니다. 도저히 발을 디딜 틈이 없습니다.

그러자 바울이 드로아에 내려가서 기도를 하고 있으니까, 마게도냐 사람이 환상으로 보이면서 마게도냐로 와서 우리에게 복음을 증거 하라. 그래서 마게도냐로 가니 길이 열립니다. 이렇게 하나님께서는 환경을 통해서 하나님의 뜻이 아니면 문을 닫아 버립니다. 하나님이 문을 닫아 버리면 열자가 없습니다. 또 하나님의 뜻이면 하나님께서 우리 기도할 때 문을 열어 주시는 것입니다. 상상을 초월해서 주님이 문을 열어 주십니다. 그러므로 문제는 하나님과 영의 통로가 열리는 것입니다. 영의 통로가 열려 하나님이 문을 열면 그것이 길이 되는 것입니다. 그래서 제가 매일 하는 말이 하나님이 열어주는 일을 하라, 안 되는 것 가지고 정력과 힘을 쏟지 말고, 하나님이 열어주는 사역과 사업을 하라는 것입니다. 우리교회 사역도 잘되는 사역이 있습니다. 이것은 하나님이 밀어주는 사역입니다. 하나님이 밀어주는 사업을 찾아내셔서 쓸 때 없는 자본과 인력을 소비하지 마시기를 바랍니다.

미국에 프랑클린 W. 군슬로스란 목사님이 계신데 그 목사님이 기도하는 가운데 마음에 뜨거운 소원이 일어났습니다. 어찌하든지 내가 대학을 세워서 훌륭한 기독교 중심의 교육을 시키기를 원한다는 소원이 생겼습니다. 그래서 그 소원이 너무 불타서 하나님에게 기도를 했습니다. 하나님 어떻게 해야 이 소원을 이룰 수가 있겠습니까? 그러니 성령이 감동하시기를 신문에 광고를 내라, 신문에 광고를 내라, 그래서 사람들이 모이게 하라, 그러면 거기에 온 사람 중 한 사람에게 감동을 주어 돈을 내놓게 하리라. 그래서 각 신문사에다가 연락을 해서 하나님이 내게 100만불을 주면 내가 무엇을 할 것인가? 이 제목으로 설교할 터이니 우리 교회에 와서 설교를 들으라고 광고를 냈습니다.

그리고 난 다음에 마음이 뜨거워서 내게 100만불이 생긴다면 나는 이러한 위대한 교육 기관을 세워서 기독교 중심의 교육을 하겠다고 원고를 밤에 작성했습니다. 밤늦도록 원고를 만들어 가지고서 그 원고를 읽고 외우고 그리고 아침에 교회에 와서 설교를 하려고 보니까 원고를 집에 두고 와 버렸습니다. 너무 흥분을 해서 그만 원고를 집에 놓고 온 것입니다. 그래서 원고 없이 강단에 서가지고, 뜨겁게! 뜨겁게! 그는 돈 100만불만 있으면 그것을 가지고 주님 중심의 교육 기관을 세워서 훌륭한 사람들을 길러 내겠다고 그렇게 설교를 했습니다.

그리고 그는 이것이 하나님의 뜻이면 환경에 증거를 보여 주시고 문을 열어 주십시오. 하며 뜨겁게 기도를 했습니다. 설교를 다 마치고 사무실에 내려오니까, 한 신사가 찾아오더니 오늘 목사님의 설교를 듣고 은혜를 굉장히 많이 받았습니다. 명암을 주면서 내일 우리 사무실에 오십시요. 100만 달러를 드리겠습니다. 이렇게 하나님의 소원을 마음에 주시고 난 다음에 믿음으로 행동하니까, 문을 그대로 열어주신 것입니다. 그래서 그 이튿날 그 사무실에 가서 돈 100만 달러를 받아서 그가 세운 대학이 일리노이주의 아머 공과대학입니다. 오늘날도 미국에 유명한 기독교 공과 대학인 것입니다.

이와 같이 마음의 소원과 환경적인 변화를 통하여 하나님이 우리에게 인도하실 때가 많이 있습니다. 될 것은 하나님이 문을 열어 주시고, 안 될 것은 하나님이 문을 닫아버리시는 것입니다. 하나님이 닫아버리면 자꾸 거기에 문을 두드리지 말고 문을 돌아서는 것이 좋습니다. 괜히 되지 않을 일에 시간과 물질과 체력만 소비하게 됩니다. 하나님이 역사하지 않는 되지 않는 일에 시간과 물질을 투자하지 마시기를 바랍니다. 성도가 하는 모든 일은 하나님의 일입니다. 하나님이 역사하셔야 일이 풀립니다. 이렇게 하나님은 환경을 통해서 인도하십니다. 그러므로 문제는 하나님과 영의 통로(인격적인 관계)가 열리느냐 안 열렸느냐 입니다.

또 하나님은 사람을 통하여 인도하실 때가 많습니다. 생각지 않은 사람이 나타나서 하나님의 사자처럼 우리에게 갈 길을 인도해 주시는 것입니다. 마치 시화에서 목회하던 우리 충만한 교회에 서울에서 사람들이 찾아와 서울로 이전하게 한 것과 같은 기적과 같은 역사를 일으키시는 것입니다. 우리는 이렇게 마음의 소원과 환경적인 변화와 하나님의 사람을 통하여 하나님의 뜻을 알고 하나님을 따라갈 수가 있는 것입니다. 하나님과 영의통로를 여시기를 바랍니다.

4. 하나님의 특별 계시를 통해서

하나님은 특별 계시를 통해서 하나님의 뜻을 우리에게 보여줄 때가 있는 것입니다. 하나님과 영의 통로가 열린 성도가 하나님의 뜻을 구하면 꿈을 통해서 하나님께서 우리에게 보여줄 때가 있습니다. 예수님의 양부 되는 요셉도 꿈을 통하여 마리아를 데려왔습니다. 마태복음 1장 20절로 21절에 보면 "이 일을 생각할 때에 주의 사자가 현몽하여 가로되 다윗의 자손 요셉아 네 아내 마리아 데려오기를 무서워 말라 저에게 잉태된 자는 성령으로 된 것이라 아들을 낳으리니 이름을 예수라 하라 이는 그가 자기 백성을 저희 죄에서 구원할 자이심이라 하니라" 마리아가 결혼을 하기 전에 잉태된 것을 보고, 그 약혼자 요셉이 약혼을 그만 두려고 할 때에 꿈에 천사가 나타나서 그는 성령으로 잉태되었으니 두려워 말고 데려가라는 계시를 주신 것입니다.

이와 같이 오늘날도 꿈을 통하여 하나님의 뜻을 나타낼 때가 많습니다. 저는 꿈을 통하여 하나님의 뜻을 알려주십니다. 제가 시화에서 교회를 개척하여 열심히 전도하면서 성령사역을 하려고 할 때, 하나님이 저에게 꿈으로 말씀하여 주셨습니다. 어느 날 꿈에 우리 교회에 성도들이 많이 왔습니다. 자세히 보니 전부 목사님과 사모님, 전도사님들이었습니다. 그래서 우리 사모에게 꿈에 성도들이 많이 왔는데 보니 전부 목사님과 사모님, 전도사님들만 앉아 있던데 무슨 뜻인지를 잘 모르겠다고 했습니다.

그런데 그 꿈을 꾸고 한 육 개월이 지난 다음 꿈에서와 같이 목사님, 사모님, 전도사님들이 우리 교회에 와서 말씀과 성령으로 내적치유와 성령의 능력과 은혜들을 많이 받았습니다. 이일이 이루어진 상황을 설명하면 이렇습니다. 제가 어느 기도원에 가서 고통당하는 목사님과 사모님을 기도해드렸는데 성령의 강한 역사로 내면의 상처가 치유 되는 것을 보고, 아! 하나님이 나에게 이런 상처 입은 목회자와 성도들을 치유하라고 능력을 주셨구나 하고, 성령의 감동이 와서 치유사역을 시작하였습니다. 그렇게 사역을 하면서 기도원에 은혜 받으러 가면 상당히 많은 목회자들이 마음의 상처와 질병으로 고생하고 있는 것을 봅니다. 그분들을 한쪽에 모시고 가서 기도해드리면 모두 성령의 강한 역사에 놀라 소문이 나서 목사님 사모님들을 많이 모시고 오셨습니다. 그리고 그 다음에 국민일보에 광고를 내고 지금 이 사역을 하게 된 것입니다. 자연스럽게 그 꿈이 이루어진 것입니다. 무엇보다도 환경에 보증의 역사가 나타나면 강하고 담대하게 일을 추진해야 합니다. 두려워하거나 머뭇거리면 안 됩니다. 일은 하나님이 하십니다. 내가 하는 것이 아닙니다. 절대로 자기 능력을 생각하여 머뭇거리지 말고 담대하게 추진하면 하나님이 믿음을 보시고 역사하시는 것입니다.

또 환상을 통해서 하나님께서 우리에게 뜻을 보여줄 때가 있습니다. 고넬료가 오후 3시에 온 가족들과 함께 기도할 때에 눈을 뜨고 있는데 천사가 나타나서 고넬료가 너의 기도와 구제가 하늘에 상달되었으니 사람을 보내어서 베드로라는 사람을 청하라 그가 네게 구원을 말씀을 알려 주겠다 그렇게 말을 했습니다. 그것은 분명히 하나님의 뜻입니다. 눈뜨고 있는데 천사가 나타나서 그에게 보여 주었습니다. 베드로는 그 이튿날 12시쯤에 배가 고파서 음식을 준비시키고, 시몬의 집에서 다락에 올라가서 기도를 하려고 하는데, 갑자기 하늘에게 보자기 같은 것이 내려오는데 각종 기는 것과 나는 짐승들로 부정한 것들이 가득했습니다. 베드로야 일어나 잡아먹어라. 주여, 나는 어릴 때부터 지금까지 부정한 것을 잡아먹지 않았습니다.

내가 깨끗하게 한 것을 부정하다고 하지 말아라. 이런 일이 세 번 있고 난 다음에 하늘로 그 보자기가 올라갔습니다. 그럴 때 마침 고넬료에게서 온 세 사람의 사환이 문을 두드리면서 이 집에 베드로가 있느냐! 물었습니다. 성령이 베드로에게 말하기를 저 사람들과 함께 가라고 말을 했습니다. 이와 같이 하나님께서 환상을 통해서 우리에게 보여 주시는 것입니다. 저도 환상을 자주 봅니다.

제가 어느 날 새벽에 새벽예배를 드리려고 하는데 성도들이 오지 않아서 기도 시간에 "하나님, 성도들을 많이 보내주세요." 하면서 하소연을 하다가 비몽사몽간에 빠지게 되었습니다. 그런데 비몽사몽간에 보니 성도들이 많이 와서 예배를 드리려고 앉아 있었습니다. 비몽사몽간에도 놀라서 말씀을 전하려고 강대상 위에 성경을 찾으니 성경책이 보이지 않았습니다. 당시 강대상에는 성경이 세 권이나 있었는데 말씀을 전하려고 하니 성경이 없습니다. 진땀을 흘리면서 이곳저곳 다 뒤져봐도 성경은 보이지를 않고 종이쪽지만 한 장 있는 것이었습니다.

그 환상을 보고 난 다음 저는 이렇게 감동을 받았습니다. 야! 강 목사 내가 성도들을 많이 보내주려고 해도 말씀이 없어서 보내지 못하겠다, 말씀 준비 좀 많이 하여라. 그래서 그 때부터 말씀도 많이 읽고, 말씀세미나도 참석하고 세미나 자료 준비도 열심히 하였습니다. 그 때 말씀을 준비하여 지금 세미나 자료들이 많이 만들어 진 것입니다. 당시 저는 안수기도 하면 능력도 나타나고 병도 고쳐지고 하니, 다 된 줄로 알았는데 그것은 착각이었습니다. 말씀을 많이 묵상하여 마음의 심비에 새기시기를 바랍니다. 그래야 말씀을 통하여 분별이 되고 말씀을 통하여 하나님의 뜻도 알 수가 있는 것입니다. 더 상세한 것은 "**꿈 환상 해석통한 상담과 치유 비결**"을 참고하시기를 바랍니다.

하나님은 또한 음성을 통하여 우리를 인도하고 하나님의 뜻을 보여 주시는 것입니다. 사울이 다메섹에 갈 때에 다메섹에서 하나님이 사울을 땅에 거꾸러뜨리고 하늘에서 말씀하시기를 사울아! 사울아! 어찌하여 네가 나를 핍박하느냐? 주여, 뉘시니까? 나는 네가 핍박하는 예수라! 바울 선생이 예수를 믿는 교인들을 잡아 죽이려고 다메섹으로 갈 그때에 하나님이 그리스도를 바울에게 나타내 보여주신 것입니다. 또 바울이 여러 하나님의 종들과 함께 안디옥에서 기도를 할 때, 성령이 가라사대 나의 시키는 일을 위하여 바울과 바나바를 따로 세우라, 그렇게 말씀을 하십니다. 저에게도 하나님이 앞으로는 영성이다. 21세기는 영성이다, 영성! 영성! 하는 음성을 듣고 여기까지 온 것입니다.

유명한 해긴 목사님은 하나님의 음성을 17세에 듣고 기적적으로 병고침을 받았습니다. 그는 "주님께로부터 가서 나의 백성에게 말씀을 가르쳐라"는 소명을 직접 받고 하나님의 말씀을 전파하였습니다. 그는 1917년 미국 텍사스에서 병약한 몸으로 태어나 기형적인 심장과 불치의 혈액병으로 온몸이 완전히 마비되어 여러 번 죽음을 경험하였습니다. 15-16세 때 환자로서 누워 있을 때였습니다. 그때 하나님의 영이 그에게 성령의 치유에 관해 가르쳐 주셨습니다. 다섯 명의 의사들이 그를 보고 "넌 죽을 거야 그 병은 그럴 수밖에 없으니까. 살수 없어. 당신이 살 수 있는 확률은 백만 분의 일도 안돼요"라고 말하였습니다.

　그러나 해긴 목사님의 마음속에서 해긴 목사님에게 가르쳐 주시는 영적인 무엇이 "죽을 필요는 없어 지금은 아니야 그 나이에 10대인 그 나이에 죽을 필요는 없어. 너는 살 수 있을 거야. 치유될 수 있다"라고 했습니다. 그리고 계속하여 말했습니다. "모든 것이 그 책 안에 있단다. 그 책을 받아들여라. 성경이 바로 그 책이다. 모든 것이 그 말씀 속에 있단다." 해긴 목사님는 성경 말씀에 사로잡히고 말았습니다. 하나님께서 해긴 목사님에게 가르침을 주셨고, 해긴 목사님는 하나님의 말씀에 귀를 기울였고, 하나님께서는 해긴 목사님으로 말씀 가운데로 인도하시고, 믿음 안에 거하게 하셨고, 그리고 곧 바로 치유해 주셨습니다. 해긴 목사님는 16개월 동안 환자로서 병상에 누워서 지내다가 치유함을 받았습니다.

　해긴 목사님는 성령님께서 주신 말씀 "먼저 믿으라 그리하면 그것을 얻게 될 것이다." 이 말씀을 듣고 큰 소리로 말하기 시작했습니다. "믿습니다. 믿습니다. 이 병든 심장이 치료받은 줄로 믿습니다. 이 마비된 것이 치료받은 줄로 믿습니다. 이 불치의 혈액병이 치료받은 줄로 믿습니다. 이 불치의 혈액병이 치료받은 줄로 믿습니다." 그렇게 말하면서 치료해 주신 하나님을 찬양하였습니다. 그 이후로 완전히 치유함을 받고 하나님께 영광을 돌리고 건강하게 살면서 성령의 능력으로 성령치유 사역을 하시다가 몇 년 전에 천국에 가셨습니다.

이와 같이 오늘날도 하나님께서 음성을 통해서 우리에게 계시해 줄 때도 많이 있습니다. 이러므로 하나님께서는 여러 가지 방법과 여러 가지 모양으로 하나님의 뜻을 우리에게 알려 주십니다. 그러므로 우리는 어리석은 자가 되지 말고 주님의 뜻을 분명히 이해하고, 주님의 뜻을 분명히 분별하고, 주님의 뜻을 알고 믿고 우리가 담대하게 기도하며, 추진하며, 하나님의 뜻을 따라가면 이루어지는 것입니다. 하나님이 함께 하신다는 믿음이 생기고 환경에 보증의 역사가 나타나면 동남풍이 불고 서북풍이 불어도 두려워하지 말고, 믿음으로 밀고 나가야 합니다. 가다가 머뭇거리면 안 됩니다. 하나님의 뜻을 알고 하나님이 같이하면 태산도 물러가고 바다도 갈라집니다. 하나님의 영광이 나타나게 되는 것입니다.

그렇기 때문에 성경에는 어리석은 자가 되지 말고 주의 뜻이 무엇인지 이해하라고 성경은 말하고 있는 것입니다. 하나님은 우리의 모든 삶에 대해서 하나님은 이미 길을 예비하고 있습니다. 하나님이 자기를 사랑한 자를 위해서 예비해 놓은 모든 것은 눈으로 보지 못하고, 귀로 듣지 못하고 마음으로도 깨닫지 못했다고 하는 것입니다. 그러므로 성령으로 기도하며 하나님의 예비한 뜻을 알아서 하나님의 뜻을 따라서 주의 손을 잡고 함께 걸어 나가면 흑암은 광명으로, 무질서는 질서로, 죽음은 생명으로 변화되는 것입니다.

11장 예수님과 친밀하게 지낸다.

(고전1:9)"너희를 불러 그의 아들 예수 그리스도 우리 주와 더불어 교제하게 하시는 하나님은 미쁘시도다."

우리가 하나님과 영의통로를 여는 것은 주님과 교통하고 교제하기 위해서 영의통로를 여는 것입니다. 진정한 교제는 신분이 같아야 가능합니다. 그렇기 때문에 짐승과 사람은 신분이 완전히 다르므로 교제가 되지 않습니다. 데미안 신부는 벨기에의 한 농가에서 태어나 19세에 예수님을 영접한 후 선교사의 사명에 불탔습니다. 1873년 33살의 데미안 신부가 하와이(State of Hawaii)에서 선교생활을 9년 째 하던 해에, 당시 극성을 부리던 전염병인 나병이 심하게 퍼지기 시작했습니다. 정부에서는 전염병인 나병을 막기 위한 해결책으로 환자들을 몰로카이 섬으로 격리시켰는데, 이 때 데미안 신부는 자진해서 몰로카이 섬으로 들어갔습니다. 몰로카이 섬(Molokai)에는 나병 환자들로 악취가 심하고 얼굴과 손발이 썩어 들어간 환자들이 배고픔과 추위에 떨며 좌절과 고통으로 몸부림치고 있었습니다. 데미안 신부는 이들과 함께 생활하며 병을 치료해 주고 도움을 주고자 원했지만 몰로카이 섬에 있는 나병 환자들은 데미안 신부 근처에 오지 않습니다. 아무리 같이 대화를 하려고 해도 대화도 하지 않고 교회 예배도 참석 안합니다.

데미안 신부의 도움을 받으려고 안합니다. 데미안 신부는 너무도 실망했습니다. 그래서 하나님께 기도했습니다. "하나님 제가 어떻게 하면 저들에게 말씀을 증거하고 도와줄 수 있겠습니까?" 그때 성령께서 그 마음에 말하기를 "너도 나병환자가 되면 어떻겠느냐? 신분이 같아야 네 말을 듣는다. 너는 건강한 사람이고 저들은 나병환자들이잖니, 그러니 너의 말을 들을 턱이 있느냐. 네가 정말 저들을 사랑한다면 너도 나병환자가 되거라!" 참으로 그 말을 듣고 그는 고민하고 괴로워 하다가 하나님께 기도했습니다. "하나님 좋습니다. 나도 나병환자가 되게 해주시옵소서." 얼마 있지 않아 데미안 신부는 거울을 보니까 얼굴이 푸석푸석하고 손발이 썩어 들어가고 나병환자가 되었습니다. 그는 술 취하고 싸우고 무질서하고 요란한 나병환자들이 모인 촌에 들어가서 "나병환자 형제, 자매 여러분, 저도 당신들 같은 나병환자입니다. 이제 저와 함께 우리 하나님을 믿고 의지하고 천국으로 가십시다."

그가 복음을 증거할 때 모든 사람들이 그의 푸석푸석한 얼굴, 썩어져 가는 손발을 보고 "아~ 우리의 친구로구나. 우리와 똑같은 나병환자로구나." 그래서 신분의 동일성을 느끼자 데미안 신부의 말씀을 듣고 모두 예수님을 믿고 그 섬 구석구석이 정돈되고 절망과 고통의 땅인 몰로카이 섬은 희망과 사랑과 생명의 땅으로 변했습니다. 1889년 데미안 신부가 숨을 거두었고 데미안 신부가 있던 성당 주변은 오늘날 미국 국립공원으로 꾸며지고 세계인의 성지순례지가 되었던 것입니다. 진정한 교제는 서로의 처지나 신분이 같아야 가능한 것입니다. 나병 환자들이 처음에는 온전한 데미안 신부를 거부했지만, 그가 그들과 똑같은 나병환자가 되었을 때는 동일한 신분을 느끼고 같이 일할 수가 있었던 것입니다.

하나님이신 예수님께서도 하나님의 신분으로서는 사람과 대화가 되고 교제가 되지 않습니다. 하나님은 하나님이고, 사람은 사람인데 어떻게 대화가 됩니까? 그래서 하나님은 사람과 교제하기 위해서 하나님의 신분을 버리고 사람의 신분으로 태어나서 우리에게 찾아와서 우리하고 교제하게 된 것입니다. 하나님과 인간은 너무나 신분적으로 차이가 있으므로 그대로는 교제가 불가능합니다. 하나님이신 예수님께서 하나님의 신분을 벗어버리고 사람의 신분으로 오셔서 우리와 교제하시며 우리를 구원하게 되신 것입니다.

1. 그리스도와 교통할 수 있는 자

그러면 누가 그리스도와 교제할 수 있습니까? 어떤 특정인이 예수 그리스도와 교제할 수 있습니까? 어떤 분을 하나님이 불러서 예수 그리스도와 교제하게 하십니까? 예수를 믿으면 지위의 고하가 문제가 되지 않습니다. 지위가 아무리 높은 사람이나 지위가 낮은 처지에 있는 사람이나 다 같이 하나님께서는 사랑하고 예수 그리스도와 교제하기를 원하시는 것입니다. 빈부의 차이가 문제 아닙니다. 부자나 가난한 자나 하나님은 차이를 두지 않습니다. 민족과 피부색이 문제가 아닙니다. 백인이든 흑인이든 황인이든

피부의 색깔이 무슨 문제가 됩니까? 그것이 그리스도와 교제하는데 아무런 장애가 되지 않습니다.

로마서 10장 12절로 13절에 "유대인이나 헬라인이나 차별이 없음이라 한 분이신 주께서 모든 사람의 주가 되사 그를 부르는 모든 사람에게 부요하시도다. 누구든지 주의 이름을 부르는 자는 구원을 받으리라" 누구든지 높은 사람이나 낮은 사람이나 부자나 가난한 사람이나 민족과 피부가 같거나 다르거나 관계할 필요 없이 누구든지 예수 그리스도의 이름을 부르는 자는 구원을 얻게 되는 것입니다. 우리가 그리스도와 교제하기 위하여 지위 고하가 결코 문제가 되지 않습니다. 외모의 추와 미는 관계가 없습니다. "나는 너무 추하게 생겼으므로 하나님이 나를 사랑하지 아니할 것이다. 나는 사람들에게 기피를 당하는 사람이기 때문에 하나님이 나를 돌보지 아니할 것이다." 그런 말을 하는 사람이 있는데 그럴 필요 없습니다.

요한복음 1장 12절로 13절에 "영접하는 자 곧 그 이름을 믿는 자들에게는 하나님의 자녀가 되는 권세를 주셨으니 이는 혈통으로나 육정으로나 사람의 뜻으로 나지 아니하고 오직 하나님께로부터 난 자들이니라" 혈통을 통해서 구원한 것도 아니고 육정을 통해서 구원한 것도 아닙니다. 우리 구원은 하나님의 아들 예수님을 믿으므로 하나님의 자녀로 직접 태어난 것입니다.

고린도전서 1장 9절에 있는 말씀처럼 "너희를 불러 그의 아들 예수 그리스도 우리 주와 더불어 교제하게 하시는 하나님은 미쁘시도다" 미쁘다는 것은 성실하다는 말입니다. 변함없이 하나님은 우리를 불러서 예수 그리스도 하나님의 아들과 교제하게 만들어 주는 것입니다.

2. 예수님과 교통의 열매

교통이 있으면 어떤 열매가 맺어지는 것입니까? 무엇 때문에 교제를 하게 되는 것입니까? 우리가 서로 교제하게 되면 이해하게 되는 것입니다. 아무리 못 만나던 사람도 자주 만나고 같이 식사하고 대화하고 함께 지내는 시간이 많으면 서로를 이해하게 됩니다. 자주 만나면 서로의 마음을 알고 이해가 되는 것입니다. 로마서 12장 16절에 "서로 마음을 같이하며 높은 데 마음을 두지 말고 도리어 낮은 데 처하며 스스로 지혜 있는 체 하지 말라" 스스로 지혜 있는 척하지 말라는 것입니다. 우리는 마음을 같이해서 대화를 하면 우리가 이해를 하게 되는 것입니다.

서로 이해를 풍성하게 하기 위해서 교제를 해야 되는 것입니다. 인간의 생활이 시작되면서 남자는 사냥꾼으로, 여자는 집과 자녀를 지키는 파수꾼으로서 그 역할을 해 왔습니다. 사냥꾼은 비바람 속에서도 짐승의 발자취 소리나 음성을 들어야 하기 때문에 그것에 집중을 하는 것입니다. 그렇기 때문에 남자들의 성향은 자기가 몰두하는 일이 아니면 귀담아 들을 수 없습니다. 왜냐하면 바람소리도 듣고, 산울림 소리도 듣고, 새소리도 듣고 하면 여러 소리에 혼란이 와서 자기가 잡아야 될 짐승의 소리는 듣지 못해서 짐승을 못 잡습니다. 짐승을 잡으려면 모든 다른 소리는 제외시켜 놓고 짐승 소리만 귀를 기울여서 들어야 하는 것입니다. 그러나 파수꾼의 역할을 해온 여자들은 집 안팎의 사소한 일 모두를 알아야만 가정과 자식들을 지킬 수가 있습니다. 그래서 여자들은 남자와 달리 한꺼번에 많은 일에 관심을 기울여서 많은 것을 이야기할 수 있는 것입니다. 이와 같이 남자와 여자의 성향은 서로 상반되게 발달되어 그것이 갈등의 원인이 됩니다. 남자들이 집에 돌아오면 말을 안 합니다. 밥 먹고 가만히 있고 TV나 보고 신문보고 부인이 무슨 말을 해도 가만 앉아서 고개만 끄덕끄덕하고 "어휴 사람이 사람답게 보이지 않나. 왜 말에 대답을 안 하나?" 그래도 고개만 끄덕끄덕 하고 정말로 말 안하는 사람은 두 마디 밖에 안한답니다. "밥 줘." "자자." 남자들은 한곳에 집중적으로 마음을 두고서 일을 했기 때문에 집에 돌아와서 여러 것에 관심을 가지고 있는 부인과의 대화에 상대가 안 되어서 상당히 어렵게 된 것입니다. 그러나 하나님께서 여자를 돕는 배필로 아담에게 주었으므로 두 사람은 같이 살아야 합니다. 어떻게 살까요? 대화를 많이 해야 되는 것입니다. 서로 교통이 될 수 있도록 대화를 많이 해야 되기 때문에 남자들이 아내의 말을 많이 들어주고 그에 대한 대꾸를 해주어야 되는 것입니다. 우리는 서로 양보를 하고 대화를 통해서 이해를 하게 되는 것입니다. 서로 교제가 있어야 서로 동정하게 되는 것입니다. 예수님과도 기도로 영의 통로를 열어 대화를 해야 합니다.

베드로전서 3장 8절에 "너희가 다 마음을 같이하여 동정하며 형제를 사랑하며 불쌍히 여기며 겸손하며" 서로 교제가 있어야 이해를 하고 그 다음 동정을 하게 됩니다. 아무 교제가 없으면 동정이 안 되는 것입니다. 상대편의 생활이 아무리 고통스러워도 그것을 이해를 못하는데 어떻게 동정을 하는 것입니까? 빌레몬서 1장 5-6절에 "주 예수와 및 모든 성도에 대한 네 사랑과 믿음이 있음을 들음이니 이로써 네 믿음의 교제가 우리 가운데 있는 선을 알게 하고 그리스도께 이르도록 역사하느니라." 우리도 열린 영의 통로로 예수님과 믿음으로 교제하고 서로 이해하게 되고 서로 동정하게 되면 믿음이 더 자라고 하나님의 사랑이 넘쳐나게 되는 것입니다. 우리가 잘못된 사람과 교제하면 잘못된 이해를 하게 되고 잘못된 일에 같이 동정을 해서 나쁜 길로 걸어가는 것입니다. 자녀들을 양육할 때 좋은 친구를 사귀도록 하는 것은 굉장히 중요한 것입니다. 좋지 않은 친구를 사귀면 그 친구들과 악한 것을 이해하고 악한 것에 서로 마음을 동정해서 악의 길로 들어가고 마는 것입니다.

저는 처음 교회를 잘 선택해야 한다고 늘 강조합니다. 왜냐하면 처음에 관계를 맺고 동정한 목회자나 성도를 닮을 수가 있다는 것입니다. 저는 여러 종파에서 신앙 생활하는 분들을 만납니다. 모두 믿음 생활을 열심히 했는데 사람을 잘못만나 바른 복음을 체험하지 못하여 고생을 했다는 것입니다. 솔직하게 모든 목회자가 영적이라고는 단정할 수가 없습니다. 모두 추구하는 목회 방향이 다르기 때문에 목회자를 누구를 만나느냐에 따라서 신앙노선이 달라집니다. 솔직하게 보수적인 장로교 목사님에게 양육 받은 성도는 영육의 고통을 당해도 성령의 역사보다 행위와 말씀으로 해결을 하려고 합니다. 그래서 시기를 놓치고 우리 교회에 찾아와서 비로소 영의 눈이 뜨이고 성령을 체험하여 문제를 치유 받습니다. 이와 같이 사람은 누구와 교제하는가에 따라서 이해와 동정이 달라지는 것입니다.

굉장히 동정이 필요한 것입니다. 서로 교제해야 사랑하게 됩니다. 교제도 안하는데 사랑할 턱이 있습니까? 서로 이마를 맞대고 모든 일에 교제하면 마음속에 사랑이 생겨나게 되는 것입니다.

요한복음 13장 34-35절에 "새 계명을 너희에게 주노니 서로 사랑하라 내가 너희를 사랑한 것 같이 너희도 서로 사랑하라 너희가 서로 사랑하면 이로써 모든 사람이 너희가 내 제자인 줄 알리라"서로 사랑을 하려면 교제를 해야 되는 것입니다. 교회에 와서 서로 교제하고 구역예배와 봉사로 서로 교제하고 그러면서 이해와 동정이 점점 생겨나고 서로 사랑하게 되는 것입니다. 요한일서 4장 11절에 "사랑하는 자들아 하나님이 이같이 우리를 사랑하셨은 즉 우리도 서로 사랑하는 것이 마땅하도다"고 말한 것입니다. 그냥 무조건 하고 사랑하라고 해서 사랑이 되지 않습니다. 서로 교제가 있어야 사랑할 수 있는 것입니다. 옛날에는 결혼할 때 교제 없이 결혼했습니다. 그저 부모가 정해준 대로 부부가 되어 살았습니다. 그러나 요즘은 그런 것이 없습니다. 요즘은 남녀가 여러해 동안 서로 교제를 통해서 충분히 이해하고 서로 동정하게 되면 사랑이 싹트게 되고 그래서 결혼도 하게 되는 것입니다. 서로 교제를 해야 신뢰하게 되는 것입니다. 나를 믿어 주세요. 어떻게 믿습니까? 정치 계절이 대게 오면 이름석자 모르는 국회의원 될 사람들이 많이 일어나서 "나를 믿어 주십시오. 나를 위해서 한 표를 찍어 주십시오." 하는데 뭘 했는지 알아야 믿어 주지요. 도둑놈인지 사기꾼인지 올바른 정치인인지 선한 사람인지 나쁜 사람인지 어떻게 알 수 있어요? 교제를 해야 되지요. 평소에 국회의원으로 나오기 전에 그 동네나 그 도시에서 주민들의 유익을 위해서 선한 일을 많이 하고 착한 일을 해서 교제가 되면 아~ 그 사람을 이해하고 동정하게 되고 사랑하게 되고 신뢰하게 되는 것입니다. 그리고 서로 교제해야 협력이 되지요. 일하는데 교제가 안 되면 협력이 안 되는 것입니다. 서로 잘 알아야 손을 잡고 협력하지요. 우리가 한 마음으로 협력하기 위해서는 서로 교제가 있어야 되는 것입니다.

　작가 은희경 씨의 "관계"라는 글은 인간관계에 대해 많은 공감을 줍니다. 그 글은 이렇습니다. "지금 눈앞의 저 낯모르는 사람이 피를 콸콸 쏟는다 해도 몇 분 후면 나는 다른 곳으로 시선을 돌리고 잊어버립니다. 그러나 만약 어떤 계기로 그를 사랑하게 되면, 모든 것이 달라진다. 그가 고개만 조금 숙여도 내 가슴은 미어질 것이며, 그의 시선이 가는 방향에 따라 행복해지기도 하고 불행해지기도 할 것이다. 특별한 사람이란 없다. 관계에 의해서 특별해질 뿐이다."라는 것입니다. 서로 관계가 없으면 그 사람이 어떤 일을 당했는지 무슨 상관있습니까? 우리가 신문지상에 보면 교통사고가 나거나 자연재해로 목숨을 잃고 집을 잃는 기사를 읽게 됩니다. 홍수가 나서 동네가 떠내려가고 수많은 사람이 죽는 것을 신문으로 읽어도 별 관심이 없습니다. 우리는 그 사람들과 교제하지 않았기 때문인 것입니다. 그러나 그 일이 내 부모나 형제, 자식에게 다가오면 깊은 관계가 있기 때문에 굉장히 마음에 고통과 절망을 느끼게 되는 것입니다.

이와 같이 교제해야 서로 올바른 관계를 가질 수 있지 교제 없이는 올바른 관계를 가질 수 없습니다. 그리스도도 마찬가지입니다. 우리가 늘 예수님과 친밀한 교제를 나누면 예수님을 더욱 이해하게 되고 예수님을 사랑하게 되고 예수님과 함께 일하게 될 수 있는 것입니다.

3. 그리스도와 교제하는 방법

어떻게 하면 예수 그리스도와 교제를 잘 할 수 있습니까? 성경에는 성령의 인도를 받아야 예수 그리스도와 교제를 할 수 있다는 것입니다. 성령으로 영이신 예수님과 교제할 수 있습니다. 우리는 하나님을 알 수가 없습니다. 성령이 오셔서 우리 마음속에 영감을 주셔야 관심을 가질 수 있는 것입니다. 평소에 예수 그리스도의 복음을 들어도 아무 관심도 없던 사람도 마음에 성령이 임하시면 감동이 되어서 예수 그리스도를 믿게 되고 하나님의 자녀가 되는 것입니다.

고린도후서 13장 13절에 "주 예수 그리스도의 은혜와 하나님의 사랑과 성령의 교통하심이 너희 무리와 함께 있을지어다" 성령은 하나님이 계획하시고 예수님이 몸 찢고 피 흘려 흘리신 구원을 우리에게 이해하고 동정하고 사랑하고 믿게 만들어 주는 것입니다. 성령의 도우심이 없이는 하나님 아버지도 예수님도 이해할 수 없는 것입니다. 그렇기 때문에 그리스도와 교제하기 위해서는 먼저 성령님을 알아야 되는 것입니다. 그래서 말씀과 성령으로 영의 통로를 열어야 예수님과 교제가 가능한 것입니다.

요한복음 16장 13절에 "그러나 진리의 성령이 오시면 그가 너희를 모든 진리 가운데로 인도하시리니 그가 스스로 말하지 않고 오직 들은 것을 말하며 장래 일을 너희에게 알리시리라" 성령은 자기 자신에 대해서 말씀하지 아니하십니다. 언제나 하나님과 예수님에 대한 이야기를 하는 것입니다. 그리고 장차 어떻게 될 것을 우리에게 알려 주시는 것입니다. 성령이 자신에 대한 이야기를 안 하기 때문에 성령이 계신지도 모릅니다.

그러나 성령은 바람과 같이 우리와 함께 계시고 우리 안에 계신 것입니다. 성령은 우리를 돕기 위해서 온 보혜사로서 항상 우리와 같이 계셔서 도움을 베풀어 주시는 것입니다. 자기 존재를 전혀 나타내지 않습니다. 항상 숨어서 일하시는 것입니다. 그러나 우리 마음속으로는 성령님을 인정하고 환영하고 모셔드리고 성령께 의지하고 바라면 성령은 숨어 계시면서도 우리에게 힘과 능력을 주시는 것입니다.

우리가 예수님과 교제하는 가장 좋은 방법 중 하나는 바로 성령의 인도하심에 따라서 방언으로 기도하는 것이 있습니다. 왜냐하면 방언기도는 성령의 이끌림을 받는 영의 기도이기 때문입니다. 그러므로 방언기도가 우리 신앙생활에 이처럼 유익하다는 것입니다. 방언은 마귀도 알아들을 수 없고 아무 이웃 사람도 알아들을 수 없고 하나님만 알아들을 수 있는 것입니다. 우리는 알지 못하는 일을 성령이 말할 수 없는 탄식으로 기도해 주는 것입니다. 그렇기 때문에 예수 그리스도와 깊은 교제를 하기 위해서는 성령 충만해서 많은 시간 방언으로 기도할 때 예수 그리스도를 깊이 이해하고 그리스도를 교제할 수 있습니다. 그런데 마귀는 우리에게 방언을 못하게 합니다. 방언하기 싫어지게 합니다. 방언하는데 힘이 드는 것입니다.

그러나 우리는 많은 시간 아는 말로 기도하고 방언으로 기도하므로 그리스도와 교제하는 놀라운 은혜를 받아야 되는 것입니다. 또한 예수 그리스도와 교제하기 위해서는 성경 말씀을 공부해야 되는 것입니다.

요한복음 15장 7절에 "너희가 내 안에 거하고 내 말이 너희 안에 거하면 무엇이든지 원하는 대로 구하라 그리하면 이루리라" 주의 말씀이 우리 안에 거해야 우리가 주님을 알 수 있는 것입니다. 하나님의 말씀을 떠나서 우리는 예수님에 대해서 알 수가 없습니다. 말씀 밖의 이야기를 하면 이단인 것입니다. 히브리서 4장 12절에 "하나님의 말씀은 살아 있고 활력이 있어 좌우에 날선 어떤 검보다도 예리하여 혼과 영과 및 관절과 골수를 찔러 쪼개기까지 하며 또 마음의 생각과 뜻을 판단하나니"하나님의 말씀은 살아 있어서 우리가 말씀을 읽을 때 우리 마음속에 영과 혼을 잘라내고 분별을 하게하고 지혜를 주고 총명을 주고 모략을 주고 재능을 주시는 것입니다. 그렇기 때문에 말씀을 통하여 그리스도와 교제할 수 있는 것입니다.

1850년 12월 6일 주일, 영국의 한 도시가 심한 눈보라 때문에 교통이 두절되었습니다. 그 날 한 청년이 날씨 때문에 집 가까운 교회에서 예배를 드리게 되었는데 그 예배당에 목사님도 눈에 갇혀서 못 왔습니다. 몇 사람 모이지 않았는데 평신도가 대신 일어나서 설교를 합니다. 얼마 안 되는 성도들을 앞에 두고 그 평신도는 더듬거리며 이사야 45장 22절의 말씀을 읽었습니다. "땅의 모든 끝이여 내게로 돌이켜 구원을 받으라. 나는 하나님이라 다른 이가 없느니라." 그의 설교는 더듬거리고 서툴기 그지없었습니다. 그러나 청년은 그 말씀을 들으며 자신의 신앙을 되돌아보게 되었습니다. 그는 "나는 지금 하나님을 바라보고 있는가, 내게는 구원의 확신이 있는가?"를 생각하며 고민하고 있는데 그 때 설교자는 그를 향해 "젊은이, 그대는 매우 곤고해 보입니다. 그럴수록 예수님만 바라보세요." 밑도 끝도 없이 자기만 쳐다보고서 고함을 칩니다. 이 청년은 그 때 이 말씀이 마음에 깊이 새기게 되어 일평생 예수님만 바라보며 살았습니다. 그가 바로 훗날에 위대한 설교자가 된 찰스 스펄전 목사님인 것입니다. 이 사람은 위대한 목사의 설교를 통해서 구원을 받고 주의 종이 된 것이 아닙니다. 설교도 잘 못하고 말씀도 잘 이해 못하는 집사가 눈으로 길이 막혀서 못 온 목사를 대신해서 설교를 하고 자기를 가리켜서 정신 차리고 예수 바라보라. 그 말에 마음이 변화된 것입니다.

그래서 말씀을 통하여 그는 위대한 주의 종이 된 것입니다. 히브리서 4장 12절에 "하나님의 말씀은 살아 있고 활력이 있어." 살아있는 것입니다. 하나님의 말씀을 죽은 말씀이 아닌 것입니다. 하나님의 말씀을 마음에 간직하고 외우고 입으로 시인하면 그 말씀이 살아서 운동력이 있어 활동을 하는 것입니다. 사람의 말도 살아 있습니다. 죽고 사는 권세가 혀에 있으니 혀를 사용하기 좋아하는 자는 그 열매를 먹으리라. 우리가 혀를 사용하므로 생사를 가늠하는 것입니다. 우리 사람의 말도 살아있는데 하나님의 말씀은 더욱 살아있어 우리 가운데 역사하는 것입니다. 그 다음 예수님을 깊이 교제하기 위해서는 기도를 많이 해야 되는 것입니다.

마태복음 6장 6절에 "너는 기도할 때에 네 골방에 들어가 문을 닫고 은밀한 중에 계신 네 아버지께 기도하라 은밀한 중에 보시는 네 아버지께서 갚으시리라" "우리 집에는 골방이 없는데요." 꼭 기도하려고 골방을 찾아가라는 것이 아니라 마음의 골방에 들어가라는 것입니다. 집중적인 기도를 하라는 것입니다. 기도하다가 TV도 틀어 보고 기도하다가 노래도 들어보고 기도하다가 서로 잡담도 하고, 이렇게 하면 기도가 되지 않습니다. 우리가 어느 곳에 가든지 하나님 앞에 엎드려 기도할 때 예수님께 몰입하여 집중적으로 기도하면 그를 통해서 주님이 당신에게 나타나는 것입니다.

데살로니가전서 5장 17절에 "쉬지 말고 기도하라" 늘 마음속에 우리 기도할 수 있는 것입니다.

적극적 사고방식을 주장하여 유명하게 된 미국의 노만 빈센트 필(Noman Vincent Peale) 박사는 "누구든지 매일 아침 15분만 기도하면 인생에서 결코 실패하는 법이 없다."라고 말한 것입니다. 아침에 일어나서 15분만 기도하면 인생에서 결코 실패하는 일이 없다. 그런데 사실 아침에 15분 집중해서 기도하는 사람이 얼마나 많습니까? 상당히 오래 기도했다고 생각해도 5분입니다.

15분이면 상당히 긴 시간입니다. 우리 한국이 세계적으로 신앙적인 축복을 받고 피선교국에서 선교하는 국가가 되고 수많은 선교사가 외국에 나갈 수 있었던 것은 한국 교회의 기도생활 때문인 것입니다. 주일도, 수요일도, 금요일도, 철야기도도 있지만 무엇보다도 새벽기도에 일찍 나와서 기도하는 것은 우리가 주님과 가까이 가게 만들어 주는 것입니다. 새벽기도를 한국 사람처럼 열심히 하는 나라는 없습니다. 우리가 이런 기도를 통해서 하나님의 특별한 은혜를 받고 하나님의 축복을 받아서 오늘날 이처럼 잘살게 된 것입니다.

정말 간절히 기도한다면 단지 15분일지라도 하나님을 만날 수가 있고 예수님과 교제가 이루어질 수 있는 것입니다. 그 다음 예수와 가까워지려면 교회에 와야 되는 것입니다. 사도행전 2장 46절에 "날마다 마음을 같이하여 성전에 모이기를 힘쓴다." 교회 와야 예수님과 가까워지는 것입니다. 시장에 가까워지려면 시장에 가야 되고 학문에 가까워지려면 학교에 가야 되고 예수님과 가까워지려면 교회(무형, 유형)와 가까워져야 되는 것입니다.

마태복음 18장 19-20절에 "너희 중의 두 사람이 땅에서 합심하여 무엇이든지 구하면 하늘에 계신 내 아버지께서 그들을 위하여 이루게 하시리라 두세 사람이 내 이름으로 모인 곳에는 나도 그들 중에 있느니라" 너희 두 세 사람이 내 이름으로 모인 곳에는 나도 너희 가운데 있겠노라. 그러므로 모이는 수만 헤아리지 말고 그 수에 예수님을 더해야 하는 것입니다. 예수님이 여기에 계십니다. 성경이 그렇게 말씀하고 있는 것입니다. 하늘이 무너지고 땅이 꺼져도 일점일획도 변치 않는 성경이 예수님이 내가 너와 같이 있다고 말한 것입니다. 그러므로 우리는 예수님께 모든 짐을 맡길 수가 있는 것입니다. 교회를 통해서 우리는 그리스도와 가까워지고 소그룹 모임을 통하여 그리스도와 가까워 질수 있는 것입니다. 전도서 4장 11-12절에 "또 두 사람이 함께 누우면 따뜻하거니와 한 사람이면 어찌 따뜻하랴 한 사람이면 패하겠거니와 두 사람이면 맞설 수 있나니 세 겹줄은 쉽게 끊어지지 아니하느니라" 두 사람 이상 세 사람이 되면 굉장히 강력한 힘이 생겨난다는 것입니다. 히브리서 10장 25절에 "모이기를 폐하는 어떤 사람들의 습관과 같이 하지 말고 오직 권하여 그 날이 가까움을 볼수록 더욱 그리하자" 열심히 두 세 사람 모인 곳에서 하나님을 만나고 예수님과 교제할 수 있는 것입니다. 초대 교회는 복음이 여러 지역으로 확산됨에 따라 가정 교회들이 많이 생겨나게 되었습니다. 성도들은 가정에서 모여서 함께 떡을 떼며 말씀을 읽고 기도하며 놀라운 영적인 부흥을 일으키게 된 것입니다. 이는 바로 오늘날 구역예배와 같은 소그룹 모임을 통한 교제와 같습니다. 성도들이 모여서 하나님을 찬양하고 말씀을 읽고 서로 간에 신앙의 체험을 나누고 합심으로 기도함으로 병자가 고침을 받고 귀신이 쫓겨 나가고, 성령 세례를 받고 문제가 해결되고 방언을 하고 하나님의 영광이 충만했습니다.

잠언 27장 17절에는 "철이 철을 날카롭게 하는 것 같이 사람이 그의 친구의 얼굴을 빛나게 하느니라"고 말씀하고 있는 것입니다. 소그룹을 통해 우리는 성령님의 도우심을 받아 그리스도와 더욱 가깝게 교제할 수 있습니다. 서로 친밀할 수 있는 것입니다. 혼자서 기도하는 것보다도 두 세 사람 이상 모여서 사연을 알고 기도하니까 힘이 생기는 것입니다. 교회 오면 내 사연을 다른 사람이 다 알아줄 수 없습니다. 그러면 내 기도는 나를 위해서만 하지요. 그러나 구역예배에 가면 누가 병들었다더라. 누가 가정에 어려움이 있더라. 알게 되는 것입니다. 그러니 그 소그룹이 힘을 합쳐서 기도하니까 하늘에 계신 하나님이 응답을 해주시는 것입니다. 그러므로 많은 사람이 예수님을 믿게 되고 강한 믿음을 갖게 되고 교회가 자라게 되는 것입니다.

4. 예수님과 교제의 결과

우리가 예수 그리스도와 교제하면 어떤 열매를 맺습니까? 예수 그리스도와 교제하면 죄사함을 받고 의롭다함을 얻습니다. 그리스도가 십자가에 못 박혀 몸을 찢고 피 흘린 것은 우리의 죄를 대신 청산하기 위해서 십자가에 못 박힌 것입니다. 그리스도와 교제하게 되면 예수 그리스도의 보혈이 우리의 죄를 깨끗이 씻고 우리를 의롭다하고 해줄 수밖에 없습니다. 골로새서 1장 14절에 "그 아들 안에서 우리가 속량 곧 죄 사함을 얻었도다."고 말한 것입니다. 그리고 예수님과 교제하면 삶이 거룩해 지는 것입니다. 예수님은 거룩한 하나님이신 것입니다. 거룩한 하나님이 예수 그리스도와 교제를 하는데 거룩해지지 않을 수가 없는 것입니다. 우리가 술꾼하고 교제하면 같은 술꾼이 되고 도박꾼하고 교제하면 같은 도박꾼이 되고 방탕한 자와 교제하면 같이 방탕하고 방종하게 되는 것입니다. 학자와 교제하면 학문을 같이 좋아하게 되는 것입니다. 그리스도와 교제하면 하늘이 가까워지고 생활이 세상에서 멀어지고 하늘과 가까워지고 마음이 거룩하게 안 될 수가 없는 것입니다. 거룩한 영향력을 받게 되는 것입니다. 그렇기 때문에 그리스도와 교제하는 열매는 삶의 성결화인 것입니다.

월라드 F. 할리는(Willard F. Harley Jr.) 책에서 행복이란 고기를 잡는 그물과 같다고 말한 것입니다. 그래서 지혜로운 어부는 고기를 잡아서 바구니에 담는 것만 할뿐 아니라 그물을 씻어서 언제나 그물이 엉키지 않고 찢어지지 않게 한다는 것입니다. 그러나 지혜 없는 어부는 그물을 가지고 고기만 잡고 그물을 씻지 않고 그물을 깁지 않으므로 그물이 막히고 뚫어져서 나중에는 고기를 못 잡게 된다는 것입니다. 우리의 신앙생활은 그물과 같아서 항상 그리스도와 교제하므로 우리 신앙의 그물이 찢어지지 않도록 찌꺼기가 끼고 세상이 다가오지 않도록 우리가 정비를 하면 하나님의 은총을 받게 되는 것입니다. 예수 그리스도와 교제하면 어떤 열매가 생기느냐. 심신이 건강해지는 것입니다. 많은 사람들이 마음에 죄책과 좌절과 절망으로 마음이 병들고 또 육체가 병들고 생활이 병들고 인생에 병은 떠나지 않습니다. 늘 병으로써 사람들은 고생을 하고 있는 것입니다. 이 병에서 우리가 놓여나기 위해서는 치료자 되시는 예수님을 만나야 되는 것입니다. 예수님이 마음속에 들어오면 좌절과 절망, 죄책에서 놓여남을 받게 되고 예수님의 말씀을 믿으면 용기와 힘이 생겨서 병하고 싸울 수가 있는 것입니다. 마음에 결심을 하면 병과 싸워서 이깁니다. 마음은 그 병을 이기거니와 마음이 상하면 누가 저를 이기겠느냐고 성경은 말하고 있는 것입니다. 병이 들 때도 "나는 예수 이름으로 괜찮다. 나는 예수 이름으로 살아난다. 나는 병을 이긴다." 이러한 마음에 결심이 있으면 병하고 싸워서 약의 효과가 나오고 치료의 효과가 쉽게 나옵니다. 그러나 그러한 마음에 결심이 없으면 병에 공격을 당할 때 나는 죽겠구나. 이제 나는 힘이 없다. 나는 못한다. 안 된다. 이제는 주저앉았다. 이렇게 패배적인 의식을 가지므로 병에게 완전히 항복하게 되는 것입니다. 병을 저항할 수 있는 것은 예수님과 교제하므로 건강에 믿음을 얻게 되는 것입니다. 그리고 예수님과 교제하면 우리는 자연히 우리 생활 속에 희망을 갖게 되는 것입니다. 저주에서 해방되는 것입니다. 못살고 가난하고 실패하고 어렵더라도 주님이 같이 계시면 주께서 우리에게 새로운 용기와 힘을 주시는 것입니다.

12장 하나님과 동행하게 된다.

(로마서 8:33~39)"누가 능히 하나님께서 택하신 자들을 고발하리요 의롭다 하신 이는 하나님이시니 누가 정죄하리요 죽으실 뿐 아니라 다시 살아나신 이는 그리스도 예수시니 그는 하나님 우편에 계신 자요 우리를 위하여 간구하시는 자시니라. 누가 우리를 그리스도의 사랑에서 끊으리요, 환난이나 곤고나 박해나 기근이나 적신이나 위험이나 칼이랴 기록된바 우리가 종일 주를 위하여 죽임을 당하게 되며 도살당할 양 같이 여김을 받았나이다 함과 같으니라. 그러나 이 모든 일에 우리를 사랑하시는 이로 말미암아 우리가 넉넉히 이기느니라. 내가 확신하노니 사망이나 생명이나 천사들이나 권세자들이나 현재 일이나 장래 일이나 능력이나 높음이나 깊음이나 다른 어떤 피조물이라도 우리를 우리 주 그리스도 예수 안에 있는 하나님의 사랑에서 끊을 수 없으리라 "

우리가 하나님과 영의통로를 여는 것은 우리의 배후에서 하나님이 일하시게 하기 위해서 영의통로를 여는 것입니다. 우리가 인생을 살아갈 때 배후에서 누가 도와주면 쉽습니다. 하나님과 영의통로가 열리면 배후에서 하나님이 도우십니다.

저는 군에 있을 때 개미 노는 것을 자주 보았습니다. 어느 날 저의 집 앞마당에서 개미가 열심히 먹이를 구하려고 분주히 다니는 것을 보고 부엌에 가서 밥 몇 톨을 가지고 왔습니다. 밥 한 톨을 개미 앞에 떨어뜨려 주었습니다. 보니까 개미가 자기가 그 밥알을 발견한줄 알고 뛸 듯이 기뻐해서 그 밥알을 물고 열심히 뒷걸음질 쳐가는데 다른 개미 한 마리가 주위를 지나다가 그 밥알을 빼앗으려고 덤벼들었습니다. 그래서 개미 두 마리가 싸움이 붙었습니다. 앞에서 끌고 뒤에서 밀고 하면서 싸움이 붙었습니다. 그래서 제가 막대기로 뒤에 온 개미를 탁 튕겨 버렸습니다. 그러니까 탁 튕겨나가 버렸습니다. 그러자 처음 밥풀을 물던 개미가 자기가 힘이 있어서 이긴 줄로 알고 의기양양하게 밥풀을 끌고 가고, 튕겨 나간 놈은"와~ 저 개미 힘이 보통 세지가 않다. 그냥 탁 발로 차버렸는데 이렇게 튕겨 나오고" 그냥 쩔쩔매고 가는 것을 보았습니다.

그래서 저는 그 개미들의 투쟁을 보고 "싸움은 너희가 싸웠으나 승패는 내가 결정해 주었다. 실상 배후의 힘은 나였다"고 스스로 말하고 웃었습니다. 인생 40고개를 넘어본 사람은 인간의 삶이 자기의 능력으로만 된다고 생각하지 않게 되는 것입니다.

1. 이스라엘의 운명을 결정한 배후의 힘

보이지 않는 막강한 배후의 힘에 의해 운명이 결정된다는 것을 어렴풋이라도 느끼게 됩니다. 그렇기 때문에 사람들은 운명이란 말을 사용하기도 하고 혹시 운명을 알아볼 수 있을까 싶어서 손금도 보고 관상도 보고 사주팔자도 보고 혹은 점치는 집에 찾아가기도 하는 것입니다. 그것은 배후에 인간이 상상할 수 없는 막강한 힘이 자기의 운명을 좌우한다고 생각하기 때문인 것입니다. 우리가 성경을 보면 이스라엘의 운명을 결정한 것은 애굽도 아니요, 이스라엘도 아니요, 배후에 보이지 않는 막강한 하나님의 능력이요, 영향력이었습니다. 이스라엘 백성이 모세를 따라서 430년 종살이 하던 애굽 땅을 떠나 의기양양하게 나왔지만은 얼마 있지 않아 홍해에 도착하자 망망한 대해가 앞을 가로막았습니다. 정말 상상을 초월한 난관에 봉착하게 된 것입니다. 그러자 얼마 있지 아니하여 바로가 그 군대를 거느리고 이스라엘 백성을 다시 종으로 잡기 위해서 습격해 왔습니다.

출애굽기 14장 5-8절에 보면 "그 백성이 도망한 사실이 애굽 왕에게 알려지매 바로와 그의 신하들이 그 백성에 대하여 마음이 변하여 이르되 우리가 어찌 이같이 하여 이스라엘을 우리를 섬김에서 놓아 보내었는가 하고 바로가 곧 그의 병거를 갖추고 그의 백성을 데리고 갈새 선발된 병거 육백 대와 애굽의 모든 병거를 동원하니 지휘관들이 다 거느렸더라."전군 총 동원령을 내려서 이스라엘을 다시 포로로 잡기 위해서 진격해 옵니다. 그 막강한 군대 앞에 이스라엘은 풍전등화입니다. 그리고 앞으로 나갈 수가 없는 것은 망망한 홍해가 가로막혀 있기 때문입니다. 그러니 절망적인 위기에 처한 이스라엘 백성들이 발버둥 칠 수 밖에 없습니다. 싸움은 뻔 한 일입니다. 포로로 잡히든지 홍해에 빠져 죽든지 진퇴유곡에 빠졌습니다. 이래도 절망, 저래도 절망입니다.

출애굽기 14장 11-12절에 보면 "그들이 또 모세에게 이르되 애굽에 매장지가 없어서 당신이 우리를 이끌어 내어 이 광야에서 죽게 하느냐 어찌하여 당신이 우리를 애굽에서 이끌어 내어 우리에게 이같이 하느냐. 우리가 애굽에서 당신에게 이른 말이 이것이 아니냐 이르기를 우리를 내버려 두라 우리가 애굽 사람을 섬길 것이라 하지 아니하더냐 애굽 사람을 섬기는 것이 광야에서 죽는 것보다 낫겠노라" 그렇게 탄식했습니다.

그러나 여기에서 모세는 애굽 사람도 이스라엘 백성도 모르는 것을 알았습니다. 한 개인이나 나라의 운명은 배후에 위대한 하나님의 능력이 결정을 이룬다는 것입니다. 아무리 군대가 많아도 전쟁에 이기는 법이 없고 아무리 잘 뛴다고 해서 반드시 일등 하는 법이 없다고 성경은 말하고 있는 것입니다. 운명은 배후에 계신 하나님의 능력이 좌우하는 것입니다.

출애굽기 14장 13-14절에 "모세가 백성에게 이르되 너희는 두려워하지 말고 가만히 서서 여호와께서 오늘 너희를 위하여 행하시는 구원을 보라 너희가 오늘 본 애굽 사람을 영원히 다시 보지 아니하리라. 여호와께서 너희를 위하여 싸우시리니 너희는 가만히 있을지니라 "

상상할 수 없는 말입니다. 그 막강한 초강대국 애굽의 대군이 습격을 해오고 망망한 대해가 앞을 막았는데 여기에서 모세는 운명의 결정은 하나님 손에 있지 현실적인 상황에 있지 않다고 외치고 있으니 보통사람 볼 때는 정신이 나간 사람인 것입니다. 그러나 오늘날 우리가 보는 현실적인 모든 문제의 배후에는 하나님이 계십니다. 우주를 지으신 하나님은 우주의 주인이 되시고 우주를 다스리십니다. 역사를 지으신 하나님은 역사의 주인이 되시고 역사를 다스리는 것입니다. 인간을 만드신 하나님은 인간의 주인이 되시고 인간의 생사화복을 다스리는 것입니다. 운명은 배후에 계신 힘에 의해서 결정되는 것입니다.

1967년 6월 이스라엘과 아랍연합군간에 6일전쟁의 때입니다. 네게브계곡 전투에서 요충지를 지키고 있던 이스라엘군 20명이 이집트군 3개 사단의 공격을 받게 되었습니다. 요충지가 무너지면 바로 예루살렘으로 진격해 오게 되는 것입니다. 사방을 포위한 이집트군대는 막강한 화력을 동원해서 맹렬한 공격을 퍼붓기 시작했습니다. 이스라엘군은 미사일을 발포하며 결사적으로 대항했지만 역부족이었습니다. 이제 함락당하는 것은 시간문제였습니다. 그런데 갑자기 공격을 퍼붓던 이집트군 2개 사단이 모두다 뒤를 돌아서더니만 달아나기 시작했습니다. 그리고 나머지 1개 사단도 무기를 버린 채 손을 들고 항복했습니다. 이스라엘군들은 영문도 모른채 자신들을 향해 투항해 오는 이집트군은 입을 딱 벌리고 멍하니 쳐다만 보고 있었습니다. 그런데 항복하여 이스라엘 진영에 도착한 이집트군인들은 그곳에 이스라엘 군인이 단지 20명밖에 없는 것을 보고 깜짝 놀라면 이렇게 물었습니다. "다른 병사들은 모두 어디 있습니까?" "우리는 처음부터 20명밖에 없었습니다." "아니요. 우리는 당신들 곁에 거대한 군대가 진을 치기 시작하는 것을 분명히 보고 전투에 승산이 없다고 결정을 내렸기 때문에 2개 사단은 도망을 치고 이렇게 1개 사단은 항복을 해서 왔습니다." 이집트 군인들이 목격한 것은 이스라엘의 배후에서 그들을 지키던 하나님의 군대를 보았기 때문인 것입니다. 운명의 결정은 인간의 힘에 있지 않습니다. 그 배후에 계시는 하나님의 손에 의해서 결정된다는 것을 우리가 알아야 되는 것입니다. 그런데 배후에 계신 위대한 하나님의 그 손을 무엇으로 움직입니까? 성도의 기도가 하나님의 손을 움직이는 것입니다. 우리의 운명을 좌우하는 하나님의 손은 성도의 기도가 움직이는 것입니다.

2. 배후의 힘은 기도를 통하여 나타난다.

이스라엘 백성이 르비딤에 왔을 때 아말렉이 쳐들어 왔습니다. 이스라엘은 애굽에서 나와서 여행에 지치고 영향도 부실하고 군대조직도 없는데 순식간에 아말렉이 잘 무장되고 훈련된 군인들이 쳐들어오니 어떻게 대항하겠습니까? 급해서 여호수아가 순식간에 만들어 놓은 오합지졸을 거느리고 나가서 싸웠으나 백전백패했습니다. 이스라엘 군인들은 아말렉 앞에서 죽고 짓밟히고 상처투성이고 나라의 운명이 풍전등화였습니다. 그럴 때 모세가 아론과 훌을 데리고 전쟁터가 내려다보이는 언덕으로 올라가서 손을 들어 기도를 하기 시작했습니다. 조금 전까지 패배를 거듭하던 이스라엘 백성들이 갑자기 일당 백, 일당 천의 큰 힘이 임하였습니다. 그들은 돌아서서 아말렉을 파죽지세로 물리쳤습니다. 그런데 모세가 피곤해서 팔을 내리고 기도를 그치면, 또다시 돌아서서 아말렉 군대가 이스라엘을 쳐서 공격하고 이스라엘이 무너지기 시작한 것입니다. 그래서 모세가 손을 들면 이스라엘이 이기고 손을 내리면 이스라엘이 졌습니다. 손을 든다는 것은 기도를 상징하는 것입니다.

우리가 여기서 볼 때 아말렉이나 이스라엘은 대리전쟁을 하고 있습니다. 아말렉은 마귀의 군대요, 여호수아는 하나님의 군대입니다. 그러므로 배후에 기도를 하지 않으면 마귀가 아말렉 군대에게 힘을 주어서 이스라엘을 쳐서 이기게 하지요. 모세가 기도를 하면 성령의 능력과 하나님의 천사들이 와서 이스라엘을 도와주므로 아말렉을 쳐서 물리쳤습니다. 그래서 모세의 기도가 전쟁의 승패였었습니다. 모세가 피곤해 지니까 아론과 훌이 모세를 돌멩이 위에 앉게 하고 양팔을 들어서 끝까지 해가 질 때까지 들고 있으니 계속해서 하나님의 능력이 퍼부어져서 배후의 능력, 눈에 안 보이는 능력에 의해서 이스라엘은 아말렉을 멸하고 위대한 승리를 가져올 수가 있었던 것입니다.

예레미야 33장 3절에 "너는 내게 부르짖으라 내가 네게 응답하겠고 네가 알지 못하는 크고 은밀한 일을 네게 보이리라"고 했었습니다. 하나님의 손을 움직이는 것은 우리의 부르짖음에 있는 것입니다. 우리가 부르짖지 아니하면 배후에 힘은 역사할 수가 없습니다. 그렇기 때문에 일을 행하는 여호와, 그 일을 지어 성취하는 여호와 그 이름을 여호와라 하는 자가 이같이 이르노라. 너희는 내게 부르짖으라 그러면 내가 간섭하고 내가 역사해서 네가 알지 못하는 크고 은밀한 일을 나타내겠다고 말한 것입니다. 배후에 위대한 능력은 기도를 통해서 우리 가운데 나타난다는 것을 우리가 알아야 되는 것입니다.

3. 우리의 발걸음은 하나님이 움직이신다.

1940년 2차 대전 당시의 일입니다. 영국군 33만 5천명이 독일 군에게 쫓겨서 불란서의 조그마한 어촌인 덩커거에 포위되었습니다. 첩첩이 독일의 전차와 기갑부대에 포위되고 공중에는 독일의 전투기들이 계속해서 폭탄을 투하하고 기총소사를 하고 바다에는 독일의 잠수함 유보트가 영국의 어떠한 군함도 근접하지 못하게 기다리고 있었습니다. 이제는 영국의 33만 5천명 대군이 그곳에 서 몰살하든지 포로로 잡히게 되었습니다. 그렇게 된다면 구라파 는 나치의 손에 무너지고 마는 것입니다. 정말 홍해 앞에 있는 이스라엘 백성들과 같은 현상입니다. 물러가자니 바다고 그 밑에는 영국의 군함들이 못 들어오게 유투보트가 진을 치고 있고 공중에 는 독일의 비행기요, 지상은 독일의 기계와 부대가 밀고 들어오는 데 33만 5천명은 꼼짝없이 죽게 되었습니다. 그때 처칠이 온 교회 와 온 교역자와 성도들과 믿지 않는 모든 백성들도 모두 영국을 위해서 기도하고 이 33만 5천명을 위해서 기도해 달라고 부탁했습니다. 군인들도 모두 기도하고 영국의 국민들도 기도하고 믿는 사람들은 금식하고 하나님께 부르짖어 하루 종일 주님께 외쳤습니다. 영국의 처칠수상 자신도 웨스트민스터성당 성가대 의석에 앉아서 하루 종일 하나님께 부르짖었습니다.

옛날이야기가 아닙니다. 바로 2차 대전 때의 일인 것입니다. 인 간으로써 막다른 골목에 처해 힘으로 능으로 할 수 없을 때 하나님께 부르짖은 것입니다. 그러자 크고 은밀한 일이 나타났습니다. 하나님의 병기가 나타난 것입니다. 무엇이냐 하면 갑자기 악천후가 다가와서 거대한 파도가 치고 그리고 소낙비가 쏟아져서 모든 독일 전차들이 진흙탕에 바퀴가 빠져서 한 대도 움직일 수가 없었습니다. 그리고 악천후니까 비행기도 뜨지 못했습니다. 독일의 기갑부대도 진흙탕에 빠지고 비행기도 뜨지 못하고 파도가 너무 세니까 모든 독일의 잠수함들이 철수를 했습니다. 그렇게 폭풍우가 불더니 순식간에 영국군이 있는 덩커거만이 조용하고 폭풍우가 그쳤습니다. 다른 데는 아직까지도 비바람이 치는데 거기만 조용했습니다. 영국은 그것을 이용해서 전 상선까지 개인보트까지 다 동원해서 33만 5천명을 철수시키고 민간인 한명도 없이 다 철수시켰습니다. 영국군이 다 철수하자마자 폭풍이 끝이고 날이 금방 맑아지는데 독일군이 다가와 보니 영국 사람은 한 사람도 없었습니다.

영국은 본토로 후퇴해서 다시 군대를 재조직해서 몽고메리 원수가 그 군대를 이끌고 애굽으로 진격해서 애굽에서 유럽대륙을 향해서 진격해 나와 결국에 독일이 패망 되고 말았던 것입니다. 기도가 멸망에 처한 영국을 구출하고 구라파를 구출할 수 있었던 것입니다. 승패는 배후의 힘에 있는 것입니다. 사람의 힘과, 능으로 되지 않습니다. 배후에 성령께서 하늘의 천사를 거느리고 와서 싸우면 못 이길 일이 없는 것입니다. 그러므로 이는 힘으로도 되지 않고 능으로도 되지 아니하나 하나님의 성령으로 된다는 것을 알아야 되는 것입니다. 사람이 아무리 지혜있고 총명하고 수단과 방법과 능력이 많다 하더라도 운명의 결정은 하나님께 있습니다.

잠언서 16장 1절에 "마음의 경영은 사람에게 있어도 말의 응답은 여호와께로서 나느니라"마음에 경영을 아무리해도 온갖 수단과 방법을 동원해서 계획을 세워도 응답은 하나님이 하시는 것입니다. 잠언서 16장 9절에 "사람이 마음으로 자기의 길을 계획할지라도 그 걸음을 인도하는 자는 여호와시니라"나는 이렇게 저렇게 가겠다고 해도 결국에 발걸음을 결정하는 이는 하나님이신 것입니다. 그렇기 때문에 시편 37편 5절로 6절에 "너의 길을 여호와께 맡기라 저를 의지하면 저가 이루시고 네 의를 빛같이 나타내시며 네 공의를 정오의 빛같이 하시리로다"고 말씀하신 것입니다. 발걸음은 하나님이 움직이신다는 것을 우리가 늘 알아야 합니다.

아주 놀라운 이야기가 하나 있습니다. 조선조 태종이 모든 정사를 세종대왕에게 넘기고 풍양궁에 살고 있을 때 일입니다. 그는 어느 날 우연히 뜰을 거니는데 두 아전이 하늘과 사람의 이치를 논하는 것을 들었습니다. 갑이라는 사람이 "부귀와 영달은 모두 임금에게 나온다."고 주장했습니다. 그러나 을은 갑의 의견에 반박을 했습니다. "아니 그렇지 않다. 한 계급이 오르거나 벼슬을 하게 되는 것은 모두 하늘이 정하신 것이다. 비록 임금이라도 그것은 어쩔 수 없다." 그래서 태종이 이 말을 듣고 "고약한 놈! 모든 계급이 높아지고 벼슬이 높아지고 행복하게 된 것은 임금이 결정하는 것이지 어떻게 하늘이 결정하는 것이냐?" 해서 당장 서찰을 적었습니다. 세종에게 "이 서찰을 들고 가는 사람을 한 계급 특진을 시켜라!" 그래서 그것을 편지봉투에 넣어서 모든 축복은 임금에게서 온다는 사람을 불러가지고서 "야! 이 서찰을 세종대왕에게 전해라." 그래서 내용이 뭔지 모르고 "명령대로 하겠습니다." 서찰을 들고 태종대왕을 떠났는데 복통이 생겼습니다. 설사가 나고 배가 뒤틀려서 어찌할 도리가 없으니까 서찰은 전달해야 되겠고 배는 너무 아프니까 할 수 없이 모든 축복은 하나님께로부터 온다는 사람에게 "야! 이 서찰을 빨리 전달해라! 태종대왕의 명령이니 나는 화장실에 가야 되겠다." 뭣도 모르고 이 서찰을 들고 가서 세종대왕에게 주니까 세종대왕이 펼쳐 보더니 웃으시고 "한 계급 특진!" 하고 올려줬습니다. 그 이튿날 태종대왕이 보니까 이럴 수가 있습니까? 자기가 계급을 올려줄 사람은 안 올라가고 안 올려줄 사람이 계급이 올라갔습니다. 그래서 불렀습니다. "야~ 모든 축복이 임금님에게 온다는 너에게 내가 한 계급 특진하라고 서찰을 줬는데 어떻게 하여 네가 올라가지 않고 모든 축복이 하나님께로부터 온다는 사람이 한 계급 올라갔느냐?" 하니까 "아이구~ 태왕님 제가 서찰을 들고 가다가 그만 배탈이 나가지고서 어찌할 수 없어서 화장실 가는 동안에 이것을 전달해주라고 제가 친구에게 맡겼는데 친구가 그 편지를 가지고가서 한 계급 올라갔습니다." 그래서 태종대왕이 말했습니다. "임금도 하늘의 뜻을 거스릴 수 없구나!" 경탄해 마지않았다는 것입니다.

인생의 생사화복은 하나님의 손에 달려있습니다. 부귀가 모두 하나님께로 나오는 것입니다. 인간이 아무리 계획한다 할지라도 걸음을 옮기는 이는 하나님이십니다. 우리 옛날 말에 진인사대천명이란 말이 있지 않습니까? 사람이 할 일을 다 하고 하늘의 명을 기다린다는 뜻입니다. 사람의 일어서고 넘어짐이 하나님 손에 있지 사람의 손에 있지 않은 것입니다.

우리는 이 사항이 극적으로 이뤄진 것이 요셉의 생애를 통해서 잘 알 수 있습니다. 야곱의 열두 아들 중에 열한째 아들인 요셉은 특별히 신앙이 좋았습니다. 다른 형제들은 신앙이 없었는데 요셉만은 신앙이 좋았습니다. 늘 기도하고 하나님을 묵상하고 하나님과 교통했기 때문에 하나님이 요셉에게는 특별한 꿈도 보여주었습니다. 그가 형들과 추수하러 갔다가 형들의 단이 자기를 둘러싸서 절하는 것도 보았고 해와 달과 열한별이 자기를 향해서 절하는 것도 보았습니다. 이것을 이야기하므로 형들이 분노해서 "네가 과연 우리의 임금이 되겠느냐?" 조롱했습니다. 그런데 한번은 형들이 밖에서 목축을 하고 있을 때 아버지가 음식을 싸주면서 형들의 안부도 묻고 이 음식을 전달해 주고 오라고 해서 요셉이 음식을 들고 갔습니다. 형들이 멀리서 오는 요셉을 보고 "아~ 저 자식 꿈꾸는 놈이 온다. 우리 저 자식을 죽이고 옷은 짐승을 잡아 그 피에 적셔서 아버지에게 갖다드리고 악한 짐승이 요셉을 먹었다고 하면 되지 않겠느냐? 저놈을 우리가 죽여 버리자! 꿈이 어떻게 되는가 보자." 형들은 감히 하나님께 도전한 것입니다. 왜냐하면 하나님의 뜻이 요셉에게 이미 보여준 것이기 때문에 요셉의 운명은 배후에서 역사하는 하나님이 좌우하시지 형들이 좌우하지 못합니다. 그런데 형들은 요셉을 죽이고 그 꿈이 어떻게 되는가 보고자 요셉을 잡아서 발가벗기고 그를 마른 구덩이에 던져 넣었습니다. 광야에 마른 구덩이에 빠진 요셉은 사람이 구해줄 수 없기 때문에 그는 그 자리에서 굶어 죽을 수밖에 없었습니다. 형들도 너털웃음을 웃고 요셉은 이제 죽었다고 생각하고 요셉도 그는 죽었다고 생각했으나 그곳에서 열심히 하나님께 기도했습니다. 그런데 운명은 하나님이 좌우하십니다.

마침 그때 미디안사람 상인들이 지나가니까 요셉의 형들이 "아~ 저놈 그냥 죽일 것 무엇이냐 미디안 사람 상인들에게 우리가 팔면 우리 돈벌이도 하고 저놈이 애굽에 종으로 팔리면 다시는 못 돌아 올테니까 우리가 팔자!" 그래서 도로 요셉을 끌어내어서 은 20냥을 받고 미디안사람 상인에게 팔았습니다. 보십시오. 그들은 요셉을 죽이려고 마른 구덩이에 던져 넣었으나 요셉을 건져내는 역사에 배후에서 하나님이 역사하신 것입니다. 인간의 생사화복은 배후에 계신 하나님이 역사하는 것입니다. 요셉은 미디안사람 상인에게 끌려서 애굽의 노예시장에 가서 팔리게 되었는데 어쩔 수 없이 노예시장에서 팔린다고 생각했지만 배후에서 하나님이 역사하셨습니다. 왜냐하면 보디발이라는 바로의 시위대의 대장 장군이 마침 종이 필요해서 왔다가 요셉을 돈 주고 샀습니다. 그러므로 요셉이 팔려가는 것도 배후에 계신 하나님이 역사하신 것입니다. 보디발의 집에 가서 일할 때 하나님이 배후에서 역사하므로 요셉이 하는 것마다 잘 되었습니다. 하나님이 우리와 함께하시면 누가 우리를 대적하리요. 그 아들을 우리에게 주신 이가 그 아들과 함께 무엇을 은사로 주시지 않겠느냐. 요셉이 하는 것마다 형통합니다. 하나님이 함께 하시면 복을 받게 되는 것입니다.

그래서 요셉이 복을 받으매 하는 일마다 잘되니 보디발이 보고 놀랐습니다. "종하나 데려다 났더니 팔자 폈구나. 저 놈이 하는 것마다 잘 된다." 그래서 나중에는 요셉을 가정 총무로 삼았습니다. 요셉은 인물이 잘나고 준수한 사람이었습니다. 그런데 보디발의 아내가 요셉을 보니까 탐이 났습니다. 자기 남편은 얼굴색깔이 검고 거칠지만 요셉은 하얀 얼굴에 잘생겼으니까 밤낮으로 요셉을 유혹했습니다. 성경에 보니 매일같이 요셉을 괴롭혔습니다. 요셉이 부탁을 했습니다. "당신 남편이 모든 집안일을 다 내게 맡겼지만 당신만은 내게 맡기지 아니했다. 당신은 보디발의 아내이기 때문에 나는 이런 악한 죄를 지을 수 없다." 그러나 때가 왔습니다. 요셉이 대청에 할 일이 있어서 늦은 아침에 들어갈 때 종들은 다 밭에 나가고 남편은 출근하고 아무도 없으니 부인이 늦잠자고 일어나다가 요셉을 끌어안았습니다. 요셉이 떨치고 나오는데 옷이 부인의 손에 잡혔습니다. 아무도 본 사람이 없습니다. 부인이 그 다음에는 고함을 칩니다. "요셉이 나를 겁간하려고 들어오는 것을 내가 고함치니 옷을 벗어놓고 도망을 쳤다"고 고함을 치니 밭에 있는 종들이 다 모여오고 남편이 바로 궁에서 뛰어오고 요셉은 묵묵부답입니다.

변명을 할 수가 없습니다. 본 사람이 없습니다. 아무리 변명을 해도 그 보디발의 부인의 손에 자기 옷이 들려 있습니다. 그러니 아무 말도 못하고 그는 얻어맞고 정치인 수용소인 시위대뜰에 갇혔습니다. 우리가 보기에는 너무나 억울하고 절통한 일인 것입니다. 왜 말 한마디 못하고 온전히 누명을 쓰고 들어갔으나 그 운명은 하나님이 배후에서 역사하신 것입니다. 그런 억울한 일을 당했음에도 불구하고 그것조차도 하나님이 역사해서 최악이 최선으로 바꾸어지는 것입니다. 그가 시위대뜰에 들어갔을 때 그는 좌절하고 절망했지만 하나님이 그 모든 일에 간섭하여 주셔서 놀라운 역사가 일어납니다. 시위대뜰 감방에 들어갔는데 애굽 바로왕의 술 장관, 떡 장관이 왕의 진노를 사서 감방에 들어와서 며칠을 있게 되었는데 요셉이 그들을 잘 모셨습니다. 그런데 그들이 하루는 각각 꿈을 꾸고 꿈해석을 원했습니다. 그래서 꿈대로 요셉이 해석해 주었는데 술 장관은 꿈대로 사흘 만에 복직이 되고 떡 장관은 목이 날아갔습니다. 그때에 요셉이 술 장관에게 부탁을 했습니다. "당신이 나가시거든 나를 바로에게 이야기해서 좀 건져 주십시오. 나는 애굽에 내려온 히브리사람으로 아무 죄도 안 지었는데 이곳에 억울한 누명을 쓰고 들어왔으니 나를 건져 주십시오." 그러나 나간 술 장관은 깜박 잊어버리고 2년 동안 기억도 하지 않았습니다. 요셉은 좌절과 절망에 서있으면 그 모든 것이 하나님께서 배후에서 역사하고 계셨습니다. 결국 2년이 지난 후에 바로가 꿈을 꾸고 꿈을 해석을 못할 때 술 장관이 무릎을 치면서 "내가 감옥에 갇혔을 때 꿈 해석을 잘하는 히브리 청년이 있었는데 그가 꿈을 해석한 대로 나는 복직이 되고 나의 친구는 목이 날아갔습니다." 바로가 "그 사람을 빨리 데리고 오너라" 요셉을 빨리 데려오라고 명령을 하매 왕궁에서 수레를 보내어서 요셉을 청하매 요셉이 면도하고 옷을 잘 입고 바로왕 앞에 섰는데 왕의 꿈을 멋있게 해석해 주었습니다.

왕의 꿈대로 7년 풍년 후에 7년 흉년으로 기근이 들 것입니다.

7년 풍년 동안 명철하고 지혜있는 관리를 임명해서 풍년 때에 곡식을 거두어서 저장하여 흉년을 대비하면, 7년 흉년 때 이땅이 기근으로 망하지 않을 것입니다. 요셉의 지혜있는 말에 왕이 무릎을 치면서 "이렇게 지혜있고 총명스럽고 놀라운 사람이 어딨느냐? 이 사람을 국무총리로 명하노라" 모든 요셉의 생애를 돌아볼 때 모든 일이 사람의 손으로 이루어진 것 같지만 그 배후에는 하나님이 역사한 것입니다. 그가 마른 구덩이에 빠진 것도 그 배후에 하나님이 역사하셨고 건져낸 것도 하나님이 역사하셨고 미리안 사람 상인들에게 팔려서 보디발의 종으로 팔린 것도 결국에는 사람이 한 것 같지만 배후에 하나님이 역사하셨고 그 아내에게 모함을 당한 것도 사람이 한 것 같지만 결국 배후에 하나님이 역사하셨고 감옥에 갇힌 것도 그 다음에 바로왕궁에 들어가서 국무총리가 된 것도 배후에 하나님이 역사하신 것입니다. 성경은 말합니다. 하나님을 사랑하는 자 곧 그 뜻대로 부르심을 입은 자들에게는 모든 것이 합력하여 선을 이루느니라.

잠언서 16장 33절에 "사람이 제비는 뽑으나 일을 작정하기는 여호와께 있느니라"열심히 제비를 뽑아도 결과는 하나님이 정하시는 겁니다. 열심히 마른 우물에 요셉을 가두어 넣어도 결과는 하나님이 결정하는 것이고 종을 팔아도 결과는 어느 집에 종이 될 것이냐는 하나님이 결정하는 것입니다. 보디발의 아내가 요셉을 죽이려고 모함을 했어도 결국에 요셉의 운명은 하나님이 결정하는 것이고 한번 들어가면 나오지 못하는 시위대의 정치범 수용소에 들어가서도 그 운명의 결정은 하나님이 하십니다. 제비는 사람이 뽑아도 결정은 하나님이 하십니다.

크고 적은 모든 일의 운명은 하나님께서 주관하시는 것입니다. 그렇기 때문에 비록 당시에는 우리 생각에는 좋지 않아 보여도 발걸음을 옮기시는 하나님이십니다. 하나님은 알파요, 오메가 되시고 처음과 나중이 되시고 시작과 끝이 되기 때문에 멀리 바라보고 계획하시는 것입니다. "여호와 이레"지 않습니까? 하나님은 우리를 위해서 예비하시는 하나님이신 것입니다. 미리 아셔서 미리 예비하시는 것입니다. 하나님이 자기를 사랑하는 자를 위해서 예비해 놓은 모든 것은 눈으로 보지 못하고 귀로도 듣지 못하고 마음으로도 생각지 못하였다함과 같으니라. 하나님은 우리를 위해서 깜짝 놀랄 크고 비밀한 것을 예비해 놓고 계신 것입니다. 이 모든 것은 기도하는 사람에 의해서 하나님이 직접 간섭하시고 역사하여 주시는 것입니다. 우리 하나님과 영의통로를 열어야 합니다. 그리하여 배후에서 하나님이 일하시게 하기를 바랍니다.

13장 하나님의 등에 업혀 산다.

(마태복음11:28~30)"수고하고 무거운 짐 진 자들아 다 내게
로 오라 내가 너희를 쉬게 하리라. 나는 마음이 온유하고 겸손하
니 나의 멍에를 메고 내게 배우라 그리하면 너희 마음이 쉼을 얻
으리니 이는 내 멍에는 쉽고 내 짐은 가벼움이라 하시니라."

우리가 하나님과 영의 통로를 여는 것은 하나님의 등에 업혀 살
기 위해서 영의 통로를 여는 것입니다. 영의 통로를 열어 하나님
의 등에 업혀 사시기를 바랍니다.

세월이 흐르면 생활문화도 많이 달라집니다. 그중에 하나가 아
기를 업어 기르는 문화입니다. 제가 어릴 때는 아기는 아예 어머
니 등에 업혀서 생활하고 자랐습니다. 엄마 등에 업혀서 자고 대
소변도 엄마 등에서 보고 엄마 등에서 칭얼거리면 콧물, 눈물로
세계지도를 그려 놓습니다. 어린 아기를 기르는 엄마 등은 언제나
아기의 코물로 세계지도가 그려져 있었습니다. 그래서인지 엄마
와 자녀들 간에 사랑과 친밀함이 있었습니다. 오늘에 와서는 대부
분 아기를 유모차에 태워서 기릅니다. 그러므로 등에서 느끼는 엄
마의 체온을 느낄 수가 없습니다. 성경에는 하나님께서는 하나님
의 백성을 업고 기르신다고 말씀하고 계십니다. 놀라운 일입니다.

하나님께서 주의 백성들을 등에 업고 우리를 기르신다는 것입니다.

1. 이스라엘 백성을 업어 구원하신 하나님

구약의 이스라엘 백성을 주님은 업고 구원하셨다고 성경은 말하고 있습니다. 출애굽기 19장 4절에 "나의 애굽 사람에게 어떻게 행하였음과 내가 어떻게 독수리 날개로 너희를 업어 내게로 인도하였음을 너희가 보았느니라"고 말한 것입니다. 이스라엘 백성의 힘으로는 도저히 애굽을 떠나 가나안땅으로 올 능력이 없었습니다. 그러나 하나님이 이스라엘 백성을 업고 광야를 지나 젖과 꿀이 흐르는 땅으로 오셨다고 말한 것입니다. 이스라엘백성이 홍해를 건널 수 있었던 것은 하나님께서 저들을 업고 건넜기 때문인 것입니다. 이스라엘 백성이 인간의 힘으로 어떻게 홍해를 건널 수가 있습니까? 다리도 없고 배도 없었습니다. 그러나 전지, 전능, 무소부재하신 하나님이 이스라엘 백성을 업고 홍해를 건너니 홍해가 갈라지지 아니할 수가 없었던 것입니다.

출애굽기 14장 14절에 "여호와께서 너희를 위하여 싸우시리니 너희는 가만히 있을지니라" 하나님이 이스라엘 백성을 업으시고 여호와께서 친히 애굽 바로왕과 그 군대와 싸우셨습니다. 이스라엘 백성은 손가락 꼼짝하지 않았습니다.

출애굽기 14장 29-30절에 보면 "그러나 이스라엘 자손은 바다 가운데 육지로 행하였고 물이 좌우에 벽이 되었었더라. 그 날에 여호와께서 이같이 이스라엘을 애굽 사람의 손에서 구원하시매 이스라엘이 바닷가의 애굽 사람의 시체를 보았더라"고 말하고 있는 것입니다. 업혀서 산다는 것은 참으로 신기한 일입니다. 저는 어려서 아버지가 추석명절이면 할머니 산소에 성묘를 데리고 다녔습니다. 할머니 산소를 가려면 큰 냇가를 건너야 합니다. 그러면 아버지가 저를 등에 업고 냇가를 건너셨습니다. 아버지 등에 업혀서 냇가를 건너면 얼마나 편 한지 모릅니다. 냇가를 안전하게 아버지 등에 업혀서 건널 수가 있는 것입니다. 우리 인생도 우리 힘으로 건너지 못하는데 하나님이 업어서 건너 주시는 것입니다. 이스라엘이 광야를 지날 때도 하나님이 업어서 이스라엘을 건너게 했습니다. 하나님께서 저들의 짐을 지시고 저들의 일을 행하신 것입니다.

신명기 32장 9-12절에 "여호와의 분깃은 자기 백성이라 야곱은 그가 택하신 기업이로다. 여호와께서 그를 황무지에서, 짐승이 부르짖는 광야에서 만나시고 호위하시고 보호하시며 자기의 눈동자 같이 지키셨도다. 마치 독수리가 자기의 보금자리를 어지럽게 하며 자기의 새끼 위에 너풀거리며 그의 날개를 펴서 새끼를 받으며 그의 날개 위에 그것을 업는 것 같이 여호와께서 홀로 그를 인도하셨고 그와 함께 한 다른 신이 없었도다."

하나님께서 이스라엘 백성을 업어서 광야를 지나게 했습니다. 사나운 광야, 태양이 불길 같이 내려 쬐이고 물은 어느 곳에나 찾아볼 수도 없고 바위는 불덩어리 같고 그런 광야에 아무런 농산물도 없고 곡식도 거둘 수 없는 그 처지에 있는 백성들을 하나님께서 업고서 그들을 지나게 했습니다. 그들의 일을 하나님이 아시고 그들의 짐을 하나님이 짊어져 주신 것입니다. 먹고, 마시고, 기거하고 살아가는 모든 일이 이스라엘의 힘으로는 할 수가 없었습니다. 그러나 하나님이 그 일을 하시고 그 짐을 짊어져 주셨습니다.

신명기 29장 5절에 보면 "주께서 사십년 동안 너희를 인도하여 광야를 통행케 하셨거니와 너희 몸의 옷이 낡지 아니하였고 너희 발의 신이 해어지지 아니하였으며"라고 말했습니다. 시편 78편 14-15절에 "낮에는 구름으로, 밤에는 불빛으로 인도하셨으며, 광야에서 반석을 쪼개시고 매우 깊은 곳에서 나오는 물처럼 흡족하게 마시게 하셨으며"라고 했으며, 24절에는 "저희에게 만나를 비같이 내려 먹이시며 하늘 양식으로 주셨나니"라고 했으니, 온전히 하나님의 기사와 이적과 능력으로 이스라엘 백성을 업어서 광야를 지나게 한 것입니다. "아~ 그것 옛날에 기록한 신화지. 그런 것이 뭐 실제로 있을 라고 이런 말을 하면 불신자입니다." 1931년 중국 남부지방에서 있었던 일입니다. 그 지역 주민들은 갑자기 찾아온 기근으로 고통을 당하고 먹을 것이 없어서 고통당하고 있었습니다. 그런데 그곳에 선교사가 와서 전도해서 온 동네사람들이 다 예수님을 믿게 되었습니다. 너무나 급박하니까 선교사님을 찾아가서 "선교사님! 우리가 굶어죽게 되었는데 어떻게 선교사님이 좀 할 수가 없겠습니까?" 그래서 선교사님이 "인간적으로는 별도리가 없지만 구약에 보면 하나님께서 광야를 지나는 이스라엘 백성에게 만나를 주셨습니다. 하나님의 자녀 된 우리가 오늘날 엎드려서 기도하면 구약의 이스라엘을 돌봐주신 하나님이 오늘 우리를 안 돌봐 줄 수 있겠습니까? 기적을 행하실 것입니다." 그 선교사는 아주 담대한 분이었습니다.

그래서 온 동네사람이 모여서 나흘 동안 기도를 했는데 기도 마치는 날에 큰 폭풍우가 불어오고 북쪽에서 검은 구름이 모여와서 비가 장대같이 쏟아졌습니다. 그런데 비가 그치고 난 다음 보니 깜짝 놀란 것은 밀이 삽으로 떠낼 만큼 많이 동네에 쏟아진 것입니다. 왜냐하면 큰 폭풍우가 불어 몽고에 밀 창고를 넘어 뜨려 바람이 그 밀을 그 동네에 퍼부어 버린 것입니다. 몽고 사람들은 손해를 봤지만 중국 남부에 있는 사람들은 삽으로 떠서 채울 만큼 밀이 땅에 쌓였습니다. 그래서 그것으로 기근을 잘 보냈다는 실제적인 기사가 기록된 것을 읽어 보았었습니다. 주님을 의지하고 주님께 의지해서 사는 사람들은 별난 사람들입니다. 보통사람들이 아닙니다.

신명기 1장 30-33절에 보면 "너희보다 먼저 가시는 너희의 하나님 여호와께서 애굽에서 너희를 위하여 너희 목전에서 모든 일을 행하신 것 같이 이제도 너희를 위하여 싸우실 것이며 광야에서도 너희가 당하였거니와 사람이 자기의 아들을 안는 것 같이 너희의 하나님 여호와께서 너희가 걸어온 길에서 너희를 안으사 이곳까지 이르게 하셨느니라 하나 이 일에 너희가 너희의 하나님 여호와를 믿지 아니하였도다. 그는 너희보다 먼저 그 길을 가시며 장막 칠 곳을 찾으시고 밤에는 불로, 낮에는 구름으로 너희가 갈 길을 지시하신 자이시니라"성경에는 보면 하나님이 우리를 업으시고 안으신다. 꼭 어린아이를 기르는 어머니와 같지 않습니까? 업고 가시다가 어린 아이가 칭얼거리면 또 등에서 이렇게 앞으로 안아서 젖을 먹이고 업고 안아서 기르는 것처럼 하나님께서는 우리가 이 땅에 사는 동안에 우리를 업으시고 우리를 안으셔서 물을 건너고 광야를 지나면서 성공적으로 천국까지 올라가게 만들어 주시는 것입니다. 그렇기 때문에 하나님을 믿는 사람은 별난 사람입니다. 만약에 자기의 수단과 방법으로 일을 하고 짐을 지는 것이 아니라 하나님을 바라보고 하나님께 일을 맡기고 짐을 부탁해서 하나님이 우리를 업으시고 일을 하시고 짐을 짊어져 주십니다. 하나님을 의지하는 사람은 그렇기 때문에 세상 사람이 보기에는 정말 별난 사람들입니다.

　조지 뮬러 목사님이 바로 그랬었습니다. 한번은 기업가들이 모여서 조지 뮬러 목사님에게 와서 "당신이 맨손으로 3천명의 고아를 먹이고 입히고 교육시키기 얼마나 힘듭니까? 우리 기업가들이 모여서 일정한 금액을 내어서 매달마다 당신에게 돈을 갖다 드릴테니 그것으로 애들을 돌보아 주십시오." 그러자 조지 뮬러 목사님은 "참 정성은 고맙습니다만 그럴 필요가 없습니다. 나는 나를 돌봐 주시는 크신 어른이 계십니다." 그래서 이 사람들이 놀래서 "어떤 어른이시기에 그 많은 돈을 매달마다 주십니까?"라고 하니까 "내가 모시는 어른은 하늘과 땅과 세계와 그 가운데 모든 것을 지으신 하나님이십니다. 하나님께서 내가 부탁하고 기도하는 것마다 다 응답하여 주셔서 이루어 주십니다. 조지 뮬러 목사님은 자기의 기도실에 들어가면 크게 써 붙였습니다. 여호와 이레! 하나님이 준비하신다. 그리고 하나님 앞에 무릎을 꿇어 기도하므로 말미암아 한 평생동안 5만번 기도응답을 받았고 3천명의 고아들을 먹이고 입히고 교육시킨 사람입니다. 그는 다른 사람에게 후원을 요청하거나 아쉬운 소리를 한 번도 한 일이 없었습니다. 언제나 여호와 이레 우리를 위해서 예비하시는 하나님을 의지하고 그분에게만 기도한 것입니다.

성경에는 하나님이 자기를 사랑하는 자를 위해서 예비한 모든 것을 눈으로 보지 못하고 귀로 듣지 못하고 마음으로 생각지 못했다고 했습니다. 깜짝 놀랄 일들을 하나님은 자기를 사랑하는 자를 위해서 만세전에 이미 예비해 놓았다고 말씀하고 있는 것입니다. 그러므로 우리가 하나님께 의지하면 하나님께서 어제나 오늘이나 영원토록 동일하게 우리를 업고 우리의 일을 하시고 우리의 짐을 져 주시는 것입니다. 하나님이 우리를 위해 싸우시고 하나님이 우리를 위해서 친히 일을 만드시는 것입니다. 우리가 예수를 믿고 주님과 함께 한 삶도 꼭 구약시대에 이스라엘 백성과 다름이 없습니다.

2. 그리스도와 함께 하는 삶

에베소서 2장 4절로 6절은 감격적인 말입니다. "긍휼이 풍성하신 하나님이 우리를 사랑하신 그 큰 사랑을 인하여 허물로 죽은 우리를 그리스도와 함께 살리셨고 (너희는 은혜로 구원을 받은 것이라) 또 함께 일으키사 그리스도 예수 안에서 함께 하늘에 앉히시니"우리는 태어날 때 홀로 태어나고 그리고 결혼하기 전까지는 홀로 삽니다만 결혼을 하게 되면 남편과 아내가 함께 사는 것입니다. 좋아도 함께 좋아하고, 슬퍼도 함께 슬퍼하고, 괴로워도 함께 괴로워하고, 짐을 함께 집니다. 부부는 함께 살게 되어 있는 것입니다. 분리되면 안 됩니다. 모든 일을 함께 해야 되는 것입니다. 우리가 예수 믿는 다는 것은 꼭 부부와 같습니다. 예수께서 우리의 신랑이 되시고 우리가 신부가 되어서 그리스도와 그때부터 우리는 함께 사는 것입니다. 우리 예수 믿는 것은 주님은 하늘에 계시고 우리는 땅에 있는 것이 아닙니다. 예수 그리스도께서 우리와 함께 24시간 늘 같이 있는 것입니다. 지금도 이 자리에 주님께서 함께 계신 것입니다.

주님께서 함께 계시지 않는다면 우리가 조용히 기도하는 것 헛된 소리입니다. 하늘에 계셔서 조용히 기도하는 소리를 어떻게 들으십니까? 우리가 찬송을 해도 주님이 어떻게 그 찬송을 하늘에서 들을 수 있겠습니까? 현제 이 자리에 시간과 공간을 초월해서 함께 계시기 때문에 우리의 조용한 기도도 들으시고 우리의 생각도 살펴보시고 우리의 찬양을 받아 주시는 것입니다. 그러면 우리가 함께 살면 어떻게 됩니까? 짐을 질수 있는 능력이 있는자와 짐을 질 능력이 없는자가 함께 살면 짐을 질수 있는 능력이 있는자가 짐을 질수 없는 능력없는 자를 데리고 살아야 되기 때문에 능력없는 사람은 능력있는 사람에게 업혀서 사는 것입니다. 무능력자가 능력있는 자에게 업혀서 살 수밖에 없습니다. 가정에도 부모님이 나이가 많으시면 생활능력이 없지 않습니까? 그러면 자녀에게 업혀 살아야지 별 도리가 없습니다. 생활능력이 없습니다. 돈을 벌 능력이 없습니다. 그러나 자녀들은 젊으니까 돈을 벌 능력이 있어서 부모님이 자녀에게 업혀 살아야 마땅합니다.

요사이는 그러지 아니하고 자녀들이 부모를 팽개쳐 버리는 일이 많습니다. 이제 어려운 노년에 이르면 국가에 업혀서 살려고 하는데 국가에서 사회보장제도가 잘되어 있지 않으면 노후가 어려워지는 것입니다. 무능력자는 능력있는 자에게 업혀서 살아야 되는데 우리 예수믿는 사람은 주님이 우리 신랑이 되시고 우리와 함께 있는데 우리는 무능력하지만 예수님은 절대 능력을 가지고 계시니 우리가 누구에게 업혀 살아야 됩니까? 예수님께 업혀서 살아야 되는 것입니다. 성경은 그렇게 말하고 있습니다.

시편 55편 22절에 "네 짐을 여호와께 맡기라 그가 너를 붙드시고 의인의 요동함을 영원히 허락하지 아니하시리로다" 업혀서 살기를 원할지라도 주님이 원치 아니하면 안 되는데 주님이 자원해서 짐을 맡기라고 우리에게 말씀하고 계신 것입니다.

잠언서 16장 3절에 "너의 행사를 여호와께 맡기라 그리하면 너의 경영하는 것이 이루리라"고 하셨습니다. 일을 할 수 있는자와 일을 할 수 없는 자가 함께 살 때는 일을 할 수 있는 자가 할 수 없는 자의 짐을 짊어지는 것입니다. 몸이 신체장애가 되어서 아무 일도 못합니다. 그러나 신체가 건장한 사람은 어떻게 합니까? 집안일을 다 맡아서 해야 되지요. 그래서 일을 할 수 없는 사람은 일을 할 수 있는 자에게 의지해서 살지 않습니까? 요사이 가끔 TV에 나오는 것 보니까 남편이 전신마비로써 몸을 움직이지 못하는데 몸이 건강한 아내를 얻어서 그 건강한 아내가 모든 것을 다 하는 것입니다. 얼굴을 씻겨주고, 목욕을 씻겨주고, 머리를 감겨주고, 옷을 입혀주고, 화장실까지 데려다 앉혀 주고, 생활전체를 돌보아 주는 것입니다. 일을 할 수 없으니까 할 수 있는 자에게 의지해서 업혀서 사는 것입니다. 우리 하나님은 우리를 위해서 일을 하기를 원하시는 것입니다. 우리는 일할 능력이 없기 때문에 일을 할 수 있는 능력이 있는 주께 업혀서 살아야 됩니다.

예레미야 33장 2-3절에 "일을 행하는 여호와, 그것을 지어 성취하는 여호와, 그 이름을 여호와라 하는 자가 이같이 이르노라 너는 내게 부르짖으라 내가 네게 응답하겠고 네가 알지 못하는 크고 은밀한 일을 네게 보이리라"고 말씀한 것입니다.

우리 하나님은 우리에게 엎드려서 기도만 하면 우리의 일을 맡아 주겠다고 말씀한 것입니다.

시편 37편 5절에도 "너의 길을 여호와께 맡기라 저를 의지하면 저가 이루시고"라고 말씀하고 있는 것입니다. 베드로전서 5장 7절에도 "너희 염려를 다 주께 맡겨 버리라 이는 저가 너희를 권고하심이니라"고 말씀하고 있는 것입니다. 우리가 상상할 수 없을 만큼 주님께서는 우리의 짐을 짊어지시고 우리의 일을 하시기를 원하시는 것입니다. 우리는 주님께 업혀서 사는 것이 정상적인 신앙생활인 것입니다. 어릴 때 어린아이를 어떻게 합니까? 일어나면 "자~ 어부바. 어부바." 그러면 기어와서 엄마에게 덥석 업히잖아요. 엄마가 어린 아기를 업고 끈을 묶고 그 다음에는 부엌에 일하러 가고 밭에 일하러 가는 것입니다. 주님께서도 오늘날 우리를 보시고 매일같이 어부바. 어부바. 우리는 기도하고 믿음으로 주님께 모든 것을 맡기는 것입니다. 짐도 주님께 맡기고, 일도 주님께 맡기고, 주님께 업혀서 인생을 삽니다. 항상 그것을 마음속에 그려보고 그것을 상상하면서 그렇게 믿고 사는 우리가 되시기를 주의 이름으로 축원합니다.

인간의 힘으로 못할 것을 자기 힘으로 애를 쓰면 고생만 하고 아무 실속이 없습니다. 어느 종교의 유명한 수도사가 있었는데 그는 일생동안 참으로 대단한 고행을 한 사람입니다. 결혼직후 처자식을 남겨 두고 수행에 들어가서 부모가 찾아와도 수행에 방해된다고 만나지 않았습니다. 자기가 거하는 곳에 철조망을 쳐 놓고 10년 동안이나 사람을 만나지 않고 혼자 외롭게 8년 동안 눕지 않고 앉은 자세로 잠을 자며 수양을 쌓았습니다. 그는 16년간 솔잎 가루와 쌀가루만 먹고 살았습니다. 그가 세상을 떠나기 전에 마지막 남긴 시 한수가 있는데 그 시의 한 부분이 이렇게 되어 있습니다. '미천 죄업 과수미라' "즉 하늘에 가득한 죄업이 수미산보다 높구나." 평생을 그렇게 뼈가 으스러지도록 피가 마르도록 살이 찢어지도록 고행을 하고 수도를 했건만 그가 마지막 죽는 순간에 느낀 것은 미천 죄업 과수미라는 이것밖에 없었습니다. 즉, "내 죄가 하늘에 가득한 수미산보다 높구나" 라고 탄식했습니다. 왜 사람의 힘으로 아무리 고행을 하고 몸부림을 쳐도 죄악을 청산할 수 없다는 것입니다. 죄의 빚은 사람의 힘으로 값을 수 없는 것은 죄의 값은 사망이기 때문에 갚으려면 죽어야 되는 죽어 버리면 아무것도 못하지 않습니까? 인간은 결코 죄의 빚을 갚을 수 없습니다. 그러나 주님께서 오셔서 우리의 죄 짐을 대신 짊어져 주신 것입니다.

그렇기 때문에 주님께 업혀서 죄와 허물에서 벗어난 것입니다.

　이사야 53장 5절에 "그가 찔림은 우리의 허물을 인함이요 그가 상함은 우리의 죄악을 인함이라 그가 징계를 받음으로 우리가 평화를 누리고 그가 채찍에 맞음으로 우리가 나음을 입었도다" 에베소서 2장 8-9절에 "너희가 그 은혜를 인하여 믿음으로 말미암아 구원을 얻었나니 이것이 너희에게서 난 것이 아니요 하나님의 선물이라 행위에서 난 것이 아니니 이는 누구든지 자랑치 못하게 함이니라" 우리가 죄 짐을 짊어진 것이 아닙니다. 주님께서 우리의 죄와 허물을 짊어지시고 이를 청산해 주신 것입니다. 그렇기 때문에 우리가 할 수 없는 일을 우리가 짊어지고 몸부림 쳐봤자 소용없습니다. 우리의 죄짐을 주님께 맡겨 버리고 구원의 일을 주님께 맡겨 버리면 우리는 주님 앞에서 모든 짐과 일을 벗어 버리고 얼마나 홀가분하고 상쾌하게 인생을 살 수 있지 않습니까? 찬송가 작가로 유명한 영국의 윌리암 카우퍼는 6살 때 어머니의 죽음을 겪은 후에 평생에 우울증에 걸렸습니다. 그는 여러번 자살을 시도했고 급기야 33살에는 18개월 동안 정신병원에 요양을 하는 처지에 이르렀습니다. 그러던 어느날 그는 성경을 읽다가 로마서 3장 25절에 "이 예수를 하나님이 그의 피로 인하여 믿음으로 말미암는 화목 제물로 세우셨으니 이는 하나님께서 길이 참으시는 중에 전에 지은 죄를 간과하심으로 자기의 의로우심을 나타내려 하심이니" 이 말씀을 읽자 마음속에 굉장한 감동이 왔습니다. 항상 그는 죄책에 짓눌려서 "나는 죄인이기 때문에 영원히 버림받고 죽을 수밖에 없다."고 고통을 당했는데 이 말씀이 태양빛 같이 비춰면서 그의 마음속에 그리스도의 보혈의 능력으로 말미암아 죄와 허물이 다 사라져 버리고 맑은 하늘같이 마음이 밝고 맑고 환해지면 광명한 빛이 비취는 체험을 하게 된 것입니다.

그때 일을 그는 다음과 같이 고백했습니다. "그 말씀을 읽는 순간 의의 태양이 내게 비취었고 나는 그리스도께서 나의 모든 죄와 허물을 사하셨다는 것을 깨달았다. 나는 기쁨과 감격에 겨워 아무 말도 할 수가 없었다. 그저 사랑과 경외감에 잠겨 하나님을 바라보고 눈물을 흘릴 따름이었고." 그는 그날로 새사람이 되었고 정신병도 깨끗이 나아서 정신병원에서 퇴원해서 남은여생을 하나님을 찬미하는 수많은 아름다운 찬송을 지었습니다. 그런데 그가 쓴 많은 찬송 중에도 우리가 많이 부르는 찬송 있지 않습니까? 찬송가 190장 '샘물과 같은 보혈은 임마누엘 피로다. 이 샘에 죄를 씻으면 정하게 되겠네.' 할렐루야~ 어떠한 사람은 평생을 수행을 해도 죽을 때 내 죄가 하늘보다 높다고 탄식하고 처참하게 죽었는데 다른 사람은 죄책으로 말미암아 우울증에 걸려서 정신병원까지 갔었으나 예수 그리스도를 바라보고 믿자 그 십자가의 보배로운 피로 죄사함을 받고 의롭다함을 얻고 영광에 가득차서 아름다운 찬송을 부르고 하나님께 영광을 돌리며 한평생을 살수가 있었던 것입니다. 그러므로 허물로 죽은 우리를 그리스도와 함께 살리셨다고 했는데 함께 살리는데 우리는 일을 못하니 주님이 일을 하시고 우리가 짐을 못 지시니 주님이 이를 져 주십니다.

하나님과 함께 살면, 주님이 우리를 업고서 사시는 것입니다. 부부간에 함께 사는데 부인이 일도 못하고 능력도 없으면 남편이 부인을 짊어지고 살아야 될 것 아닙니까? 부인대신 일하고 부인대신 짐을 짊어져야 될 것 아닙니까? 우리 주님은 무책임한 주님이 아니신 것입니다. 주님은 우리의 짐을 지고 우리의 일을 하기 위해서 하늘보좌를 떠나시고 사람의 몸으로 오셔서 33년간 땅에 사시며 우리의 죄 짐을 짊어지고 구원의 일을 하시기 위해서 십자가에 올라가서 몸을 찢고 피를 흘려도 사양치 않고 내려오지 않았었습니다. 그러므로 주님과 의지하면 주님이 우리의 죄짐을 짊어지시는 것입니다. 그리고 우리를 안고서 업고서 죽음에서 일어난 것입니다.

요한복음 6장 40절에 "내 아버지의 뜻은 아들을 보고 믿는 자마다 영생을 얻는 이것이니 마지막 날에 내가 이를 다시 살리리라 하시니라" 요한복음 11장 25절에 "예수께서 가라사대 나는 부활이요 생명이니 나를 믿는 자는 죽어도 살겠고" 고린도전서 15장 52절에 "나팔 소리가 나매 죽은 자들이 썩지 아니할 것으로 다시 살아나고 우리도 변화되리라" 어떻게 우리가 다시 살 수 있습니까? 우리 힘으로 사망을 철폐하고 어떻게 일어날 수 있습니까? 우리는 주님께 붙어서 일어나는 것입니다. 우리는 힘이 없습니다. 사망과 음부는 주님께서만이 이길 수 있습니다. 사망과 음부를 철폐하신 주님의 등에 업혀 있으니 사망과 음부의 홍수의 강을 주님이 우리를 업고 건너 주시는 것입니다. 그러므로 우리는 주님께 업혀서 은혜로 사망의 강 음부를 건너서 천국영생의 세계로 들어갈 수 있는 것입니다. 성경에는 하늘에 앉히는 것도 그리스도 안에서 함께 하늘에 앉혔다고 말했습니다. 허물로 죽은 우리를 그리스도와 함께 살리시고 또 함께 일으키사, 그리스도 예수 안에서 함께 하늘에 앉히시니. 그러므로 죽으나 사나 끝까지 주님과 함께 있어야만 되는 것입니다. 하나님은 무능한 우리들을 책임지고 주님은 우리를 업으시고 우리를 안으시고 우리와 결단코 떠나지 아니하시는 것입니다. 내가 결코 너를 떠나지 아니하고 결코 너를 버리지 않겠다고 말씀한 것입니다. 어떠한 형편에 있어도 주님은 우리와 함께 계신 것입니다. 그러므로 이 모든 일은 주님께 업혀서 그 은혜로 말미암아 믿음으로 얻을 수가 있는 것입니다.

요한계시록 3장 21절에는 "이기는 그에게는 내가 내 보좌에 함께 앉게 하여주기를 내가 이기고 아버지 보좌에 함께 앉은 것과 같이 하리라" 우리는 그리스도와 함께 하늘 보좌에 앉게 되는 것입니다. 그러므로 오늘 주님께서는 세상에 사는 우리들을 보시고 두 손을 내미시고 수고하고 무거운 짐진자들은 다 내게로 오라. 남녀, 노소, 빈부, 귀천할 것 없이 다 내게로 오라. 내가 너희를 쉬게 하리라. 천지와 만물을 지으신 주님이 쉬겠다고 하니 우리가 믿을 수 있는 것은 주님이 실력이 있고 능력이 있습니다. 아무 실력도 능력도 없는 사람이 내가 너를 쉬게 하리라 하면 우리가 비웃을 수밖에 없지만 주님은 죽은 자를 살리시고 없는 것을 있게 하시는 하나님이요 하늘과 땅을 지으신 하나님이 우리를 향해서 손을 내미시고 나의 멍에를 메고 내게 와서 배우라. 너희 마음이 쉼을 얻을 것이라고 초청할 때 우리는 주의 말씀을 믿고 따라갈 수가 있는 것입니다.

코카콜라의 창업주인 아더 캔들러는 원래 알콜 중독자였습니다. 항상 술에 취하여 곤드레만드레가 되었습니다. 그는 사람들 앞에서 술을 끊겠다고 몇 번이나 큰소리쳐도 결코 술을 끊지 못했었습니다. 그러던 어느날 어느 때처럼 술에 취해서 귀가하는데 갑자기 벼락같은 음성이 들려 왔습니다. "죄의 본능을 이겨야 성공할 수 있느니라." 깜짝 놀랐습니다. 캔들러는 집에 돌아와서 아내에게 그 이야기를 하니까 바로 그 시간이 하나님께 굻어 엎드려서 "주님 우리 남편이 알코올 중독에서 고침을 받게 하옵소서." 눈물로 그날도 기도하는 그 시간에 하나님이 그 말씀을 하셨습니다. 하나님의 그 음성을 듣고 아더 캔들러는 크게 깨닫고 "하나님 내 힘으로 내 수단과 방법으로는 이 알코올 중독에서 헤어날 수 없습니다. 이제 내게 말씀하신 하나님이여 주님께 모든 것을 맡깁니다. 내 삶 전체 나의 알코올 중독을 주님께 맡기니 내 짐을 져주시고 저의 일을 해주시옵소서. 나를 해방시켜 주시옵소서." 그날 저녁에 부인과 함께 기도했는데 희한하게 그 이튿날로부터 술맛이 딱 떨어졌습니다. 술을 보고도 싶지 않습니다. 완전히 알코올 중독에서 해방되었습니다. 너무나 기뻐서 하나님을 섬기며 주님께 십일조를 드리고 열심히 기도하고 일한 결과에 그는 코카콜라라는 세계적인 굴지의 기업을 일으킨 것입니다. 아더 캔들러가 능력의 하나님을 의지하자 자신의 힘으로는 끊을 수 없던 술을 끊었을 뿐 아니라 하나님께서 그를 위해서 일해 주시므로 그의 인생에 크게 성장했다는 그의 간증을 읽어본 적이 있던 것입니다. 주님께서는 우리의 짐을 지시고 우리의 일을 행하시겠다고 우리를 초청하고 있는데 이 초청을 우리가 거부할 수가 있겠습니까? 왜, 짊어지지도 못한 짐 짊어지고 하지도 못할 일을 가지고 힘들어 하고 있습니까? 주님께서는 내게로 오라고 초청하시는데 말입니다. 이사야 41장 10절에 "두려워 말라 내가 너와 함께 함이니라 놀라지 말라 나는 네 하나님이 됨이니라 내가 너를 굳세게 하리라 참으로 너를 도와주리라 참으로 나의 의로운 오른손으로 너를 붙들리라"고 말씀한 것입니다.

이런 하나님이 오라고 하시는데 우리가 뒷걸음을 치고 주님을 거역하겠습니까? 예레미야가 탄식하기를 "내 백성이 두 가지 악을 행하였나니 곧 그들이 생수의 근원되는 나를 버린 것과 스스로 웅덩이를 판 것인데 그것은 그 물을 가두지 못할 터진 웅덩이들이니라." 하신 것입니다. 하나님을 뒤로 하고 자기 스스로 아무리 일을 한들 터진 우물을 물을 채울 수 있습니까? 하나님께서 성을 지키지 아니하시면 파수꾼의 경성함이 허사가 되는 것입니다. 내용이 없는 일을 왜합니까? 하나님께서 친히 우리를 향해서 수고하고 무거운 짐을 진자들은 다 내게로 오라고 하는데 기쁘게 우리가 주님 앞에 뛰어나가야 될 것인 것입니다. 우리는 주님께 업혀서 살기 위해서는 해야 될 일이 있습니다. 저도 어릴 때 동생들을 많이 업어 봤는데 어떤 때는 "자 업혀!" 하면 덥석 업히면 쉽게 업는데 버티고 안 업히겠다고 하고 발버둥을 치고 강제로 업어 놓으면 발로 서가지고 뒤로 넘어지고 업을 도리가 없습니다. 아무리 업어주려고 해도 뒤로 넘어지는 놈을 어떻게 업습니까? 함께 넘어지는 것입니다. 주님께 업히는 것도 주님이 업자고 어부바 할 때 덥석 업혀야지 그냥 발버둥을 치고 뒤로 넘어지고 옆으로 틀고 하면 주님이 업어 주시려고 해도 업어 주실 수가 없는 것입니다. 절대 복종하여 업혀야만 되는 것입니다.

3. 수고하고 무거운 짐진자

빌립보서 2장 5-8절에 "너희 안에 이 마음을 품으라 곧 그리스도 예수의 마음이니 사람의 모양으로 나타나셨으매 자기를 낮추시고 죽기까지 복종하셨으니 곧 십자가에 죽으심이라" 예수님도 하나님께 업혀서 일생을 살았는데 우리가 예수님께 업히기 위해서는 절대 복종해야 됩니다. 복종할 때 주님이 어떻게 하겠다는 것입니까? 신명기 30장 9-10절에 "네가 네 하나님 여호와의 말씀을 순종하여 이 율법 책에 기록된 그 명령과 규례를 지키고 네 마음을 다하며 성품을 다하여 여호와 네 하나님께 돌아오면 네 하나님 여호와께서 네 손으로 하는 모든 일과 네 몸의 소생과 네 육축의 새끼와 네 토지 소산을 많게 하시고 네게 복을 주시되 곧 여호와께서 네 열조를 기뻐하신 것과 같이 너를 다시 기뻐하사 네게 복을 주시리라"고 말씀하는 것입니다.

하나님은 복의 근원이 되십니다. 하나님께 복종하고 하나님을 순종하면 주님은 복의 근원이 되시기 때문에 우리의 삶속에 그리스도의 복을 언제나 체험하고 느낄 수가 있는 것입니다. 주님을 져버리고 버티고 반역하면 하나님의 심판을 받고 저주를 받을 수밖에 없게 되는 것입니다. 우리가 일단 주님께 복종해서 업혔으면 등에 바짝 붙어서 절대 믿고 의지해야 되는 것입니다. 예를 든다면 아버지가 저를 업고 시내를 건너는데 중간쯤 가서 "저 아버지 못 믿겠다. 나는 내려야 되겠다."고 등에서 내려 버리면 내가 물에 떠내려 갈 수밖에 없지요. 눈에는 아무 증거 안보이고 귀에는 아무소리 안 들리고 손에는 잡히는 것 없어도 일단 주님께 업혔으면 절대 믿고 절대 복종해야 되는 것입니다. 기적이 일어날 것을 믿고 따라야 되는 것입니다. 내가 사망의 음침한 골짜기로 다닐지라도 해를 두려워하지 않을 것은 주께서 나와 함께 하심이라 주의 지팡이와 막대기가 나를 안위하시나이다. 우리를 업으시는 주님은 무장을 하신 주님인 것입니다. 빈손 들고 업지 않습니다. 주의 손에는 지팡이가 있고 막대기가 있습니다. 지팡이는 인도하시는 주님의 전지전능하신 지혜요, 막대기는 주님께서 원수를 치고 우리를 보호하는 전능한 권세를 말하는 것입니다.

우리가 모시는 주님은 무장한 주님인 것입니다. 빈손 든 주님이 아니신 것입니다. 그러므로 우리가 주님의 등에 업혔으면 주님의 지팡이와 막대기로 무장하고 우리를 끝까지 인도하고 지켜줄 것을 절대로 믿고 의지해야 되는 것입니다. 우리는 항상 우리의 환경을 바라보고 두려워합니다. 사람은 사람이니까 환경을 바라보면 어둡고 캄캄하고 음산하고 두렵습니다. 인생을 사는데 모든 것이 불확실하고 의심스럽고 두려운 것이 홍수와 같이 다가오고 바람소리같이 우리에게 들려오는 것입니다. 그럴 때 우리는 주의 등에 엎드려서 눈 감고 주님만 의지해야 되는 것입니다. 우리 주님께서 흑암을 광명으로 무질서를 질서로 죽음을 생명으로 가난을 부요로 추를 미로 변화시켜 줄 기적의 하나님인 것을 믿게 되시기를 주의 이름으로 축원합니다. 예수 그리스도는 어제나 오늘이나 영원토록 동일하십니다.

일단 주님을 믿었으면 주님께 다 맡겨야 됩니다. 사랑하는 자여 내 영혼이 잘됨같이 범사에 잘되며 강건하기를 내가 간구하노라고 말씀한 것입니다. 우리가 십자가에 업혔으면 십자가는 우리 영혼만 구원하는 것이 아닙니다. 그 보혈로 우리를 씻으시고 의롭게 하시고 하나님의 영광으로 채울 뿐 아니라 십자가를 통하여 우리에게 거룩함과 성령 충만도 주시고 치료와 건강도 주시고 아브라함의 축복과 형통도 주시고 부활과 영생과 천국을 허락하여 주시는 것입니다.

14장 권능 있는 삶을 살게 된다.

(빌 4:13)"내게 능력 주시는 자 안에서 내가 모든 것을 할 수 있느니라."

우리가 하나님과 영의 통로가 열리면 하나님의 능력으로 삶을 살아가게 됩니다. 하나님의 능력으로 삶을 살아가니 마귀가 엄습하지 못합니다. 모든 것이 하나님의 권능으로 이루어지는 것입니다. 우리는 하나님을 믿습니다. 그리고 믿음으로 살려고 노력을 합니다. 하나님의 뜻을 인간의 힘으로 이루려고 온갖 노력과 고생을 다하고 노력했지만 실패할 때가 너무나 많습니다. 그 결과 탄식하면서 아! 마음은 원이로되 육신이 약해서 안 된다고 말합니다.

하나님의 뜻은 믿음으로 구원받을 뿐 아니라, 하나님의 성령의 능력으로 행위도 하고 살도록 정해 놓으신 것입니다. 하나님의 능력으로 살지 않고 인간의 힘으로 살려고 하면은 실패합니다. 육은 하나님의 뜻을 받들만한 힘이 없습니다. 하나님의 뜻을 받아 들였으면 성령께 의지해야 되는 것입니다. 성령이 하나님의 뜻대로 살수 있도록 힘을 주시는 것이지 육으로 난 것은 육이고 영으로 난 것은 영인 것입니다. 오직 하나님의 말씀은 성령의 능력으로 실천하고 살아갈 수가 있습니다.

'로고데라피'(Logotherapy) 학파를 창시한 빅터 프랭클은 나치 치하에서 가장 참혹한 수용소인 아우슈비츠에서 살아남은 몇 명 안 되는 생존자 중 한 사람입니다. 전쟁이 끝난 뒤에 사람들은 그에게 어떻게 해서 그 지옥 같은 곳에서 살아남을 수 있었는지 물어 보았었습니다. 그는 이렇게 대답했습니다. "살아야 할 이유를 아는 사람은 어떠한 상황에도 견딜 수가 있다." 살아갈 이유가 없는 사람은 심한 고통을 당할 때 인생을 포기해 버리고 좌절하고 절망하고 죽음을 맞이할 수밖에 없습니다. 그러나 하나님의 보내심을 받아서 이 땅에 살아야 될 분명한 이유가 있는 사람은 이겨낸다는 것입니다. 그리고 살아 돌아온 사람이 시련을 통해 얻은 가장 값진 체험은 모든 시련을 겪고 난 후, 이제 이 세상에 하나님 외에는 아무것도 두려워할 필요가 없다는 경이로운 느낌을 갖게 된다는 것입니다.

우리가 이 땅에 살아야 할 이유는 먼저 뜻이 하늘에서 이뤄진 것을 찾아 우리의 삶 속에서 하나님의 능력으로 그 뜻을 이루는 것입니다. 하나님의 뜻은 믿음으로 구원받을 뿐 아니라 하나님의 능력으로 우리 삶 가운데 행하며 실천하고 사는 것입니다. 그렇기 때문에 신앙이란 것은 내 마음대로 믿는 것이 아닙니다. 하나님의 뜻을 따라 믿고 그 뜻을 따라 행하는데 성령의 도우심이 있어야 우리가 그 뜻을 이룰 수가 있는 것이지 인간의 힘으로 능으로는 되지 않는 것을 우리 체험을 통해서 잘 알고 있는 것입니다.

1. 모든 것은 먼저 하늘에서 계획되고 다음 땅에서 이뤄진다.

먼저 모든 것은 하늘에서 계획되고 땅에서 이루어지는 것입니다. 하나님이 계획하지 않은 것은 땅에서 이루어지지 않는 것입니다. 하나님은 만세전부터 알파와 오메가 되시고 처음과 나중이 되시고 시작과 끝이 되십니다. 하나님은 처음부터 모든 것을 다 아시고 계획해 놓으시고 우리가 그 계획에 따라서 이 땅에서 성령님의 도우심을 따라서 살아갈 때 성공할 수가 있는 것입니다.

모세가 세운 성막은 먼저 시내 산에서 보고 땅에서 그 모형대로 지었습니다. 모세가 아~ 하나님 섬기기 위해서 성막을 짓자고 하면서 설계하던 사람을 불러서 성막을 설계하게 하고 그대로 지은 것은 결코 아닙니다. 그가 시내 산에 올라가서 40주야를 금식할 때 하나님이 성막의 설계도를 친히 보여 주신 것입니다. 산에서 보여준 설계도 그대로 지으면 하나님이 복을 주십니다. 하나님의 성막을 인간이 마음대로 설계하여 지을 수가 없는 것입니다. 인생살이가 성전 짓는 것과 같은 것입니다. 우리가 하나님의 성전 아닙니까? 우리의 일생을 하나님이 작정한대로 살아야 성공하고 복을 받을 수 있지 하나님의 계획과 작정을 뛰어 넘어 내 마음대로 내 뜻대로 내 고집대로 내 중심대로 살면 실패와 실망을 당할 수밖에 없는 것입니다.

출애굽기 25장 1-9절에 보면 하나님은 성막의 모양을 보여 주시고 성막 안에 배치할 기구들도 다 보여 주시고 그 보여준 모양대로 그 기구를 지으라고 말씀한 것입니다. 그러므로 인본주의로 인간의 지혜와 총명을 통해서 계획하고 설계해서 지으면 하나님이 인정하지 않습니다. 하나님이 인정하지 않는 것은 아무리해도 소용이 없고 무너지고 마는 것입니다.

히브리서 8장 2절에 보면 이 장막은 주께서 세우신 것이요 사람이 세운 것이 아니라고 말한 것입니다. 하나님이 성소는 하나님이 세우신 것이요, 사람이 세운 것이 아닙니다. 예수를 믿는 우리도 하나님의 성소이기 때문에 사람이 우리를 세운 것이 아니라, 하나님이 우리를 세우신 것입니다. 사람의 뜻대로 살 것이 아니라 하나님의 뜻이 우리에게 나타나야만 되는 것입니다.

「제자는 태어나는 것이 아니라 훈련으로 된다」는 책의 저자인 월터 A. 헨릭슨 목사님은 공과 대학을 다니면서 네바다 산맥의 건설 공사에 참여한 일이 있었습니다. 당시 학생이었던 그에게 건축 기사들은 무척 멋있어 보이고 부럽게 생각되었습니다. 그런데 그가 베드로후서 3장 10절의 "주의 날이 도둑 같이 오리니 그 날에는 하늘이 큰 소리로 떠나가고 물질이 뜨거운 불에 풀어지고 땅과 그 중에 있는 모든 일이 드러나리로다"라는 말씀을 읽었을 때 머리 속에 그림 하나가 너무나 선명하게 그려졌습니다. 빈손으로 태어난 인생들이 많은 교량과 댐들을 건설하느라 분주한데 마지막 날에 하나님께서 그것들을 다 불태워 버리시는 것이었습니다. 결국 인생은 빈손으로 이 세상을 떠나게 되는 것을 깨닫게 되는 것입니다. 이러한 장면이 그 마음속에 너무나 분명하게 그려지며 인생에 대해서 절망했습니다. 그는 하나님과 더불어서 짓지 않은 교량이나 터널이나 모든 건물은 다 언젠가는 산산조각이 나고 무너지고 말 것이라는 것을 마음속에 깨닫고 "하나님 저는 아무것도 아닌 것을 위해서, 저의 삶을 드리고 싶지 않습니다. 제가 아무리 해놓아도 나중에 다 불탈 것 밖에 없으니까 하나님 손에 제 자신을 맡기고 영원히 있을 곳을 위해서 일하겠습니다." 그렇게 기도하고 공과대학을 그만두고 신학교 들어가서 주의 종이 되어서 영원히 있을 복음을 전하기 위해 일생을 보내게 된 것입니다.

다윗은 예루살렘의 성전을 하나님께서 보여주신 대로 짓기 위해 많은 준비와 노력을 했으며, 하나님께서는 그 아들 솔로몬을 통해 하나님의 성전을 짓도록 하셨습니다. 인생의 모든 일들은 이처럼 먼저 하늘에서 계획되고 그 다음 땅에서 이루어질 때 견고합니다. 하나님께서 허락하지 아니하면 그 어떤 것도 헛되고 마는 것입니다.

예루살렘 성전이 그렇게 아름답고 영광스럽게 지어졌지만은 그것은 짓기 전에 다윗의 예루살렘 시온산 성전도 하나님이 다윗에게 설계를 보여주신 대로 땅에 솔로몬이 지은 것입니다. 역대상 28장 19절에 "다윗이 이르되 여호와의 손이 내게 임하여 이 모든 일의 설계를 그려 나에게 알려 주셨느니라" 하나님이 성령으로 다윗에게 감동하고 보여 주셔서 성전을 이렇게 지으라고 설계해 주어서 여호와의 성령이 인도 하는 대로 설계해서 그것을 그 아들 솔로몬에게 주어서 그 성전을 짓게 만들어 준 것입니다. 뜻이 하늘에서 이루어진 것같이 땅에서 이루어지는 것입니다.

우리는 항상 하나님 뜻과 하나님 중심으로 살아야지 내 뜻과 내 중심으로 살아서는 안 됩니다. 뜻이 하늘에서 이루어진 것이 땅에서도 이루어지는 것입니다. 하늘에서 이루어지지 않은 것을 땅에서 이루려고 하면은 낭패와 실망이 되는 것입니다.

2. 뜻이 하늘에서 이룬 것 같이 땅에서 이루어진다.

예수님의 십자가 대속은 하늘에서 계획되고 이루어진 것입니다. 유대인들과 로마사람이 합쳐서 예수님을 십자가에 못 박았지만 그것은 인간이 계획해서 된 것이 아닙니다. 하나님이 만세전에 이미 예수님이 우리의 죄를 위해서 대속 제물이 되도록 계획해 놓으신 것입니다. 하나님의 뜻은 이미 하늘에서 이루어진 것입니다.

창세기 3장 15절에 "내가 너로 여자와 원수가 되게 하고 네 후손도 여자의 후손과 원수가 되게 하리니 여자의 후손은 네 머리를 상하게 할 것이요 너는 그의 발꿈치를 상하게 할 것이라" 이미 아담과 하와가 타락했을 때 하나님이 예언 하시기를 여자의 후손과 마귀가 원수가 되겠다는 것입니다. 우리는 다 남자의 후손입니다. 아버지의 후손인 것입니다. 그런데 예수님은 여자의 후손, 아버지의 후손이 아닌 것입니다. 아버지 없이 여자가 성령으로 잉태해 태어나게 한 여자의 후손이 마귀의 머리를 깨뜨릴 것이고 마귀는 그 발꿈치를 물것이라고 해서 십자가의 고통은 예수님의 발꿈치를 무는 고통을 행할 것이라고 이미 창세기에 예언되어 있는 것입니다.

성경 이사야 53장 5-6절은 예수님이 십자가에 못 박히기 6백 년 내지 7백 년 전에 이미 하늘에서 뜻이 계획된 것을 보여 주는 것입니다. "그가 찔림은 우리의 허물 때문이요 그가 상함은 우리의 죄악 때문이라 그가 징계를 받으므로 우리는 평화를 누리고 그가 채찍에 맞으므로 우리는 나음을 받았도다. 우리는 다 양 같아서 그릇 행하여 각기 제 길로 갔거늘 여호와께서는 우리 모두의 죄악을 그에게 담당시키셨도다"

예수님이 오시기 6백년 내지, 7백 년 전에 이미 우리를 대속해서 십자가에 제물이 될 것을 하나님은 명명백백하게 이사야서에 예언되어 있는 것입니다. 뜻이 이미 하늘에 이루어진 것이 그 후 6백～7백년 후에 그리스도의 생애 속에 나타나게 된 것입니다.

요한복음 3장 16절에 "하나님이 세상을 이처럼 사랑하사 독생자를 주셨으니 이는 그를 믿는 자마다 멸망하지 않고 영생을 얻게 하려 하심이라." 한 그 계획은 만세전에 이미 하늘에서 이루어진 것이 때가 오매 땅에서 성취된 것입니다.

오늘날에는 우리가 천국에 모양대로 이 땅에서 이루어지는 것을 알고 천국에 이루어진 모양이 무엇인지 알아야 되는 것입니다. 나를 위해서 하늘이 무엇을 예비해 놓았는지 깨달아 알고 그 뜻대로 행할 때 성령께서 도와주시는 것입니다.

에베소서 2장 20-22절에 "너희는 사도들과 선지자들의 터 위에 세우심을 입은 자라 그리스도 예수께서 친히 모퉁잇돌이 되셨느니라. 그의 안에서 건물마다 서로 연결하여 주 안에서 성전이 되어 가고 너희도 성령 안에서 하나님이 거하실 처소가 되기 위하여 그리스도 예수 안에서 함께 지어져 가느니라." 우리 마음대로 우리가 하늘나라의 성소에 건물이 될 수 없습니다. 하나님이 불러서 어떤 사람은 목사로, 예언자로, 교사로, 전도자로, 장로로, 안수집사로, 권사로, 집사로, 지역장, 구역장, 평신도로 불러서 다 연결하여 하나님이 계획대로 교회를 이루고 천국을 이루어 가는 것이지 우리가 인간의 힘으로 계획해서 이루어지는 것은 아닌 것입니다. 모든 만사는 하늘에서 먼저 이루어진 것이 땅에서 이루어진다는 것을 알아야 되는 것입니다.

하늘에 아무런 계획이 없는데 땅에서 인간들이 이루는 것은 반역이요, 범죄인 것입니다. 타락한 아담과 하와의 후손들은 하늘에서 이루어진 계획을 알아보지도 아니하고 무시해 버리고 인간들의 계획을 통해서 인생을 살아가고 문명을 발전시키려고 했지만 지금까지 비극밖에 없는 것입니다. 바벨탑의 비극을 보십시오. 노아의 후손들이 노아 홍수 이후로 시날 광야에 모여서 다시는 홍수 때에 우리가 멸망하지 않겠다고 하고 바벨탑을 쌓기 시작한 것입니다. 바벨탑은 하나님의 뜻이 아닙니다. 하나님은 온 지면에 흩어져 살아가라고 했는데 그들은 창세기 11장 4절에 "또 말하되 자, 성읍과 탑을 건설하여 그 탑 꼭대기를 하늘에 닿게 하여 우리 이름을 내고 온 지면에 흩어짐을 면하자"

우리가 쌓은 탑을 하늘 꼭대기에 닿게 해서 하나님과 동등하게 되고 하나님이 비를 내려도 다시는 우리가 소멸되지 않게 하자. 지면에 흩어지지 말고 우리 뭉쳐 살자. 하나님의 뜻에 정반대의 선언을 한 것입니다. 그래서 그들은 탑 쌓기를 시작했습니다. 하나님의 계획이 없는 것을 땅에서 마음대로 했으니까 하나님이 어떻게 하셨습니까?

창세기 11장 7-9절에 "자, 우리가 내려가서 거기서 그들의 언어를 혼잡하게 하여 그들이 서로 알아듣지 못하게 하자 하시고, 여호와께서 거기서 그들을 온 지면에 흩으셨으므로 그들이 그 도시를 건설하기를 그쳤더라. 그러므로 그 이름을 바벨이라 하니 이는 여호와께서 거기서 온 땅의 언어를 혼잡하게 하셨음이니라 여호와께서 거기서 그들을 온 지면에 흩으셨더라."

그들이 하나님이 내려 오셔서 언어를 혼잡하게 하니까 말이 안 통합니다. 벽돌을 올리라고 하는데 흙으로 올리고, 흙을 올리라고 하는데 지푸라기를 올리고, 나무를 올리라고 하는데 돌을 올리고 말이 안통하게 되니까 일이 안 되는 것입니다. 말이 일사불란하게 되어야 일을 할 수 있는데 서로 각각 다른 말을 하고 못 알아들으니까 일을 못하고 흩어지고 만 것입니다. 바벨탑은 하나님 뜻을 거역하고 하늘에서 이루어지지 않는 것을 땅에서 이루려고 하는 인간 교만의 심판을 대표적으로 보여준 것입니다. 하나님 없이 하는 모든 일은 다 바벨탑인 것입니다. 적은 바벨탑, 큰 바벨탑, 언제고 하나님이 다 무너뜨리는 것입니다.

잠언 16장 18절에 "교만은 패망의 선봉이요 거만한 마음은 넘어짐의 앞잡이니라"고 말한 것입니다. "공든 탑이 무너지랴"는 속담이 있습니다. 이 말은 사람이 최선을 다해 노력하면 이룰 수 있다는 말입니다. 그러나 인류 역사를 통해 보면 인간이 공을 들이는 것보다 더 중요한 것이 있는 것을 알 수 있는 것입니다.

세계 4대 문명하면 황하 문명, 메소포타미아 문명, 인더스 문명, 이집트 문명을 꼽습니다. 그 외에도 인류 역사를 보면 수십,

수백 개의 문명이 일어나 한 시대를 주름잡고 천하를 호령하는 듯 하다가 흔적도 없이 사라지고 맙니다. 과거 융성했던 힛타이트, 앗시리아, 바벨론, 수메르 문명으로부터 마야, 아즈텍, 잉카, 미노아, 비잔틴 문명과 유럽 문화의 뿌리가 되었던 에게 문명, 찬란했던 로마 그리스의 문명이 흥왕했지만 지금은 소멸되어 눈에도 보이지 않습니다.

역사학자 아놀드 토인비는 역사 이래 일어났다가 사라진 문명이 20여개나 된다고 말했던 것입니다.

역사 이래 일어나 사라진 문명이 20여개가 되는데 처음 시작할 때는 찬란하여 영원히 계속될 것 같았지만 그 문명은 다 허물어지고 만 것입니다.

하나님께서 개인도 가정도 사회도 국가도 세계문명도 친히 계획해서 세우지 아니하면 인간이 세운 것은 다 허물어지고 만다는 것입니다. 하나님께서 집을 세우지 아니하면 세우는 자의 수고가 헛됩니다. 지성을 지키지 아니하면 파수꾼의 경성함이 헛됩니다.

시편 33편 10-11절에 "하나님께서 나라들의 계획을 폐하시며 민족들의 사상을 무효하게 하시며 하나님의 계획은 영원히 서고 그의 생각은 대대에 이르리로다" 하나님의 계획을 따라서 하나님의 생각을 따라서 집도 짓고 문명도 건설해야 그것이 대대에 미치지 하나님의 계획도 없고 생각도 없는 것을 인본주의적으로 인간의 마음대로 인간의 생각대로 집을 세우고 성을 지키려고 해도 무너져 버리고 마는 것입니다. 우리의 일생도 한가지인 것입니다. 우리는 다 집짓는 자인 것입니다. 일생의 집을 짓습니다. 가정이라는 집, 사회라는 집, 사회와 국가라는 집을 짓는 것입니다. 하나님 앞에 무릎을 꿇어 기도하고 하나님의 뜻을 받들어서 개인과 가정과 사회와 국가를 건설해 나가면 하나님이 복을 주셔서 영원히 있지만 하나님의 뜻을 저버리고 하늘에서 이루어지지 않는 것을 이 땅에 인본주의로 인간중심으로 세우려고 하면 다 무너지고 마는 것입니다.

그렇기 때문에 우리가 결혼할 때도 남편 될 사람이 가정의 가장이니까 하나님께 무릎을 꿇어 기도하고 하나님의 뜻을 받들어 가정을 이루는 사람을 남편으로 삼으면 그 가정이 행복으로 가득해지는 것입니다. 그러나 자기 고집대로 자기 마음대로 살겠다고 주장하는 남편하고 살면 자기 고집대로 하다가 하나님 계획 안한 것을 이행하다가 무너지고 마는 것입니다. 한 사회와 국가도 그렇습니다. 지도자가 하나님 앞에 무릎을 꿇어 기도하고 성령의 인도함을 받는 지도자가 되어야 나라와 민족이 하나님께 복을 받는 것입니다. 그러나 하나님께 무릎을 꿇지 아니하고 기도하지 아니하고 자기 계획대로 자기 뜻대로 자기 힘으로 자기 능력으로 일을 성취하면 바벨탑이 되고 마는 것입니다. 사회의 바벨탑, 국가의 바벨탑을 세워 놓고 하나님 뜻을 받들지 않고 자기 마음대로 하려고 하면 하나님이 반드시 그 바벨탑을 무너뜨리고 마는 것입니다.

지은자의 수고가 헛되고 성을 지키는 자의 수고가 헛되고 마는 것입니다. 우리가 아침에 일찍 일어나고 저녁에 늦게 누우며 수고의 떡을 먹음이 헛되지 않기 위해서는 하나님께 무릎을 꿇어 기도하는 사람이 되어야 되는 것입니다. 하늘에 있는 아버지의 뜻이 깨달아져서 그 뜻을 받들어서 일을 해야 되는 것입니다. 더구나 한 나라를 다스리는 대통령이하 한 국민의 운명을 좌우하는 일을 결정해야 되는데 거기 하나님의 뜻을 알아보지 아니하고 하나님께 물어보지 아니하고 자기 생각, 자기 계획, 자기 뜻대로 이행하다가 자기만 망하는 것이 아니라 국민 전체를 수렁에 빠뜨릴 수가 있는 것입니다. 그러므로 우리가 지도자를 선택할 때 감정적으로 선택해서는 안 되는 것입니다. 우리는 반드시 뜻이 하늘에서 이루어진 것이 땅에 이루어지기 때문에 하나님의 뜻을 받드는 사람을 지도자로 세우면 나중에 행복하게 되는 것입니다.

근대 이후 사람들은 인간의 이성과 과학의 발전을 통해서 이 세상을 낙원으로 만들 수 있다고 믿었습니다. 그러나 인간이 만든 과학 기술 문명은 제 1차, 2차 세계대전으로 인류를 잿더미로 만들었습니다. 제2차 세계대전은 6년여에 걸쳐 63개국의 1억 1천만 명의 병력이 투입되어 수천만 명의 희생자를 냈습니다. 과학 기술의 발달은 오히려 1차 대전에 비해 병력 2배, 전사자 5배, 민간인 희생자 50배에 달하는 어마어마한 대 학살을 낳았습니다. 인간이 자랑하는 과학이 오히려 인류를 멸망시키는 도구가 되고만 것입니다.

지금도 전쟁무기의 발달로 인한 끊임없는 인류의 살상이 이루어지고 있어서 이성과 과학에 의한 유토피아 건설의 희망을 물거품으로 만들고 만 것입니다. 이성과 과학을 통하여 문명을 발달시키고 잘 살려 보겠다고 하는 것은 꿈인 것입니다. 소련 공산주의가 하나님을 배제하고 교회 문을 닫아 버리고 하나님 없는 무신론에 입각해서 인민을 잘살려 보겠다고 무시무시하고 포악한 정치를 했습니다. 스탈린 산하에서 3천여만명이 죽임을 당했습니다. 구소련은 정신적으로 경제적으로 국가적으로 70년 만에 폭삭 망해 버리고 만 것입니다.

하나님 없이 한일이 어떻게 성공합니까? 이성과 과학은 하나님 없이 우리에게 아무것도 갖다 줄 수 없는 것입니다. 이성과 과학으로 낙원을 만들겠다는 인간들은 1차 대전, 2차 대전의 전쟁을 통해서 온 세상을 잿더미로 만들고 비극의 천지로 만들어 버리고 말았지 유토피아를 만들지는 못했던 것입니다.

시편 127편에 있는 말씀대로 하나님께서 집을 세우지 아니하시면 세우는 자의 수고가 헛되며 하나님께서 성을 지키지 아니하시면 파수꾼의 깨어 있음이 헛되다는 것을 알아야 되는 것입니다. 만사는 다 하늘에서 먼저 이루어진 것이 땅에서 이루어지는 것으로 하늘에 아무런 계획이 없는데 땅에서 인간들이 이루는 것은 반역이요 범죄가 되는 것입니다.

인류 역사상 전성기를 누렸던 나라와 민족을 보면, 그들이 철저히 하나님 중심으로 살았을 때 놀라운 축복을 받고 영향력을 발휘한 것을 알 수 있는 것입니다. 마틴 루터에 의해 종교개혁을 일으킨 독일이 말씀 가운데 섰을 때 번창하여 세계에 영향력을 미치는 독일이 되었던 것입니다. 그러나 나치 시대에 독일이 인간적으로 아리안 민족의 우수성을 강조하면서 온 유럽을 전쟁의 불도가니에 휘몰아 넣었을 때 결국 독일은 멸망하고 만 것입니다. 마찬가지로 영국이 빅토리아 여왕 시대에 말씀으로 나라를 통치했을 때 '

해가 지지 않는 나라'로 불릴 정도로 번영을 누렸습니다.

미국은 하나님을 섬기기 위해 청교도들이 신대륙으로 건너가 제일 먼저 교회를 세우고 하나님 중심의 나라를 이루며 온 세계에 복음을 전했습니다. 그 결과 미국은 현재 건국 300년이 조금 지났지만 가장 부요하고 강력한 나라로 발전하고 만 것입니다.

역사의 흥망성쇠를 통해 우리는 하나님께서 세우지 않는 그 모든 일들은 세우는 자의 수고가 헛된 것임을 볼 수 있습니다. 오직 하나님 중심으로 사는 민족이나 국가만이 영혼이 잘됨 같이 범사에 잘되며 강건하여 생명을 얻되 넘치게 얻는 것입니다.

우리 대한민국이 잘사는 것은 하나님을 중심으로 서야 되는 것입니다. 하나님을 섬기는 나라가 되어야 되는 것입니다. 더구나 이 민족을 이끌어가는 지도자들이 겸손하고 깨어져서 하나님을 하나님으로 섬기고 하나님의 계획을 따라서 이 나라를 다스려야지 교만하고 오만하여 인본주의에 서서 인간의 지혜와 지식과 총명과 모략과 재능으로 잘살아보겠다고 하면, 과거에 멸망하고 만 역사가 증명하는 것과 같이 되고 마는 것입니다. 어느 나라 어느 민족치고 하나님을 경외하는 민족은 흥하고 하나님께 반역하는 민족은 망하고 마는 것입니다. 그 역사가 이것을 우리에게 증명해 주고 있는 것입니다. 사람들은 말합니다. 아랍민족들이 지금 석유가 펑펑 쏟아나고 한 배럴에 80-100달러까지 치솟아 오르니 잘살지 않습니까? 그들은 하나님을 안 믿어도 잘삽니다. 그렇게 말합니다.

그러나 최근 통계를 보니까 아랍나라 전체가 실업률이 약 50%

라는 것입니다. 그렇게 기름을 많이 팔고 그렇게 많이 돈을 모으는데 국민의 두 사람 중에 한 사람은 직장이 없어서 허덕이는 실업률이 50%나 되었습니다. 왜 그럴까요? 그렇게 많은 돈을 벌어도 그 돈이 민족에게 돌아가지 않고 어느 은행에 들어갑니까? 모든 은행은 유대인들이 잡고 있는 것입니다. 유대인들이 경영하는 은행에 입금되어 운영하기 때문에 결국 유대인들을 부자로 만들고 자기민족은 50%가 실업자가 되는 것입니다. 아무리 돈을 벌어도 하나님을 섬기지 아니하면 그 돈이 내게 이익이 되지 않는 것입니다. 하나님 섬기는 사람이 도움이 되고 마는 것입니다.

우리나라가 앞으로 잘살기 위해서는 우리 지도자들이 하나님을 믿어야 되는 것입니다. 하나님을 섬기고 그 앞에 무릎을 꿇고 하나님의 계획대로 나라를 다스려야 되는 것입니다. 우리 국민들이 하나님께 회개하고 나와야 되는 것입니다. 요사이 반기독교 시민 단체가 일어나서 교회를 굉장히 박해하고 예수 그리스도를 박멸하려고 하는 것입니다. 그것은 미리 마귀가 하나님 나라가 이루어지지 못하도록 막는 운동을 하고 있는 것입니다.

마귀의 막는 운동을 우리가 이기고 나가서 이 나라가 복음화 되고 한국이 예수를 모셔 들이면 하나님이 복을 주면 나라가 흥왕하게 되고 통일도 하나님의 손길 의해서 이루어지는 것입니다.

3. 먼저 뜻이 하늘에서 이뤄진 것을 찾아라.

먼저 뜻이 하늘에서 이루어진 것을 우리는 찾아야 됩니다. 우리가 성공적인 인생을 살려면 우리의 삶속에 하나님의 뜻이 무엇인지 하나님이 하늘에서 나를 위해서 계획하고 설계한 것이 무엇인지를 면밀히 살펴보아야 됩니다. 하나님의 말씀인 성경을 바라보아야 되는 것입니다. 하나님의 뜻이 어디에 있느냐. 시편 139편 16절에 "내 형질이 이루어지기 전에 주의 눈이 보셨으며 나를 위하여 정한 날이 하루도 되기 전에 주의 책에 다 기록이 되었나이다" 내가 어머니 뱃속에 형태가 생기기 전에 이미 하나님이 나를 보셨고 내가 태어나서 하루도 되기 전에 일생의 계획이 이미 하나님 책에 기록되어 있다고 말하는 것입니다. 우리의 일생의 계획이 하나님 책에 이미 기록되어 있습니다. 하늘에서 본 그대로 인생을 살아야지 하나님이 계획을 져버리고 내 마음대로 내 뜻대로 살려고 하기 때문에 세상에 이렇게 고통과 괴로움이 많은 것입니다. 마태복음 5장 18절에 "진실로 너희에게 이르노니 천지가 없어지기 전에는 율법의 일점일획도 결코 없어지지 아니하리라."

하나님의 계획한 계획의 일점일획도 없어지지 않습니다. 그러므로 하나님이 내 일생을 계획한 것을 내가 알지 못하고 저항하고 살면 파괴되고 마는 것입니다. 주님께서 말씀했습니다. 이 돌에 부딪히면 깨어지겠고 이 돌이 그 위에 떨어지면 가루가 된다고 말한 것입니다. 하나님이 계획을 반대하면 깨어지고 가루가 되는 것밖에는 다른 도리가 없는 것입니다.

테레사 수녀가 어렸을 때 하루는 잠을 자고 깬 후 꿈이 너무나 생생하여 수녀원장에게 꿈 이야기를 했습니다. 그 내용은 아직 어린 테레사 수녀가 3페니를 한 3전 되는 돈을 가지고 고아원을 짓는 꿈을 꾸었습니다. 그리고는 수녀원장에게 자신이 꿈을 꾼대로 3페니를 가지고 기도원을 짓겠다고 말했습니다. 그러나 수녀원장은 "3페니로는 그 어떤 것도 할 수 없다는 것을 알고 있니? 어리석은 소리하지 말라."고 책망했습니다. 그러나 테레사 수녀는 이렇게 대답했습니다. "저도 잘 알지만, 하나님이 함께 하시면 그것만 가지고도 모든 것을 할 수 있어요." 하나님의 뜻이 3페니 가지고서 수녀원을 지으라면 지을 수가 있는 것입니다. 테레사는 자신에게 주신 그 사명을 늘 확신을 가지고 바라보며, 작은 것으로도 세상에서 많은 것을 가진 자들보다 훨씬 큰일을 이룬다고 믿었기 때문에 나중에 그는 수녀원만 지은 것이 아니라 온 세계에 영향력을 미치는 자선단체를 이룩한 것입니다. 뜻이 하늘에서 이루어졌으면 어린 소녀의 마음에 계시해 주었으면 그 뜻을 따라서 살면 하나님이 기적을 이루어 주셔서 뜻이 하늘에서 이룬 것 같이 땅에서 이루어지게 하는 것입니다. 하나님의 능력으로 사는 삶이란 이처럼 먼저 하늘이 뜻이 이루어진 것이 무엇인가를 찾아내고 그 뜻대로 해야 되는 것입니다.

그렇기 때문에 우리가 성경을 읽고 기도하며 항상 하나님이 나에 대해서 무엇을 계획 했는가 무슨 뜻을 말씀하는가 알아봐야 되는 것입니다. 제일 먼저 알 것은 하나님은 나를 위해서 십자가 예수 그리스도를 예비해 놓으셔서 십자가의 보혈을 통하여 용서와 의를 예비해 놓았고 거룩함과 성령 충만을 예비해 놓으셨고 치료와 건강을 예비해 놓으셨고 아브라함의 복과 형통을 예비해 놓으셨고 부활 영생 천국을 예비해 놓았다는 것을 알아야 되는 것입니다. 알고 기도해야 되는 것입니다. 모르고 기도하면 안됩니다. 사랑하는 자여 내 영혼이 잘됨같이 네가 범사에 잘되며 강건하기를 내가 간구한다는 하나님의 뜻을 알고 전인구원을 알고 기도해야지 모르고 기도해서는 안 되는 것입니다. 있는 것은 다 뜻이 하늘에서 이루어진 것입니다. 십자가를 통하여 하늘에서 뜻이 이루어진 것이 우리가 기도를 통해서 땅에 이루어지는 것입니다. 그러므로 우리는 항상 회개해야 되는 것입니다. 자기중심의 삶을 깨뜨려야 됩니다. 내 중심 삶, 내 고집대로 내 뜻대로 내 생각대로 살려고 하는 것을 깨뜨려야 됩니다.

잠언서 16장 9절에 "사람이 마음으로 자기의 길을 계획할지라도 그의 걸음을 인도하시는 이는 여호와시니라" 아무리 계획해도 하나님이 인도해야 이루어지지 하나님이 인도 안하시면 안 이루어지는 것입니다. 그러므로 우리는 깨어서 회개해야 되는 것입니다. 시편 34편 18절에 "여호와는 마음이 상한 자를 가까이 하시고 충심으로 통회하는 자를 구원하시는도다" 마음이 상하고 깨어지고 통회해서 주님 내 중심으로 살지 않고 주님 중심으로 삽니다. 내 뜻대로 하지 말고 주님 뜻대로 하시옵소서. 주님께 내 일생을 내어 맡기고 주님이 이루어 놓은 것을 성경으로 알아내고 그 뜻을 따라서 우리가 하나님께 부르짖어 기도하면 하나님이 이루시는 것입니다. 우리가 하나님의 뜻을 알고 하나님의 뜻을 간구하고 믿으면 놀라운 기적을 베풀어 주시는 것입니다.

예레미야 33장 2-3절에 "일을 행하시는 여호와, 그것을 만들며 성취하시는 여호와, 그의 이름을 여호와라 하는 이가 이와 같이 이르노라 너는 내게 부르짖으라 내가 네게 응답하겠고 네가 알지 못하는 크고 은밀한 일을 네게 보이리라"

우리가 하나님의 뜻을 알고 간절히 기도하면 하나님이 크고 비밀한 역사를 통해서 일을 이뤄주는 것입니다. 우리 생각으로는 불가능한데 안 되는 것인데 이뤄지는 것입니다. 홍해가 갈라질 것 누가 알았습니까? 그러나 모세가 부르짖으매 하나님이 홍해 바다를 갈라지게 한 것입니다. 너무나 크고 은밀한 일이라서 꿈도 꾸지 못하고 상상도 못한 일을 하나님이 한 것입니다. 하나님이 자기를 사랑하는 자를 위해서 예비해 놓은 모든 것은 눈으로 보지 못하고 귀로도 듣지 못하고 마음으로도 생각지 못하였다 함과 같으니라고 고린도전서 2장 9절에 말한 것입니다. 그렇기 때문에 하늘에서 우리를 위해서 엄청난 일을 계획하고 있는 것입니다. 우리에 좋은 일을 계획하고 있는 것입니다. 그러므로 인간으로 불가능할지라도 우리가 하나님의 뜻을 알고 기도하면 온갖 구하는 것이나 생각하는 것에 넘치도록 능히 해주실 하나님이 우리 아버지가 되시는 것입니다. 그리스도가 믿어서 예수님이 나의 구주가 되고 하나님을 사랑하는 자 곧 그 뜻대로 부르심을 입은 자들에게는 모든 것이 합력하여 선을 이룬다면 좋은 것은 좋아서 좋고, 좋지 않은 것은 좋게 만들어 줄 것이니, 결국 좋기 때문에 항상 감사가 임해 있는 것입니다.

항상 모든 일에 감사합니다. 주어 좋은 일도 감사합니다. 나쁜 일도 감사합니다. 배고픔도 감사합니다. 배부름도 감사합니다. 그리고 하나님께 찬양이 있어야 되는 것입니다. 예수 믿는 사람이 왜 신앙생활을 합니까? 우리는 왕 같은 제사장으로써 제사장은 하나님께 제사 드립니다. 우리의 제사는 감사의 제사를 드려야 되는 것입니다. 감사하고 그러면 예수 믿는 사람이 되는 것입니다. 그러므로 우리가 기뻐하고 감사하고 찬미하며 살아가면 하나님께서 모든 능력을 우리에게 주시는 것입니다.

빌립보서 4장 13절에 "내게 능력 주시는 자 안에서 내가 모든 것을 할 수 있느니라" 인생을 승리로 살아갈 수 있는 능력을 주신 것입니다. 나는 안 돼! 할 수 없어! 못해! 그러나 하나님은 말씀하십니다. 내가 너에게 능력을 주었으니 할 수 있어! 해봐라! 하면 된다고 말하는 것입니다. 우리 예수 믿는 사람은 나의 힘으로 살지 않습니다. 예수 믿을 때 하나님께서 성령으로 우리에게 능력을 주셨으니 하나님의 능력을 의지해서 살아가는 것입니다.

15장 하나님의 사랑과 복을 받는다.

(렘29:11-14)"여호와의 말씀이니라 너희를 향한 나의 생각을 내가 아나니 평안이요 재앙이 아니니라 너희에게 미래와 희망을 주는 것이니라. 너희가 내게 부르짖으며 내게 와서 기도하면 내가 너희들의 기도를 들을 것이요 너희가 온 마음으로 나를 구하면 나를 찾을 것이요 나를 만나리라. 이것은 여호와의 말씀이니라 나는 너희들을 만날 것이며 너희를 포로된 중에서 다시 돌아오게 하되 내가 쫓아 보내었던 나라들과 모든 곳에서 모아 사로잡혀 떠났던 그 곳으로 돌아오게 하리라 이것은 여호와의 말씀이니라."

우리 그리스도인들이 하나님과 영의 통로를 여는 목적은 하나님에게 사랑과 복을 받기 위해서 영의 통로를 여는 것입니다. 하나님과 영의 통로가 열리면 하나님이 우리를 사랑하시고 복을 허락하시는 것입니다. 두 사람이 함께 걸어가거나 함께 일하려면 서로를 이해하고 어느 정도 뜻이 맞아야지 뜻이 맞지 아니하면 함께 걸어가거나 함께 일할 수가 없습니다. 더구나 한 쌍의 남녀가 결혼하여 한 가정을 이루고 살기 위해서는 상당히 감정과 뜻이 일치해야 합니다. 일치하지 아니하여 밤낮 충돌하고 싸우게 되면 결국

헤어지게 됩니다. 이처럼 하나님과 인간이 함께 거하고 살며 일하기 위해서는 말할 필요 없이 하나님의 마음과 인간의 마음이 맞아야만 하는 것입니다. 그런데 하나님께서는 절대, 전지, 전능, 온전하신 분으로서 어리석은 인간의 생각과 뜻에 하나님의 생각과 뜻을 일치시킬 수는 결코 없습니다. 인간이야말로 깨어지고 낮아져서 하나님의 뜻을 알고 하나님의 뜻을 좇아 자기의 마음과 뜻을 순복시켜야만 하는 것입니다. 그러기 위해서는 우리는 하나님의 뜻을 알려고 부단히 노력해야만 합니다.

1. 하나님의 결정적인 뜻이 무엇인 알아라.

우리가 복스럽고 성공적인 삶을 살기 위해서는 하나님의 결정적인 뜻이 무엇인지를 알아야 합니다. 그런데 하나님의 뜻을 어떻게 알 수 있을까요? 하나님의 뜻은 우리 주 예수 그리스도를 통해서 우리에게 밝히 보여주셨습니다. 히브리서 1장 1-3절에 보면 "옛적에 선지자들로 여러 부분과 여러 모양으로 우리 조상들에게 말씀하신 하나님이 이 모든 날 마지막에 아들로 우리에게 말씀하셨으니 이 아들을 만유의 후사로 세우시고 또 저로 말미암아 모든 세계를 지으셨느니라 이는 하나님의 영광의 광채시요 그 본체의 형상이시라 그의 능력의 말씀으로 만물을 붙드시며 죄를 정결케 하는 일을 하시고 높은 곳에 계신 위엄의 우편에 앉으셨느니라"고 말씀하셨습니다. 그러므로 우리는 하나님의 뜻을 알고 그 뜻에서서 하나님과 함께 동행 하고 살기 위해서는 말할 필요 없이 하나님의 성경 말씀을 상고해야 하는데 우리 가슴에 확 닿게 하나님의 뜻을 대낮같이 깨닫기란 무척이나 힘이 듭니다. 우리가 하나님의 말씀을 읽지만 그러나 상당히 경험이 많고 하나님의 말씀을 잘 아는 사람 이외에는 하나님의 말씀을 읽어도 이것이 정말 내게 무슨 의미가 있는지 이해하기가 곤란할 때가 많습니다. 그러나 우리가 틀림없이 하나님의 뜻을 알 수 있는 것은 예수 그리스도를 통해서 우리 하나님이 주시는 말씀인 것입니다. 예수님은 육으로 오신 하나님이시며 예수님의 일거수일투족은 보탬도 뺌도 없는 하나님의 행하심이신 것입니다. 그러나 결정적인 우리에 대한 하나님의 뜻은 십자가 대속에서 분명하게 나타나 있습니다.

요한복음 6장 38-39절에 "내가 하늘로서 내려온 것은 내 뜻을 행하려 함이 아니요 나를 보내신 이의 뜻을 행하려 함이라 나를 보내신 이의 뜻은 내게 주신 자 중에 내가 하나도 잃어버리지 아니하고 마지막 날에 다시 살리는 이것이니라"고 말한 것입니다.

예수님이 오셔서 말하시고 생활하시고 십자가에 못박혀 죽었다가 부활하신 것은 우리에 대한 하나님의 결정적인 뜻을 밝히 보여주는 행위인 것입니다. 그러므로 우리는 예수 그리스도의 십자가의 대속을 통하여 우리에 대한 하나님의 뜻을 틀림없이 알 수 있습니다. 조금도 의심할 수 없다. 흔들리지 아니하고 명명백백하게 하나님의 뜻을 알고 이것은 하나님의 뜻이니 나는 동남풍이 불고 서북풍이 불어도 흔들리지 않는다. 눈에는 아무 증거 안 보이고 귀에는 아무 소리 안 들려도 나는 흔들리지 않는다. 누가 내게 무슨 말을 해도, 어떤 부정적인 일이 생겨나도 나는 흔들리지 않는

다. 이것만은 내게 대한 하나님의 뜻이다. 이렇게 확실히 알 수 있는 뜻이 있습니다.

그것은 죄에 대한 하나님의 뜻입니다. 예수님이 십자가에 못 박혀 몸을 찢고 피를 흘린 것은 우리의 일생의 죄악을 다 청산하고 우리를 거스르는 율법을 제하여 버리고 하나님의 용서와 사랑을 받게 하는 뜻이 거기에 나타나 있는 것입니다. 그렇기 때문에 예수 그리스도의 십자가의 보혈을 의지하면 난 절대로 정죄 받지 않고 용서와 사랑을 받게 되고 의를 받게 된다는 이 사실을 우리는 분명히 알아야 되는 것입니다. 그러므로 십자가의 보혈을 통하여 내가 용서와 구원을 받는 것은 하나님의 절대적인 뜻이라는 것을 알아야 하는 것입니다. 누가 뭐라고 말해도 그리스도의 십자가 보혈을 의지하는 사람은 용서받고 의롭다함을 얻고 구원을 받게 되는 것입니다.

마귀가 와서 어떻게 너는 자격이 없고 너는 구원받을 아무런 자신이 없는 사람이라고 말할지라도 그 말을 믿을 필요가 없습니다. 하나님의 절대적인 뜻은 내가 예수 그리스도의 보혈을 의지할 때 일생의 죄가 용서받고 구원받는 것입니다. 이 하나님의 뜻은 저 하늘이 무너지고 이 땅이 꺼져도 일점일획도 변할 수 없습니다. 흔들리지 않는다는 뜻입니다. 이 하나님의 뜻을 우리가 확실히 알고 흔들리지 않고 거기에 서야만 하는 것입니다.

또한 세속에 대한 하나님의 뜻입니다. 예수님의 보혈의 능력으로 세상과 마귀를 쫓아내고 천국과 성령의 거룩함이 내 속에 임하는 것이 하나님의 뜻입니다. 이것도 흔들리지 않는 뜻입니다. 예수 그리스도의 보혈을 의지하면 마귀가 쫓겨 나가고 세상이 쫓겨 나가고 내 속에 성령과 천국이 임하여 내가 거룩한 삶을 살게 되는 것, 이건 하나님의 흔들리지 않는 뜻인 것입니다. 여기에는 조금도 보탤 필요도 없고 뺄 필요도 없습니다. 하나님의 뜻은 우리가 성령 받고 거룩하게 되고 하늘나라가 임하여서 하늘나라의 영광과 능력으로 사는 것입니다. 이렇기 때문에 우리는 이 문제에 관해서 조금도 흔들리면 안 됩니다.

세속이 아무리 우리를 둘러 진치고 우리가 세상의 소용돌이 속에 살아도 내가 예수 그리스도의 보혈을 의지하면 내 속에는 천국과 성령이 임하여 있는 것이 하나님의 뜻이다. 나는 조금도 흔들리지 않는다. 그러면 마귀가 아무리 왔으나 우리를 넘어뜨리지 못하는 것입니다.

슬픔과 질병에 대한 하나님의 뜻도 너무나 분명합니다. 주께서 우리의 슬픔을 친히 짊어지시고 우리의 병을 담당하신 것을 우리는 너무나 잘 압니다. 우리가 슬픔에 짓눌려 있는 것, 하나님의 뜻이 아닙니다. 슬픔에서 놓여남을 받고 예수 그리스도의 기쁨으로 채움을 입는 것은 하나님의 진실한 뜻입니다. 우리가 질병에 짓눌려서 우리의 삶이 시들어 가는 것이 하나님의 뜻이 아닙니다. 우리가 건강을 얻고 활달하게 사는 것이 하나님의 뜻입니다. 예수님의 일생을 통해서 하나님은 우리가 치료받는 것이 하나님의 뜻이라는 것을 분명히 보여 주십니다. 예수님은 그 사역이 시작부터 마지막 끝날 때까지 병든 자를 고치고 귀신을 쫓아내었습니다.

그러므로 우리가 흔들리지 않고 확실하게 알아야 할 것은 우리가 슬픔에서 놓여남을 받고 질병에서 치료받아 건강을 얻는 것은 하나님의 뜻이란 것을 타협하지 않고 우리가 믿고 알아야 하는 것입니다. 내가 병이 들어 어떻게 온 몸이 아프고, 혹은 암이다. 혹은 관절염이다. 혹은 종양이다. 이젠 살 수가 없다. 하더라도 그것은 세상이 보고 하는 말입니다. 하나님이 보시고 하는 말이 아닙니다. 세상의 말과 하나님의 말이 틀립니다.

세상의 평가와 하나님의 평가가 틀립니다. 세상은 어떻게 말할지라도 하나님이 무엇이라고 말씀하시는가에 귀를 기울여야 되는 것입니다. 하나님께서는 슬픔에서 놓여남을 받고 우리가 질병과 연약에서 치료받는 것이 하나님의 뜻이라는 것을 분명히 말씀하고 있는 것입니다. 흔들릴 수가 없습니다. 타협하지 않습니다. 눈에는 아무 증거 안 보이고 귀에는 아무 소리 안 들려도 우리는 거기에 흔들릴 필요가 없습니다. 우리는 죽은 자를 살리시며 없는 것을 있게 하시는 하나님의 뜻에 굳세게 서야 되는 것입니다. 하나님의 뜻은 우리가 그리스도의 기쁨을 얻고 하나님으로 말미암아 치료함을 받아 건강하게 사는 것입니다. 그러므로 타협하지 않는 믿음으로 힘차게 서야 되는 것입니다. 그리고 이 병마를 대적해야 하는 것입니다.

저주와 가난에 대한 하나님의 뜻도 우리는 분명히 알 수가 있습니다. 아담과 하와가 가져온 저주와 가난은 예수 그리스도께서 친히 짊어지셨습니다. 가난도 예수님이 몸으로 짊어지셨고 저주도 십자가에 못 박힘으로 몸으로 짊어지셨습니다. 예수 그리스도를 통해서 나타난 하나님의 뜻은 너무나 분명합니다. 그리스도께서 우리를 위하여 저주를 받은바 되사 율법의 저주에서 우리를 속량하셨으니 기록된바 나무에 달린 자마다 저주 아래 있는 자라 하였음이라 이는 그리스도의 예수 안에서 아브라함의 복이 이방인에게 미치게 하려 함이라. 이것을 누가 거부하겠습니까? 누가 부인하겠습니까? 너무 명명백백한 하나님의 뜻입니다. 예수 그리스도의 은혜를 너희가 알거니와 저가 부요하신 자로서 너희를 위하여 가난하게 되심은 저희 가난하심으로 인하여 너희를 부요케 하려 하심이라 이 말씀도 누가 부인하겠습니까? 저 하늘이 무너지고 이 땅이 꺼져도 일점일획도 변할 수 없지 않습니까? 이 말씀에 우리는 굳게 섭니다. 어떠한 환경이 다가온다 할지라도 어떠한 역경이 다가온다 할지라도 말씀은 말씀입니다. 주님이 천지와 만물을 지으셨습니다. 말씀으로 만물을 붙드십니다. 그 말씀을 우리에게 주셨으니 흔들리지 않고 주의 약속 위에 우리가 설 수가 있는 것입니다.

그리고 죽음과 음부에 대한 하나님의 뜻도 분명합니다. 예수 그리스도가 부활하심으로 그를 통하여 사망과 음부를 멸하시고 그리스도 안에서 부활과 영생과 천국을 주는 것은 하나님의 흔들리지 않는 뜻입니다. 예수를 믿음으로 우리는 부활하고 사망과 음부를 이기고 영생 천국을 얻게 되는 것은 너무나 확실한 뜻입니다. 여기에 우리는 조금도 동요하지 말아야 합니다. 오늘날 이 땅에 살면서 나에 대한 하나님의 뜻이 무엇이냐고 묻는다면 예수 그리스도의 십자가에 몸 찢고 피 흘려 대속하시고 죽으셨다고 부활하셔서 허락하신 그 뜻은 보혈로 인 친 것이요, 성령으로 인 친 것이요, 이것은 절대로 변할 수가 없습니다. 이 하나님의 뜻을 의심하면 우리의 모든 믿음의 토대는 무너져 버리고 마는 것입니다. 우리는 흔들리지 않는 믿음을 가지고 하나님 말씀 위에 서야만 하는 것입니다. 이것이 하나님의 뜻인 것입니다.

2.하나님과의 교통이 끊어지면 안 된다.

우리가 하나님의 뜻을 분명히 알아도 하나님과의 교통이 끊어지면 안 됩니다. 하나님의 뜻을 분명히 알아도 하나님과 의견이 불일치하고 교통이 끊어지면 안 됩니다. 그러므로 우리 스스로의 삶이 하나님의 즐거움이 되는 하나님과의 교통이 늘 계속되는 그런 삶을 살아야 합니다. 그러기 위해서는 하나님의 계명에 자기를 늘 비추어 보아야 합니다. 하나님의 계명은 거울과 같습니다. 우리가 거울을 들여다보면 우리 얼굴에 흠점이 있는지 알게 되고, 머리가 잘 고른지 아닌지, 옷이 잘 펴져 있는지 알 수 있잖아요? 우리가 계명을 늘 들여다보고서 우리의 영적인 삶을 늘 단정하게 해야 하는 것입니다.

야고보서 1장 23-25절에 "누구든지 도를 듣고 행하지 아니하면 그는 거울로 자기의 얼굴을 보는 사람과 같으니 제 자신을 보고 가서 그 모양이 어떠한 것을 곧 잊어버리거니와 자유하게 하는 온전한 율법을 들여다보고 있는 자는 듣고 잊어버리는 자가 아니요 실행하는 자니 이 사람이 그 행하는 일에 복을 받으리라" 이러므로 하나님의 계명은 우리를 심판하기 위해서 있는 것이 아니라 우리가 영적으로 올바로 서 있는가 서 있지 않는가 보여주는 거울이니까 우리가 늘 하나님의 십계명을 생각하고 비추어 보고 우리를 고치면서 살아야 하나님과 일치된 삶을 살아갈 수 있는 것입니다.

그리고 또 기도와 묵상을 통하여 성령께서 지시하는 바에 귀를 기울여야만 하는 것입니다. 시편 1편 2절에 "오직 여호와의 율법을 즐거워하여 그 율법을 주야로 묵상하는 자로다"라고 했는데 말씀을 묵상하고 성령의 인도를 늘 생각해야 하는 것입니다. 저는 저의 목회 초년에 하나님의 성령의 음성을 거역해서 고생을 많이 했습니다. 하나님의 성령께서는 제가 부흥집회를 인도하기를 원했지만 거부 했습니다. 그러다 깨닫고 성령의 음성에 순종하였습니다. 성령의 음성에 순종하여 성령을 따라가니 하나님이 복을 주셔서 수많은 사람들이 구원을 받고 치료를 받고 하나님의 역사가 나타나셨습니다. 제가 일찍이 성령의 인도를 받아서 치유 목회에만 치중했더라면 더 목회에 성과를 거두었을 것인데 성령의 인도를 거역하여 고통만 당했던 것입니다.

이와 같이 목회를 하면서도 성령의 인도를 받지 아니하고 내가 원하는 대로 하려고 하다가 성령과 씨름하고 성령을 거역해서 고생하는 일이 많습니다. 우리는 그렇기 때문에 늘 성령님의 인도를 받아야 합니다. 주를 섬겨 금식할 때 성령이 가라사대 내가 불러 시키는 일을 위하여 바나바와 사울을 따로 세우라고 안디옥 교회에 바울이 기도할 때 하나님이 그렇게 말씀하셨습니다. 그러므로 우리도 언제나 성령께서 우리 마음속에 뭐라고 말씀하시는가 거기에 대해서 깊이 귀를 기울여야만 하는 것입니다. 그리고 범죄나 불순종은 철저히 회개하고 버려야 합니다. 범죄하거나 불순종을 감추고 있으면 하나님과의 교통이 끊어지기 때문인 것입니다.

신명기 30장 15-16절에 보면 "보라! 내가 오늘날 생명과 복과 사망과 화를 네 앞에 두었나니 곧 내가 오늘날 너를 명하여 네 하나님 여호와를 사랑하고 그 모든 길로 행하며 그 명령과 규례와 법도를 지키라 하는 것이라 그리하면 네가 생존하며 번성할 것이요 또 네 하나님 여호와께서 네가 가서 얻을 땅에서 네게 복을 주실 것임이니라"고 말한 것입니다.

그러나 불순종을 하면 어떻게 됩니까? 사무엘상 15장 22-23절에 "사무엘이 가로되 여호와께서 번제와 다른 제사를 그 목소리 순종하는 것을 좋아하심 같이 좋아하시겠나이까? 순종이 제사보다 낫고 듣는 것이 수양의 기름보다 나으니 이는 거역하는 것은 사술의 죄와 같고 완고한 것은 사신 우상에게 절하는 죄와 같음이라 왕이 여호와의 말씀을 버렸으므로 여호와께서도 왕을 버려 왕이 되지 못하게 하셨나이다" 사울이 불순종할 때 하나님께서는 준엄한 심판을 내린 것입니다. 그러나 다윗은 하나님께서 크게 사랑한 것은 하나님의 마음에 합한 사람이기 때문인 것입니다.

사도행전 13장 22절에 보면 "폐하시고 다윗을 왕으로 세우시고 증거하여 가라사대 내가 이새의 아들 다윗을 만나니 내 마음에 합한 사람이라 내 뜻을 다 이루게 하리라 하시더니" 그러므로 우리가 복 받는 삶을 살기를 원하면 하나님의 마음에 맞는 삶을 살아야 되는 것입니다. 그러기 위해서는 우리는 언제나 계명에 자신을 비추어 보고 우리의 영적인 삶을 정돈하고 성령의 음성에 귀 기울이고 범죄와 불순종을 감추지 말고 회개하고 자복하고 하나님을 순종하는 삶을 살 때에 하나님과의 교통이 막히지 않게 되는 것입니다.

3. 감사와 찬양의 생활 태도가 필요하다.

우리가 복 받는 삶을 살려면 감사와 찬양의 생활 태도가 필요한 것입니다. 하나님은 기쁨이 없이 늘 우울한 마음을 갖고 있는 사람을 싫어합니다. 하나님은 우리가 언제나 긍정적이고 적극적이며 밝고 맑고 환한 마음을 가지고 사는 사람을 좋아하지! 늘 침울하고 우울하며 불평하고 원망하는 사람을 싫어하는 것입니다. 하나님이 다윗을 너무나 사랑하는 것은 다윗은 명랑한 사람이었습니다. 그는 늘 노래를 했습니다. 많은 시를 적어서 슬플 때도 시를 짓고 답답할 때도 시를 짓고 즐거울 때도 찬양의 시를 지어서 하나님께 영광을 돌리며 그 마음에 무거운 짐을 다 풀어버리고 명랑했습니다. 다윗은 긍정적이고 적극적인 사람입니다. 기쁨이 넘치는 사람입니다. 하나님이 내 마음에 꼭 합당한 사람이라고 했습니다. 그러나 사울을 왜 버렸습니까? 사울은 침울한 사람이었습니다. 그는 마음이 늘 음울하고 침울하고 미움이 많고 복수심이 많았습니다. 그렇기 때문에 나중에 사울의 마음속에 악신이 들어와 그를 지배했습니다.

그 마음이 늘 우울하고 명랑하지 못하고 미움이 많고 복수심이 많으니까 여호와께서 부리는 악신이 들어와 그를 괴롭혀 결국에 그는 파멸 당하고 마는 것입니다. 그러므로 우리 하나님께서는 우리보고 항상 기뻐하라고 명령을 하고 있는 것입니다.

데살로니가전서 5장 16-18절에 "항상 기뻐하라! 쉬지 말고 기도하라! 범사에 감사하라! 이는 그리스도 예수 안에서 너희를 향하신 하나님의 뜻이니라"고 말씀하고 있는 것입니다. 하나님은 성도의 찬양을 기뻐하십니다. 하나님은 감동적인 분위기를 좋아하십니다. 분위기가 음울하고 침울하면 하나님이 역사하지 않습니다. 이스라엘의 찬양 중에 거하시는 하나님이라고 했는데 찬양을 아름답게 드려 좋은 분위기를 만들면 하나님께서 임하시는 것입니다. 우리가 왜 성가대가 찬양을 부르게 합니까? 성가대가 찬양을 불러서 하나님께서 역사하도록 분위기를 만드는 것입니다. 우리가 하나님 앞에 예배하고 찬양을 하면 그 찬양이 향기가 되어 하늘에 올라가 하나님이 오셔서 임재하실 수 있는 분위기를 만드는 것입니다. 하나님은 분위기를 기뻐하고 즐거워하시고 흠향하시는 분이신 것입니다.

시편 22편 3절에 "이스라엘의 찬송 중에 거하시는 주여, 주는 거룩하시니이다" 그러므로 우리가 찬양을 불러서 하나님을 임하실 수 있도록 환경을 만들어야 됩니다. 솔로몬 성전 헌당 때 모든 악기와 레위 자손들의 노래 속에 하나님이 임하셨습니다. 나팔 부는 자와 노래하는 자가 일제히 소리를 발하여 여호와를 찬송하며 감사하는데 나팔 불고 제금 치고 모든 악기를 울리며 소리를 높여 여호와를 찬송하여 가로되 선하시도다. 그 자비하심이 영원히 있도다. 하매 그 때에 여호와의 전에 구름이 가득한지라 제사장이 그 구름으로 인하여 능히 서서 섬기지 못하였으니 이는 여호와의 영광이 하나님의 전에 가득함이었더라고 말한 것입니다. 그렇기 때문에 언제나 큰 부흥이 일어났을 때는 굉장한 찬양의 역사가 일어 난 것입니다. 성가대도 찬양을 열심히 부르고 성도들도 모두 뜨겁게 열렬하게 찬양을 부를 때 여호와의 영광이 임하시고 거대한 부흥이 일어난 것입니다.

찬양이 사라지면 하나님의 임재도 사라져 버리고 마는 것입니다. 그러므로 하나님의 임재하심과 찬양은 너무나 깊은 연관성이 있습니다. 여호사밧이 모압과 암몬 연합군이 침공해 오자 두려워서 노래하는 자를 택하여 거룩한 예복을 입히고 군대 앞에서 행하면 여호와를 찬송하여 이르기를 여호와께 감사하세 그 자비하심이 영원하도다 하였더니 그 노래와 찬송이 시작될 때에 여호와께서 복병을 두어 유다를 치러 온 암몬 자손과 모압과 세일산 사람을 치게 하시므로 저희가 패하였다고 말한 것입니다. 이러므로 우리 하나님의 임재하심과 우리 노래와 찬양과 감사는 지대한 관계를 가지고 있습니다. 마음이 우울하고 침울하면 원망과 불평과 탄식을 가지고 고통하면 하나님은 떠나는 것입니다. 우리가 어려움을 당할수록 고통에 빠질수록 주님을 찬양하는 노래를 불러야 되는 것입니다. 찬양을 불러야 합니다. 영광을 하나님께 돌려야 합니다. 그러면 하나님이 찾아오시는 것입니다. 좋을 때만 찬양하지 말고 슬플 때도 찬양하고 편안할 때만 찬양하지 말고 환난을 당했을 때도 찬양을 불러야만 되는 것입니다.

감사할 줄 아는 사람을 하나님이 좋아하십니다. 또한 인간은 너무나 쉽게 감사를 잊어버리고 불평을 말합니다. 이스라엘 백성들은 그 많은 하나님의 도우심과 기적을 체험하고도 당장 어려움이 닥치면 그냥 하나님을 원망하고 불평했습니다. 어제까지 좋다고 야단법석을 하다가 오늘 어려움을 당하면 어제의 감사는 다 잊어버리고 그 자리에서 하나님을 원망하고 불평하고 탄식합니다. 그렇기 때문에 하나님이 이스라엘을 미워하고 버린 것입니다.

고린도전서 10장 10-11절에 "저희 중에 어떤 이들이 원망하다가 멸망시키는 자에게 멸망하였나니 너희는 저희와 같이 원망하지 말라 저희에게 당한 이런 일이 거울이 되고 또한 말세(末世)를 만난 우리의 경계로 기록하였느니라"고 말한 것입니다.

이러므로 원망이나 불평이나 탄식은 하나님의 코에 연기입니다. 하나님이 아주 노하십니다. 아주 몸서리칩니다. 우리는 원망할 때나 탄식할 때가 다가올지라도 오히려 하나님 앞에 기도하고 찬양하고 감사를 드리면 하나님이 기뻐하셔서 찾아오시는 것입니다.

시편 50편 23절에 "감사로 제사를 드리는 자가 나를 영화롭게 하나니 그 행위를 옳게 하는 자에게 내가 하나님의 구원을 보이리라"한 것인데 하나님의 구원의 손길이 필요하면 우리가 찬양해야 합니다. 우리가 긍정적이고 적극적이며 밝고 맑고 환한 마음의 태도를 가지고 하나님을 예배하고 기뻐하고 찬양하며 하나님이 행하신 모든 일을 기억하고 감사를 드릴 때에 이러한 사람을 크게 기뻐하시고 이런 사람과 같이 하여 주시는 것입니다.

4. 강력한 기도가 있어야 한다.

우리가 하나님께 복 받는 삶을 살려면 강력한 기도가 있어야 하는 것입니다. 그냥 희미한 기도가 아닙니다. 강력한 기도 말입니다. 확고한 결단과 단호한 믿음의 표시로써 강력한 기도를 해야 되는 것입니다. 마가복음 11장 22-24절에 "예수께서 대답하여 저희에게 이르시되 하나님을 믿으라! 내가 진실로 너희에게 이르노니 누구든지 이 산더러 들리어 바다에 던지우라 하며 그 말하는 것이 이를 줄 믿고 마음에 의심치 아니하면 그대로 되리라! 그러므로 내가 너희에게 말하노니 무엇이든지 기도하고 구하는 것은 받은 줄로 믿으라 그리하면 너희에게 그대로 되리라" 받은 줄로 믿을 수 있을 정도로 강한 기도를 해야 합니다.

강한 기도를 해서 눈에는 아무 것도 안 보여도 마음속에 이미 받은 줄로 확신이 올 수 있는 그런 기도를 하는 것입니다. 강력한 기도로 마귀의 진을 부서뜨려야 합니다. 마귀가 우리를 도적질하고 죽이고 멸망시키기 위해서 둘러 진을 칠지라도 강력한 기도는 이 마귀의 진을 부셔버리는 것입니다.

에베소서 6장 10-12절에 "종말로 너희가 주 안에서와 그 힘의 능력으로 강건하여지고 마귀의 궤계를 능히 대적하기 위하여 하나님의 전신갑주를 입으라 우리의 씨름은 혈과 육에 대한 것이 아니요 통치자와 권세와 이 어두움의 세상 주관자들과 하늘에 있는 악의 영들에게 대함이라" 우리는 마귀와 귀신들에 대해서 싸우는 것이기 때문에 강력한 기도를 해야 하는 것입니다.

누가복음 18장 과부의 기도를 통해서 배울 바가 많습니다. 이 불의한 재판장, 하나님도 무서워하지 아니하고 사람도 무시하는 피도 눈물로 없는 몰인정한 이 재판장 앞에 불쌍한 과부가 나가서 내 원수에 대한 원한을 갚아 달라고 기도할 때에 그는 단호한 결단을 했습니다. 이 과부는 살든지 죽든지 흥하든지 망하든지 성하든지 쇠하든지 나는 응답 받아야 되겠다. 나는 뒤로 물러갈 수 없다는 단호한 신념을 가졌습니다.

그리고 그는 강력한 요구를 했습니다. 대충 기도한 것이 아닙니다. 그는 강력하게 내 원수의 원한을 갚아 달라고 했습니다. 그는 부르짖고 통곡하며 목이 쉬도록 외치면서 강력히 요구했습니다. 그리고 그는 쉬지 않고 강청했습니다. 조금하다가 만 것이 아닙니다. 아침도 점심도 저녁도 쉬지 않고 강청을 했습니다. 내 원수에 대한 원한을 갚아 주십시오. 그리고 그는 결코 낙심치 않는 인내력을 가졌습니다. 봄이 오고 봄이 가고, 여름이 오고 여름이 가고, 가을이 오고 가을이 가고, 겨울이 오고 겨울이 가도, 뒤로 물러가지 않습니다. 강력한 인내력을 가지고 매달렸습니다. 그러니까 그 불의한 재판장이 말했습니다. 이 여자가 밤낮 와서 나를 괴롭히므로 내가 그를 응답해 주겠다 그랬습니다.

누가복음 18장 7-8절에 "하물며 하나님께서 그 밤낮 부르짖는 택하신 자들의 원한을 풀어 주지 아니하시겠느냐 저희에게 오래 참으시겠느냐 내가 너희에게 이르노니 속히 그 원한을 풀어 주시리라 그러나 인자가 올 때에 세상에서 믿음을 보겠느냐 하시니라" 예레미야서 33장 3절에 말한 것처럼 "너는 내게 부르짖으라 내가 네게 응답하겠고 네가 알지 못하는 크고 은밀한 일을 네게 보이리라" 여기서 부르짖으라고 하는 것은 강력한 기도를 말하는 것입니다. 그냥 희미한 상태에서 기도하는 것도 아니고 자는 것도 깨는 것도 아닌 그런 상태에서 하는 그런 것이 아닙니다. 강력한 기도입니다. 단호한 마음의 결단을 가지고 강력히 요구하며 쉬지 않고 강청하며 결코 낙심치 않는 인내를 가지고 계속하면 원수의 담도 무너지고 하나님의 응답도 우리에게 다가오게 되는 것입니다.

매일 하나님과 동행하고 하나님께 복 받는 삶을 살기 위해서는 하나님의 뜻을 분명히 알고 모든 죄와 불순종을 회개하고 감사와 찬양의 삶의 태도를 가지며 강력한 기도 인내하는 기도가 있으면 하나님의 영광이 충만하게 될 것입니다.

16장 하나님의 때를 만나게 된다.

(마 6:9~10)"그러므로 너희는 이렇게 기도하라 하늘에 계신
우리 아버지여 이름이 거룩히 여김을 받으시오며 나라가 임하시
오며 뜻이 하늘에서 이루어진 것 같이 땅에서도 이루어지이다."

하나님은 하나님과 영의통로가 열린 성도들을 하나님이 원하는
길로 성령으로 안내 하시면서 인도 하십니다. 하나님의 뜻이 있는
곳에 길이 있습니다. 많은 믿음의 사람들이 하나님의 뜻을 바르게
분별하지 못하고 허송세월을 사는 사람들이 우리 주변에 많이 있
습니다. 그러므로 우리는 무엇보다 하나님과 영의 통로를 열어 하
나님의 뜻을 아는 것이 중요합니다. 많은 사람들이 자신의 욕심과
인간적인 야망을 가지고 세상을 살아가려고 합니다. 그러나 그것
은 세상에서 육신에 속해서 살아갈 때는 가능할지 모릅니다. 그러
나 우리가 예수를 믿고 하나님에게 나오면 그때부터는 하나님의
뜻을 알고 하나님이 예비한 길을 가야만 하는 것입니다. 우리가
창세기에 나오는 꿈을 먹고산 요셉과 같이 하나님의 길을 따라가
야 합니다.

하나님의 뜻을 좇아 하나님이 예비한 길을 따라가다가 환경에
어려움에 봉착해도 환경에 굴복하지 말아야 합니다. 환경에 굴복

한다는 것은 마귀에게 넘어간다는 것입니다. 환경에 이긴다는 것은 어떠한 환경의 어려움이 오더라도 하나님에게 기도하며 성령으로 충만하여 하나님이 기뻐하는 심령으로 관리하는 것을 말합니다. 이렇게 환경을 이기는 성도가 영의통로가 열린 성도입니다. 요셉은 하나님과 영의통로가 열려서 환경에 지지 아니하고 믿음을 지켜서 일약 애굽의 국무총리가 되었습니다. 하나님은 하나님의 인도를 받는 사람들의 믿음을 시험하십니다. 환경이 아무리 어려워도 사드락과 메삭과 아벳느고 같이 환경에 굴복하지 아니하고 하나님의 영광을 위해서 믿음을 지키고 환경을 이기면 하나님의 때를 만나게 됩니다. 그러므로 하나님께서 원하시는 뜻만 알게 되면 길은 얼마든지 있습니다. 하나님이 뜻을 우리를 위하여 이루시기를 원하시면 천상천하에 어떠한 기적도 일어날 수가 있습니다. 그러므로 우리가 하나님의 뜻만 알면 강하고 담대하게 기도하고 구하고 하나님이 길을 열고 역사하실 것을 믿고 불가능에 도전할 수 있습니다. 하나님의 사전에는 불가능이 없습니다. 이 장에서는 하나님의 뜻을 알고 바른 길을 찾아가는 모두가 되시기를 바랍니다.

1. 우리는 하나님의 뜻을 알아야 한다.

우리가 이 세상에 살면서 낭패와 실망을 당하고 앞길이 캄캄하게 될지라도 하나님의 뜻만 알면 하나님의 뜻이 있는 곳에 길은 열립니다. 문제는 하나님과 영의통로가 열렸느냐 열리지 않았느냐가 문제이지 사람이 그 길을 알 수가 없습니다. 또 알 필요도 없습니다. 하나님이 우리를 위해서 예비해 놓은 모든 것은 눈으로 보지 못하고 귀로 듣지 못하고 마음으로도 생각지 못하였다함과 같음이라고 말한 것입니다. 크고 비밀한 길입니다. 하나님의 뜻만 알면 길은 열리는 것입니다.

저는 군대에 가서 출세하겠다는 소망을 두고 군대에서 22년간 나의 모든 지혜와 노력을 다하여 열심히 군대생활을 했습니다. 그러나 제가 생각하는 것처럼 잘 풀리지를 않았습니다. 이상하게 결정적인 순간에 문제가 꼬여서 더 이상 군 생활을 할 수 없는 처지가 되었습니다. 앞길이 막힌 것입니다. 앞길이 막혀서 마땅히 갈 바를 몰랐습니다. 그제야 하나님의 뜻이 어디에 있는 지 하나님에게 구했습니다.

그러자 두 가지 길이 나타났습니다. 한길은 사람이 제시하는 길입니다. 이 길은 눈에 보이고 제가 쉽게 갈 수 있는 길입니다. 또 한길은 하나님이 알려주시는 길이었습니다. 이 길은 한 번도 가 본적이 없는 길이었습니다. 저는 선택에 기로에 서있었습니다. 사람이 알려준 보이고 편안한 길을 갈 것인가? 하나님이 제시한 보이지 않는 길을 따라갈 것인가? 기도하고 또 기도했습니다. 제가 고민을 할 때 결정적으로 방향을 정하게 해주는 한 분을 만난 것입니다. 저와 같이 하나님이 알려주는 길을 마다하고 편안한 세상길을 살다가 간암이 걸려서 지금 육 개월 시한부 인생을 살고 있는데, 이제야 하나님이 원하는 길을 가겠다고 한다는 것입니다. 그러면서 저보고 집사님도 그렇게 된 다음에 하나님이 원하시는 길을 간다면 때는 늦은 것이니 지혜롭게 판단을 하라는 것입니다. 그래도 제가 자존심이 있고 고집이 있어서 절대로 하나님이 저에게 알려주시고 보여주시지 않으면 가지 않겠다고 했습니다. 그래서 기도원에 가서 금식기도를 하며 하나님이 직접 저에게 음성이나, 꿈이나 그 무엇으로 라도 보여주시고 알려달라고 기도 했습니다. 그러나 기한이 차도록 기도를 했는데 아무런 응답도 오지 않아 기쁜 마음으로 돌아오는 차속에서 기도하다가 하나님께서 길을 보여주시고 여러 가지 앞으로 일어날 일들을 보여주심으로 결정을 하고 이 목회의 길을 들어선 것입니다. 이 길은 한 번도 가 본 적이 없는 길입니다.

그럼에도 아브라함이 고향 친척 아버지의 집을 떠나 네가 내게 지시한 땅으로 가라는 말씀에 순종한 것같이 순종하여 식구들을 데리고 서울로 올라와 신학대학원을 다니게 된 것입니다. 다행히 길이 결정된 후로 좌로나 우로나 치우치지 않고 하나님이 예비한 길을 따라 왔습니다. 그래서 귀한 시간을 낭비하지 않았습니다. 성령의 인도를 따라오다가 보니까, 저에게 환상으로 보여준 것같이 금방 되지를 않는 것입니다. 그래서 항변도 하다가 음성으로 찬양으로 하나님의 위로도 많이 받았습니다. 교회를 개척하여 있는 재물 다 날아가고 이제는 하나님의 역사 외에는 도저히 해결할 수 없는 상황에 처하게 하시기도 하셨습니다. 교회 안에 칸을 막고 4년을 자녀들고 지내기도 했습니다. 어떻게 해서라고 제가 열심히 해서 교회를 부흥시키려하다가 뜻대로 되지 않아 하나님에게 어떻게 해야 합니까? 하나님에게 항변도 하며 기도할 때 하나님이 앞으로는 영성이다. 영성! 영성! 21세기는 영성이다. 라는 음성을 듣고 영성에 관심을 가지고 치유도 받고 말씀도 듣고 하다가 귀신에게 눌려 한동안 고통도 당하기도 했습니다. 그 고통을 치유하려다가 능력도 받아 지금 여기까지 온 것입니다. 그래서 서울도 강남 방배동에서 성령으로 치유목회를 하고 있는 것입니다.

제가 군대에서 나올 때는 이렇게 되리라고 꿈에도 생각을 못했는데 하나님의 인도를 따라 오다가 보니 이렇게 된 것입니다. 하나님의 뜻을 알았으면 좌로나 우로나 치우치지 말고 하나님만 바라보고 따라 가시기를 바랍니다. 그러면 때가 이르매 거둔다는 말씀대로 하나님에게 귀하게 쓰임 받으며 하나님의 때를 만날 수가 있는 것입니다. 하나님의 뜻이 있는 곳에는 반드시 길이 있습니다. 문제는 하나님과 영의통로를 여는 것입니다. 영의통로는 하나님의 뜻에 순종하는 것입니다. 하나님만 의지하는 것입니다. 이것이 영의통로 입니다.

그러면 하나님의 뜻을 어떻게 알 수 있습니까? 뜻을 알면 길은 있는데 하나님의 뜻을 어떻게 알 수 있습니까? 이런 질문을 하실 것입니다. 성경은 인간에 대한 하나님의 뜻을 담고 있습니다. 성경을 우리가 하나님의 말씀이라고 말하지 않습니까? 하나님의 말씀은 하나님의 뜻이지요. 창세기부터 계시록까지 하나님은 다양한 형편에 처한 인생들에게 하나님의 뜻을 보여주고 있는 것입니다. 성경에는 주의 말씀은 내 발에 등이요, 내 길에 빛이 된다고 말한 것입니다.

하나님의 말씀이 등불이 되고 빛이 되어서 하나님께서 우리를 인도하신 것을 우리에게 보여 주시는 것입니다. 하나님의 뜻을 알고 우리가 기도하면 길이 열리는 것입니다. 오만번의 기도응답으로 유명한 죠지 뮬러 목사님은 30세에 고아원을 시작했습니다. 그가 하루는 기도하는 시간에 시편 말씀을 읽을 때 하나님의 뜻을 알았습니다. 하나님은 고아의 아버지시며 과부의 변호사라는 이 말씀에 빛이 비췄습니다. 하나님은 고아의 아버지다. 수많은 고아들이 런던 길거리에 방황하는 것을 보고 그는 가슴아파했지만 이 말씀을 몰랐기 때문에 하나님의 뜻을 몰랐는데 하나님이 고아의 아버지라는 것을 읽자마자 자식을 먹이지 않는 아버지가 어디 있느냐. 하나님은 고아들을 먹이신다. 그래서 그는 고아원 총무가 되기로 결심을 하고 하나님의 뜻을 따라 일평생을 엎드려 기도만 했습니다.

30세에 고아원을 시작한 후 93세에 세상을 떠나기까지 63년간 오직 하나님을 의지하여 고아원을 운영했습니다. 그 생전에 기도응답으로 받은 금액만 무려 150만파운드, 현재 금액으로 400억원을 한번도 사람들 앞에 손을 내밀지 않고 오직 엎드려 기도만 하므로 응답을 받았습니다. 왜? 당연히 하나님의 뜻은 하나님이 고아의 아버지시기 때문에 아버지가 자식을 먹인다. 그 하나님의 뜻을 알고 믿음으로 3천여명의 고아를 먹이고 입히고 교육시켰습니다. 400억원의 돈이 오직 기도를 통해서 하나님께로부터 응답을 받을 수 있었던 것입니다. 그런데 특이한 것은 뮬러 목사님이 기도하기 전에 반드시 말씀을 통해 하나님의 뜻을 찾았다는 것입니다. 뮬러 목사님은 하나님께 드릴 기도의 내용이 성경의 어디에 약속되어 있는가를 꼭 찾아 확인한 후에 기도했지 막연히 기도하지 않았습니다.

뮬러 목사님은 말씀을 찾아내고 하나님의 뜻에 의해서 기도했습니다. 그러면 하나님이 해결책을 주셨는데요. 어떤 때는 기도를 하기 전에 며칠 동안 성경을 찾을 때도 있었다고 합니다. 며칠 동안 성경 읽으면서 내가 기도하는 이 제목이 하나님 말씀에 약속되어 있는지 찾아보았습니다. 뮬러 목사님은 성경에 하나님의 뜻이 담겨 있다는 것을 알았기 때문에 성경을 통해서 그는 하나님의 뜻을 찾았습니다. 오늘날도 우리가 하나님의 뜻을 알려면 성경을 잘 상고해서 봐야 되는 것입니다. 하나님의 말씀을 항상 읽고, 듣고, 묵상하고, 말씀을 통하여 하나님의 뜻을 찾으려고 애를 쓸 때 하나님께서는 말씀을 통하여 우리에게 뜻을 보여주시는 것입니다.

또한 성령님의 인도를 통하여 우리가 하나님의 뜻을 알 수 있습니다. 하나님의 성령은 꿈이나 환상을 통하여 우리에게 하나님의 뜻을 보여줍니다. 저에게도 하나님은 꿈과 환상을 통하여 하나님의 뜻을 보여 주셨습니다. 예수님을 잉태한 마리아를 보십시오. 마리아는 하나님의 천사 가브리엘의 환상 중에 나타나서 예수 그리스도를 잉태하실 것을 보여 주셨습니다. 환상을 통해서 하나님 뜻을 보여 주신 것입니다. 누가복음 1장 35절에 "천사가 대답하여 이르되 성령이 네게 임하시고 지극히 높으신 이의 능력이 너를 덮으시리니 이러므로 나실 바 거룩한 이는 하나님의 아들이라 일컬어지리라" 그와 정혼한 요셉이 함께 잠자리를 하기도 전에 마리아가 잉태했다는 소식을 듣고 그는 굉장히 낙심해서 마리아와 약혼을 파혼하려고 했었습니다. 그럴 때 하나님의 뜻이 꿈으로 나타났던 것입니다. 마태복음 1장 20절로 21절에 "이 일을 생각할 때에 주의 사자가 현몽하여 이르되 다윗의 자손 요셉아 네 아내 마리아 데려오기를 무서워하지 말라 그에게 잉태된 자는 성령으로 된 것이라 아들을 낳으리니 이름을 예수라 하라 이는 그가 자기 백성을 그들의 죄에서 구원할 자이심이라 하니라" 보십시오. 마리아에게는 환상으로 요셉에게는 꿈으로 하나님이 뜻을 보여 주신 것입니다. 동방박사가 황금, 몰약, 유황을 가지고 어린 하나님의 아들 예수 그리스도를 경배하고 난 다음에 하나님이 나타나서 헤롯왕에게로 돌아가지 말고 다른 길로 돌아가라고 지시했습니다.

마태복음 2장 12절에 보면 "그들은 꿈에 헤롯에게로 돌아가지 말라 지시하심을 받아 다른 길로 고국에 돌아가니라" 꿈을 통해서 동방박사도 하나님의 뜻을 보여주었습니다. 다메섹 도상에 사울에게도 하나님께서 환상을 통하여 나타나신 것입니다.

사도행전 9장 3-7절에 "사울이 길을 가다가 다메섹에 가까이 이르더니 홀연히 하늘로부터 빛이 그를 둘러 비추는지라. 땅에 엎드려 들으매 소리가 있어 이르시되 사울아! 사울아! 네가 어찌하여 나를 박해하느냐 하시거늘 대답하되 주여 누구시니이까 이르시되 나는 네가 박해하는 예수라. 너는 일어나 시내로 들어가라 네가 행할 것을 네게 이를 자가 있느니라 하시니 같이 가던 사람들은 소리만 듣고 아무도 보지 못하여 말을 못하고 서 있더라." 이와 같이 꿈과 환상을 통해서 성령께서는 오늘날도 우리에게 말씀하여 주십니다. 모든 꿈이 다 하나님의 계시요 하나님의 뜻이다? 이것은 아닙니다. 너무 밥을 많이 먹고 소화가 안 되어 자다가 이 꿈 저 꿈을 꾸는 사람들도 있어요. 그것을 "아~ 꿈을 꾸었다. 꿈을 꾸었다." 그런 것은 안 되고, 꿈에 하나님의 천사가 나타나서 말씀하시든지 예수님이 나타나서 말씀하시든지 분명한 하나님의 계시로 나타나셔서 말씀하실 때가 있습니다. 꿈이나 환상은 우리에게 하나님의 뜻을 알려주는 중요한 수단이 되는 것입니다. 저는 꿈을 통하여 하나님의 뜻도 알고 하나님이 원하는 길도 알고 따라왔습니다. 당신도 때때로 성령께서 꿈에 나타나서 당신을 인도할 때가 있을 것입니다.

그리고 또 마음에 감동이나 깨달음을 통해서 하나님 뜻을 말씀하는 것입니다. 꿈도 아니고 환상도 아닌데 기도하는 중에 성령께서 마음에 고요하고 잠잠하게 말씀해 주십니다. 앞으로는 영성이다. 영성! 영성! 21세기는 영성이다. 또 전도 나가려고 기도하면 어느 아파트 단지로 가라하고 성령께서 감동을 주시기도 합니다. 마음에 잠잠한 감동과 깨달음을 통해서 하나님께서 말씀하는 것입니다. 잠언서 4장 20절에 "내 아들아 내 말에 주의하며 내가 말하는 것에 네 귀를 기울이라"고 말씀하셨습니다. 마태복음 11장 27절에 "내 아버지께서 모든 것을 내게 주셨으니 아버지 외에는 아들을 아는 자가 없고 아들과 또 아들의 소원대로 계시를 받는 자 외에는 아버지를 아는 자가 없느니라" 이것은 성령의 계시 없이는 하나님의 뜻을 알지 못한다는 것입니다. 하나님은 영이시기 때문에 오직 성령으로만 하나님의 뜻을 알 수 있는 것입니다. 우리가 인간적인 욕심을 가지고 하나님의 뜻을 알 수가 없습니다. 그래서 말씀과 성령의 역사에 순종하여 영의통로를 열라는 것입니다. 우리가 예수를 구주로 믿는 것은 하나님께서 성령으로 아들을 계시해 주었기 때문에 믿는 것입니다. 예수님을 본적도 없고 예수님 옷자락을 만진 적도 없지만 예수님을 하나님의 아들로 계시가 마음속에 다가왔기 때문에 깨달은 것입니다. 누가복음 24장 45절에도 "이에 그들의 마음을 열어 성경을 깨닫게 하시고" 마음에 계시가 오면 마음이 열려서 깨달음이 옵니다. 성령께서 우리의 영을 통하여 혼에게 지시하면 육이 그 뜻에 순종하여 알게 되는 것입니다. 그래서 영의통로가 열려야 하는 것입니다. 영의통로가 열리는 것은 성령이 감동하신 하나님의 뜻을 영이 혼에게 지시하면 혼이 듣고 육이 순종하는 것이 영의 통로가 열린 것입니다. 마태복음 13장 19절에도 "아무나 천국 말씀을 듣고 깨닫지 못할 때는 악한 자가 와서 그 마음에 뿌려진 것을 빼앗나니 이는 곧 길 가에 뿌려진 자요."라고 말한 것입니다. 저는 기도할 때 성령께서 주시는 계시를 잘 받습니다. 하나님 어떻게 해야 합니까? 하나님 어떻게 해야 합니까? 하고 자꾸 질문하면 이렇게 해라, 하고 감동이 옵니다. 그러면 순종하고 그대로 행동에 옮기는 것입니다. 그러면 이루어집니다. 지금 이 장소를 임대하기 위하여 임대료를 구하기 위해서 며칠 밤을 기도할 때 성령께서 감동으로 길을 알려주시어 그대로 했더니, 임대료가 준비되어 이곳에서 충만한 교회를 하게 된 것입니다. 이는 제가 알고 있는 방법도 아니고 생각한 길도 아닌데 성령께서 초자연적으로 알게 하시어 조치하게 한 것입니다. 그러기 때문에 성령께서 이 교회를 목회하고 계시는 것입니다. 만약에 그때 성령께 의지하지 않고 제가 제 생각과 지혜를 가지고 일을 추진했다면 성령님과는 상관이 없으니 모든 것을 제가 해야 하는 것입니다. 무슨 일을 하든지 성령님을 주인으로 모시고 성령님이 친히 하시게 하기를 바랍니다.

우리가 어떻게 해야 할지를 기도할 때 성령께서 우리가 알지 못하는 크고 비밀한 일을 계시해 주시는 것입니다. 그러므로 꿈과 환상뿐 아닙니다. 마음에 감동과 깨달음을 통해서 우리에게 하나님의 뜻을 보여 주시는 것입니다.

그리고 또한 가장 평범하게 하나님의 뜻을 아는 길은 마음에 소원을 통해서 하나님이 보여 주시는 것입니다. 빌립보서 2장 13절에 "너희 안에서 행하시는 이는 하나님이시니 자기의 기쁘신 뜻을 위하여 너희에게 소원을 두고 행하게 하시나니" 시편 107편 30절에 "그들이 평온함으로 말미암아 기뻐하는 중에 여호와께서 그들이 바라는 항구로 인도하시는도다" 시편 10편 17절에 "여호와여 주는 겸손한 자의 소원을 들으셨사오니 그들의 마음을 준비하시며 귀를 기울여 들으시고" 마음에 기도할 때 끝없는 소원이 일어납니다. 그것은 오늘 아침에 일어났다 저녁에 사라지는 소원이 아닙니다. 불길같이 소원이 일어납니다. 자고나도 그 소원, 깨어나도 그 소원, 마음속에 소원, 머릿속에서 일어나는 소원이 아니고 배꼽 밑 마음에서 올라오는 소원입니다. 배속에서부터 소원의 불길이 기도할 때 일어납니다. 소원이 일어납니다. 그 곳에 교회를 세워라. 치유집회를 하라, 그 교회에 가서 믿음생활을 하라. 그 교회에 가서 치유 받아라. 그곳에 가서 전도를 하라, 그 집을 사라.

그 땅을 사라. 이 사업을 하라. 이 사업을 빨리 정리하라. 그 사람과 결혼하라. 뭐 여러 가지 우리 삶에 있어서 기도하고 간구할 때 배 속에서 넘쳐 나오는 소원이 나옵니다. 그냥 왔다 갔다 하는 소원이 아닙니다. 구름기둥과 같고 불기둥과 같이 마음속에 소원이 일어납니다. 아무리 꺼보려고 해도 꺼지지 않습니다. 잊어버리려고 해도 잊어버리지 않고 끊임없이 소원이 불길같이 일어납니다. 그럴 때는 하나님이 그 소원을 통해서 우리를 인도하실 때인 것입니다.

그리고 또 소원이 일어남과 동시에 하나님은 환경을 통해서 우리를 종종 인도하십니다. 우리는 둔합니다. 그렇기 때문에 하나님은 우리가 살고 있는 몸담고 있는 환경을 통해서 우리에게 말씀하실 때가 많습니다.

저는 무엇보다도 환경에 나타나는 증표를 중요하게 생각합니다. 저는 보편적으로 환경에 나타나는 증표를 보고 하나님의 뜻을 알고 따라왔습니다. 우리 교회가 서울로 올라오게 될 때에 환경에 나타나는 증표가 결정적인 역할을 했기 때문입니다. 무턱대고 서울로 올라온 것이 나닙니다. 먼저 서울에서 성도들이 왔습니다. 오셔서 은혜를 많이 받았습니다. 이분들이 이구동성으로 하는 말이 서울로 올라가야 한다는 것입니다. 당시 저는 교회를 이전할 아무런 생각도 계획도 없었습니다. 물론 물질도 없었습니다. 그런데 아마 2003년 12월정도 같습니다. 기도를 하는데 성령이 감동하시기를 사당역 주변을 정찰해 보라는 것입니다. 그래서 처음에는 거부했습니다. 다음날 다시 사당역 주변을 정찰하라는 것입니다. 거부할 수가 없어서 일단 사당역 주변을 돌아보았습니다. 돌아와서 며칠이 지났습니다. 서울에서 다니는 한 성도가 자신이 잘 아는 성도가 우리 교회 장소 빌리는 임대료를 일억 정도 헌금하겠다는 것입니다. 여러 가지 환경에 나타나는 상황을 종합하니 하나님이 서울로 옮기는 것이 뜻이라는 확신을 갖게 된 것입니다. 본격적으로 일을 추진하니 일이 술술 잘 풀려서 서울로 이전하게 된 것입니다. 우리는 음성만 들을 것이 아니라 환경에 나타나는 증표를 보고 하나님의 뜻을 알아내야 합니다.

이와 같이 하나님께서는 오늘 말씀을 통하여 꿈이나 환상을 통하여 감동이나 깨달음을 주시고 마음의 소원을 통하여 우리 주위 환경을 통해서 우리들에게 하나님의 뜻을 보여 주시는 것입니다.

우리의 신앙생활에 가장 중요한 것이 하나님의 뜻을 아는 것입니다. 뜻을 알면 길이 열리는 것입니다. 뜻만 알면 어떠한 어려운 여건이 다가와도 길은 열리는 것입니다. 두려워 할 필요가 없습니다. 일을 행하는 하나님, 그 일을 지어 성취하는 하나님, 그 이름을 여호와라 하는 자가 이같이 이르노라. 너희는 내게 부르짖으라. 내가 네게 응답하겠고 너희가 알지 못하는 크고 은밀한 일을 보여 주겠다. 하나님의 뜻만 알면 크고 은밀한 기적이 일어나는 것입니다. 하나님의 뜻을 알아 일을 행하여 기적을 체험하시기를 바랍니다.

2.하나님의 뜻을 알고 믿음으로 행해야 때를 만난다.

하나님의 뜻을 알고는 이제는 눈에는 아무 증거 안보이고 귀에는 아무 소리 안 들리고 손에는 잡히는 것이 없어도 믿음으로 언제나 나가는 것입니다. 하나님의 뜻을 알았은즉 길은 하나님이 여시는 것입니다. 내가 여는 것이 아닙니다. 내가 방법을 만드는 것이 아닙니다. 뜻을 알면 길이 열린다. 믿음으로 나가는 것입니다. 저 역시 하나님의 뜻을 알고 그냥 따라만 왔더니 하나님이 길을 여시면서 저를 데리고 가십니다. 하나님의 뜻을 알고도 믿지 아니한 열 정탐꾼을 보십시오. 하나님의 뜻은 이스라엘 백성이 젖과 꿀이 흐르는 땅에 들어가는 것이 하나님의 뜻입니다. 그러면 믿고 들어가야지. 그런데 열정탐 꾼은 보니 그곳은 주민을 삼키는 땅이더라. 성은 하늘을 찌를 듯이 높고 그곳에 사는 사람들은 네피림의 후손 아낙 자손 대장부가 살기에 우리가 그 땅에 들어가 점령할 수 없다. 우리 처자가 포로로 잡힐 것이다. 하나님의 뜻을 알고도 믿지 않았습니다. 하나님의 뜻은 가나안으로 인도하는 것입니다. 가나안은 젖과 꿀이 흐른다고 했으니 하나님의 말씀을 믿고 따라만 가면 되는 것입니다. 그러나 그들은 인본주의적으로 생각했습니다. 모든 것을 자신들이 해야 한다고 생각을 했습니다. 하나님의 뜻을 알고도 믿지 아니하므로 하나님은 그들에게 진노한 것입니다.

히브리서 3장 18-19절에 "또 하나님이 누구에게 맹세하사 그의 안식에 들어오지 못하리라 하셨느냐 곧 순종하지 아니하던 자들에게가 아니냐, 이로 보건대 그들이 믿지 아니하므로 능히 들어가지 못한 것이라" 그러나 여호수아와 갈렙은 하나님의 뜻을 알았기 때문에 아무리 땅을 삼키는 주민을 삼키는 땅이라도 성이 높더라도 대장부들이 살더라도 하나님의 뜻이 들어가는 것이기 때문에 길은 하나님이 여신다. 들어가자! 하나님이 그들을 우리에게 밥으로 주셨다. 들어가자! 하나님의 뜻을 알고 무조건하고 믿고 들어간 그들은 후손들과 함께 사십년 후에 가나안 땅에 들어갔으나 하나님의 뜻을 알고도 거역한 이스라엘 백성과 열 명의 정탐꾼들은 다 멸망 받고 말았던 것입니다.

예수님이 한번 광야에 나가셨는데 남자만 5천만 부녀자 기만명이 와서 말씀을 듣고 해가지고 허기가 져서 그들은 풀밭에 누웠습니다. 그때 예수님께서 빌립을 불러서 말씀하셨습니다. 요한복음 6장 5-7절에 "예수께서 눈을 들어 큰 무리가 자기에게로 오는 것을 보시고 빌립에게 이르시되 우리가 어디서 떡을 사서 이 사람들을 먹이겠느냐 하시니, 이렇게 말씀하심은 친히 어떻게 하실지를 아시고 빌립을 시험하고자 하심이라. 빌립이 대답하되 각 사람으로 조금씩 받게 할지라도 이백 데나리온의 떡이 부족하리이다" 하나님의 뜻을 이미 주님은 빌립에게 보여준 것입니다. 어디에서 떡을 사서 이 많은 사람을 먹게 할꼬? 그것은 주님이 그들을 먹게 하시기를 원하신다는 것입니다. 다른 성경에는 예수님께서 내가 저들을 굶겨서 돌려보낼 수 없다. 먹을 것을 주라! 그렇게 말씀하셨다고 부연해서 해석을 하고 있는 것입니다. 분명히 주님의 뜻을 보았는데도 불구하고 빌립은 주님의 뜻을 그대로 믿어야 되는데 주님의 뜻에다 자기 해석을 했습니다. "주님 이곳은 광야입니다. 시간이 늦었습니다. 떡 살 곳도 없고 삼백 데나리온이나 되는 큰 거금이 있어야 조금씩 떡을 먹일 수 있습니다. 그러므로 할 수 없습니다." 인간적인 생각으로 하나님의 뜻을 해석하지 말아야 됩니다. 인간적인 생각으로 하나님의 뜻을 해석하면 아무것도 못합니다. 하나님의 뜻이 있으면 길은 하나님이 내시는 것입니다. 눈에는 아무 증거 안보이고 귀에는 아무 소리 안 들리고 손에는 잡히는 것 없어도 길은 하나님이 내시는 것입니다.

이스라엘 백성이 광야에서 고기를 달라고 부르짖을 때 모세가 하나님께 부르짖으니까 하나님이 하루 이틀도 아닌 한 달 동안 고기를 먹여 주겠다고 말씀하실 때 모세가 놀랐습니다.

민수기 11장 22-23절에 "그들을 위하여 양 떼와 소 떼를 잡은들 족하오며 바다의 모든 고기를 모은들 족하오리이까? 여호와께서 모세에게 이르시되 여호와의 손이 짧으냐 네가 이제 내 말이 네게 응하는 여부를 보리라" 보십시오. 모세조차도 이스라엘 백성 3백만 명이 한 달 동안 고기를 먹여주겠다 하니까, 도저히 인간으로는 해석이 안 되므로 하는 말이 "그들을 위하여 양떼와 소떼를 잡은들 족하오며 바다의 모든 고기를 모은들 족하오리이까" 하나님이 "하나님의 손이 짧아졌느냐. 뜻이 있으면 길이 있느니라" 뜻이 있는 곳에 길이 열리는 것입니다. 마태복음 13장 58절에도 "그들이 믿지 않음으로 말미암아 거기서 많은 능력을 행하지 아니하시니라" 고향에서 능력 행하는 것이 하나님의 뜻이었으나 믿지 않으니까 행할 수가 없습니다. 누가복음 8장 25절에도 "제자들에게 이르시되 너희 믿음이 어디 있느냐 하시니 그들이 두려워하고 놀랍게 여겨 서로 말하되 그가 누구이기에 바람과 물을 명하매 순종하는가 하더라"

뜻이 있는 곳에 길이 있음을 믿고 행해야 됩니다. 안드레 보십시오. 안드레는 '아~ 예수님의 뜻은 이 모든 사람을 먹이는 것이구나!' 안드레는 빌립과 같은 제자인데 예수님의 질문을 받지 않았음에도 불구하고 '아~ 이 사람들을 먹이는 것이 주의 뜻이구나!' 그러므로 그는 '맞았어. 광야야 맞았어. 해거름이야 시간이 없어. 맞았어. 떡살 곳도 없어. 맞았어. 돈도 없어. 그러나 예수님의 뜻이 먹이는데 있으면 길은 열릴 것이다.' 그래서 그는 나가서 어린아이 점심도시락을 구해 가지고서 보리떡 다섯 개와 물고기 두 마리를 가지고 부끄럽게 예수님께 나왔습니다. 주님 이 많은 사람에게 이 보리떡 다섯 개와 물고기 두 마리로써 어떻게 먹이겠습니까마는 그러나 주님 뜻이 있는 곳에 기적이 일어날 줄 알고 믿고 가지고 왔습니다. 주님이 기뻐하사 빌립은 그대로 두고 안드레를 청해 들여서 보리떡 다섯 개와 물고기 두 마리로 주님이 축사했습니다.

그러자 떡을 떼어주면 생기고 떼어주면 또 생기고 고기는 나누어 주니 또 생기고 또 생기고 모든 사람들이 배불리 먹고도 열두 바구니가 남게 된 것입니다. 뜻이 있는 곳에 길은 반드시 주님이 엽니다. 성령의 음성을 듣고 주님의 뜻을 알았으면 내가 길을 열어가려고 하지 마시기를 바랍니다. 우리는 그냥 믿고 성령님을 따라가면 되는 것입니다. 마가복음 9장 23절에 "예수께서 이르시되 할 수 있거든이 무슨 말이냐 믿는 자에게는 능히 하지 못할 일이 없느니라 하시니" 마가복음 11장 23절에 "내가 진실로 너희에게 이르노니 누구든지 이 산더러 들리어 바다에 던져지라 하며 그 말하는 것이 이루어질 줄 믿고 마음에 의심하지 아니하면 그대로 되리라" 요한복음 15장 7절에 "너희가 내 안에 거하고 내 말이 너희 안에 거하면 무엇이든지 원하는 대로 구하라 그리하면 이루리라" 하나님의 뜻이 있으면 불가능 가운데도 길이 열립니다. 뜻이 있는 곳에 홍해도 열리고 뜻이 있는 곳에 쓴물이 달게도 되고 뜻이 있는 곳에는 만나도 내려오고 메추라기도 오는 것입니다.

뜻이 있는 곳에 길이 열리는 것입니다. 나는 못한다. 나는 안 된다. 할 수 없다는 말 하지 말아야 합니다. 뜻이 있으면 믿음으로 나가야 되는 것입니다. 눈에는 아무 증거 안보이고 귀에는 아무소리 안 들리고 손에는 잡히는 것 없어도 이성과 감각적인 판단을 의지하지 말고 하나님을 믿고 그 음성에 순종하여 나가면 하나님의 기적이 따라오게 되는 것입니다. 하나님의 뜻을 알았으면 의심하지 말고 따라가시기를 바랍니다. 그리하여 삶에서 하나님의 기적을 날마다 체험하시기를 축원합니다.

3. 하나님의 길을 따라가면 때를 만난다.

하나님의 때는 언제 오느냐? 많은 사람들이 하나님의 때가 되지 않았다고 말합니다. 그러면서도 하나님의 때가 언제인지 명확하게 대답을 못하는 것도 사실입니다. 제가 나름대로 정립하여 결론을 내린다면 이렇습니다. 하나님의 때는 하나님의 뜻을 알고 성령의 인도를 받으면서 영육을 치유 받고 영성 훈련하여 나의 모든 것을 포기하고 전폭적으로 하나님을 믿고 하나님께 순종할 수 있는 때라고 할 수 있습니다. 자신이 완전히 없어져서 하나님이 마음대로 할 수 있는 그 사람을 통해서 하나님이 뜻을 이루시는 것입니다. 그래서 요셉도 하나님의 때를 맞추기 위해서 훈련하셨습니다. 다윗도 하나님의 때를 맞추기 위해서 훈련하셨습니다. 이 요셉이나 다윗의 경우를 영적으로 보면 하나님께서 전폭적으로 이스라엘을 인도하기 위하여 출생일자까지 조절하시면서 하나님의 때를 맞추셨다고 볼 수가 있습니다. 그 시대에 하나님의 일을 하시기 위해서 필요한 사람을 출생부터 조절하시면서 인도하며 훈련하시는 것입니다. 그래서 우리는 이것을 보고 하나님의 섭리라고 하는 것입니다. 모세를 생각해 보시기를 바랍니다. 모세를 영적으로 잘 생각해보면 답이 나올 줄로 믿습니다. 사무엘도 마찬가지입니다.

미국의 루즈벨트 대통령은 제2차 세계대전을 승리로 이끈 위대한 대통령인데 어릴 때 천식 때문에 숨 쉬는 것조차 힘들어서 의사들이 말하기를 10년을 더 못산다고 말했었습니다. 그러나 아버지가 하나님을 늘 의지하고 믿고 기도하면서 그에게 와서 말하기를 "네가 가진 불편함은 단순한 장애가 아니고, 하나님께서 주신 선물이다. 그 선물의 의미를 네가 잘 찾아낸다면 넌 오히려 장애 때문에 더욱 훌륭한 삶을 살게 될 것이다. 천식이 있기 때문에 네가 하나님께 기도하고 하나님의 도움을 부르짖고 하나님께 의지하게 되어서 오히려 천식이 없어 세상을 따라가는 어린이보다 더 좋게 될 것이다. 그러므로 불평하지 말고 오히려 감사하고 열심히 운동하고 기도해라." 그래서 아버지 말을 듣고 열심히 운동도 하고 기도도 하고 건강을 회복해서 그는 대학을 공부했습니다. 하버드 대학을 졸업하고 39세에 총망 받는 정치 후보자가 되어 한참 인기가 올라가는데 그만 열이 나서 쓰러지고, 39세에 소아마비에 걸려 하지마비가 되어 휠체어 신세를 지게 되었습니다. 인간적으로 생각하면 절망입니다. 정치가로 나온 사람이 휠체어에 앉아서 어떻게 정치를 합니까? 그러나 아버지의 말을 기억했습니다. "네가 건강하면 너를 의지하지만 네가 몸이 약하기 때문에 하나님께 의지하고 하나님께 기도하므로 하나님이 도와주시기 때문에 건강한 사람보다 더 큰일을 할 수 있다." 그 말을 또 기억했습니다. "내가 휠체어에 앉은 것은 내 힘을 의지하지 말고 하나님을 의지하라는 것이다." 그래서 그는 하나님을 의지하고 기도하고 정치생활을 계속해서 뉴욕주지사가 되고 그 다음 미국 대통령으로 당선되어서 12년 동안 대통령을 했습니다. 보통 대통령은 4만마다 갈아서 두 번합니다. 8년 하면 끝납니다. 그런데도 루즈벨트 대통령은 정치를 너무 잘했기 때문에 온 국민들이 더 하라고 해서 12년 동안 대통령을 했었습니다. 그는 비록 소아마비가 되어서 휠체어에 앉아 있었습니다만 미국과 세계를 구출하는 위대한 일을 할 수가 있었던 것입니다. 하나님의 때는 언제 찾아오느냐, 자신이 할 수 있는 인간의 지혜와 방법을 다 동원해도 되지 않는 다는 인간의 부족함을 깨닫고, 모든 것을 하나님에게 전폭적으로 맞기고 모든 문제를 성령 하나님과 문의 하고 성령의 인도를 따를 때 이루어지는 것입니다. 마치 루즈벨트 대통령의 아버지가 루즈벨트 대통령에게 한 말같이 "네가 건강하면 너를 의지하지만 네가 몸이 약하기 때문에 하나님께 의지하고 하나님께 기도하므로 하나님이 도와주시기 때문에 건강한 사람보다 더 큰일을 할 수 있다." 는 말의 의미를 깨닫고 하나님께 기도하여 도움을 구할 때 이루어지는 것입니다. 당신도 하나님과 영의통로를 여시기를 바랍니다. 그리하여 여러 가지 어려움 속에서도 하나님께서 주신 꿈과 소망을 품고 절대 긍정의 믿음으로 의심하지 말고 나가면 반드시 하나님의 때를 만나서 하나님에게 쓰임을 받는 다는 것을 믿고 체험 하시기를 바랍니다.

4.성령집회와 집회실황 테이프 교재안내

충만한 교회에서는 하나님의 군사를 양성하기 위하여 매주 집회를 하고 있습니다. 충만한 교회는 특색이 있는 교회로서 본 교회에 소속된 교인들의 영성유지를 위하여 주일날 성령의 강력한 역사가 일어나는 예배를 드립니다. 대부분 직장생활로 평일에는 은혜를 받지 못하므로 주일날 성령의 체험과 치유, 영성을 유지하기 위하여 주일을 이용하여 성령 충만한 예배를 드립니다.

이때 불같은 성령으로 세례를 체험하고 치유를 받고 있습니다. 직장 생활로 시간을 내지 못하는 성도들이 성령 체험과 치유받기 위하여 다수 참석하여 은혜를 받고 있습니다.

월요일부터 목요일까지 집중적으로 진행하는 집회는 방학기간인 12월, 1월, 2월, 7월, 8월에 있습니다. 그리고 월 1회 집중적인 집회를 하고 있는데 매월 3주차 월요일부터 목요일까지 진행합니다. 이때는 국민일보 광고와 휴대전화 문자메시지, 홈페이지에 공지합니다. 홈페이지에 회원으로 가입하시면 메일로 통보 받을 수 있습니다. 나머지 기간에는 매주 화,수,목요일에 11시부터 16시 30분까지 성령능력 기적치유 집회를 매주 다른 과목을 가지고 진행하고 있습니다.

매주 목요일 밤에는 성령의 불세례를 체험하는 집회가 19시 30분부터 22시까지 있습니다. 예언사역자 집중훈련은 매분기 1회 실시합니다. 국민일보 광고와 휴대전화 문자메시지, 홈페이지에 공지합니다. 홈페이지에 회원으로 가입하시면 메일로 통보 받을 수 있습니다. 지방에 살고 계셔서 집회에 참석하지 못하는 분들을 위하여 집회 실황녹음 테이프와 CD, 교재가 준비되어 있습니다.

교재와 테이프, CD를 신청하시면 택배로 보내드립니다. 교재와 테이프, CD를 통하여 성령을 체험하고 치유를 체험하고 영성 깊은 그리스도인이 되고 있습니다. 많은 분들이 교재와 테이프,CD를 듣고 성령을 체험하고 치유를 받았다고 간증하고 있습니다. 충만한 교회에 비치된 집회 실황 녹음테이프와 CD는 33개 세트가 있습니다.

모두 60분 테이프 12개와 CD 12로 녹음되어 있습니다. 테이프와 동일한 내용으로 교재가 준비되어 있습니다.

교재를 보면서 테이프를 들으면 집회를 참석한 것과 똑같은 성령의 역사와 치유를 받을 수 있습니다. 필요하시면 02)3474-0675로 전화하시기를 바랍니다. 테이프와 교재의 상세한 목록과 내용은 홈페이지 www.ka0675.com 에서 확인 할 수 있습니다. 제작 비치된 교재와 CD,테이프 목록입니다.

1). CD, 테이프 음성과 교재가 똑같은 과목

1. 깊은 상처 내적 치유	2. 성령의 기름부음 성령체험
3. 깊은 영의기도 체험 훈련	4. 보혈의 권세와 능력
5. 인생 열두 문제 치유	6. 예수님의 권세 능력
7. 고통의 대물림을 끊어라	8. 행복한 가정 만들기
9. 가난청산 재정축복	10. 부부가정 문제치유
11. 영적 세계가 열려야 성공 한다.	12. 영적전쟁 귀신 축사
13. 영들을 분별하라	14. 능력 오는 영의기도
15. 바른 성령의 은사	16. 영의 사람 육의 사람
17. 5차원의 깊은 영성	18. 꿈, 환상 해석 치유
19. 영적 전이 성령역사	20. 영육질병 신유사역
21. 영안은 이렇게 열린다.	22. 영감영력이 갑절 되는 영성훈련
23. 교회개척 자립성장	24. 내적 치유 사역하는 비결
25. 예언은사 숙달훈련	26. 깊은 영성 깊은 치유
27. 교회성장과 성령치유	28. 영의 통로를 열어라
29 성령 능력사역기술	30. 하나님 음성듣기
31. 성령치유 종합사역	32. 성령치유 목회적용
33. 신유전문 사역기술	34. 마음상처 내적 치유

2). 교재만 비치되어 있는 과목

35. 직접 하는 내적 치유	36. 양육 심방 상담 비결
37. 기도로 축복의 통로를	38. 영적 전쟁에서 승리하라
39. 절대 긍정 절대 믿음 치유	40. 믿음으로 기적을 체험하라

이 책을 통해 예수님이 땅끝까지 전파 되기를 소원합니다.
(출판으로 인한 이익금은 문서선교와 개척교회 선교에 사용합니다.)

영의통로가 뚫려야 성공한다.

발 행 일 l 2012.8.10초판 1쇄 발행

지 은 이 l 강요셉

펴 낸 이 l 강무신

편집담당 l 강무신

디 자 인 l 강은영

교정담당 l 강은혜

펴 낸 곳 l 도서출판 성령

신고번호 l 제22-3134호(2007.5.25)

등록번호 l 114-90-70539

주   소 l 서울시 서초구 방배2동 451-36번지

전   화 l 02)3474-0675/ 3472-0191

E-mail l kangms113@hanmail.net

유   통 l 하늘유통. 031)947-7777

ISBN l 978-89-97999-01-9 부가기호 l 03230

가   격 l 15,000원